【文史资料百部经典文库】

全国政协文史和学习委员会 编

追忆商海往事前尘

胡西园 回忆录

中国文史出版社

图书在版编目（ＣＩＰ）数据

追忆商海往事前尘：胡西园回忆录 / 胡西园著. --北京：中国文史
出版社，2015.1
　　（文史资料百部经典文库）
　　ISBN 978-7-5034-5499-8

　　Ⅰ．①追… Ⅱ．①胡… Ⅲ．①胡西园（1897～1981）－回忆录
②灯－电气工业－工业企业－经济史－史料－上海市 Ⅳ．①K825.38
②F426.63

　　中国版本图书馆 CIP 数据核字（2014）第 252214 号

责任编辑：全秋生

出版发行：中国文史出版社
地　　址：北京市海淀区西八里庄路 69 号　　邮编：100142
电　　话：010－81136602　　81136603　　81136606 （发行部）
传　　真：010－81136655
印　　装：廊坊市海涛印刷有限公司
经　　销：全国新华书店
开　　本：787 毫米×1092 毫米　　1/16
印　　张：18　　插页：18 页
字　　数：270 千字
版　　次：2015 年 1 月第 1 版
印　　次：2023 年 5 月第 2 次印刷
定　　价：39.00 元

胡西园像

19岁时的胡西园

胡西园及夫人於森龄并长子胡鼎炜（中国第一支日光灯研制者、原上海市机电设计研究院副院长）

胡西园及夫人於森龄

20世纪初，上海工商界的一次聚会（前排左四为胡西园）。

20世纪30年代初，亚浦耳厂领导层在中国亚浦耳电器厂总事务所（辽阳路总厂）办公楼前留影。总经理胡西园（前排左三）、厂长冯家铮（前排右二）、总工程师於崇仁（前排左二）、副经理兼办公室主任李新芳（前排右一）、工程师虞先德（前排左一）、车间主任傅汉宗（后排左一）。

1928年，亚浦耳厂全体同人暨职工合影留念（二排左第六人为胡西园）。

亚浦耳厂旅行团出发赴杭州时合影留念（二排左第五人为胡西园、第三人为第二任厂长兼总工程师於崇仁、右起第四人为第一任厂长兼总工程师冯家铮、第三人为副厂长李新芳）。

亚浦耳早期职工学校

20世纪20年代末，与著名摄影家郎静山在中国亚浦耳电器厂总事务所办公楼前合影留念。郎静山（右二）、胡西园（左二）、沈祥甫（左一）

1936年，中国亚浦耳电器厂股份有限公司十周年纪念职员合影。

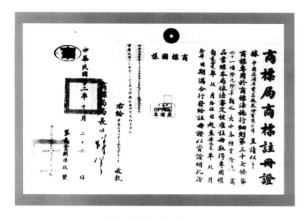

亚浦耳商标局商标注册

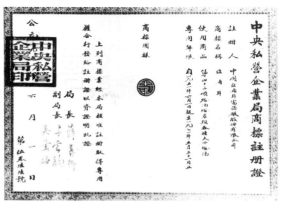

营业执照的登记证

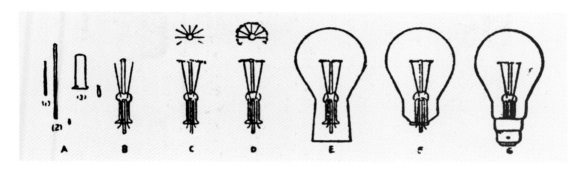

亚浦耳电灯泡制造顺序

亚浦耳电灯泡广告

亚浦耳厂商标

亚浦耳电器厂厂门外景

亚浦耳厂工人
吹制灯泡时的工作
情形

亚浦耳厂技术
人员正在检验灯泡
的性能和寿命

灯泡经女工
仔细试验，然后
包装。

20世纪40年代，在重庆北温泉携家人与朋友合影留念。二排右二、三为胡西园及其夫人於森龄。

20世纪40年代，在重庆北温泉与著名儿科医生周明栋（左）合影。
（著名摄影家郎静山 摄）

1948年，在重庆
沙坪坝寓所全家合影留
念（后排右第三、五为
胡西园及其夫人）。

20世纪40年代，
在重庆沙坪坝家中与妻
子、儿女共庆生日。

1947年1月，胡西园胞弟胡洵
园（中坐）在重庆沙坪坝胡西园寓
所与侄辈们合影留念。

　　1923年，亚浦耳灯泡工厂制造出中国人自己的第一只灯泡，开创了中国照明的新纪元。

　　1951年，亚浦耳厂工程师胡鼎炜在研制我国第一支日光灯（此照为《电世界》杂志提供）。

父与子

1961年，送小女儿
去北京工作。

胡西园与夫人於森龄结婚40周年纪念

20世纪50年代，胡西园作为政协代表赴杭州视察在杭州华侨饭店。（左为胡西园）

20世纪60年代，胡西园在公园小憩。

侍奉好友胡青松（原国民党中将）之母

天伦之乐

20世纪70年代，胡西园在家中安享晚年。

20世纪70年代，上海亚明灯泡厂辽阳路厂门。

改革开放后的亚明（原亚浦耳）灯泡厂嘉定新址

出 版 说 明

　　近代中国工商经济事业的创建和发展，经历了艰难曲折的历程。中国封建社会长期孕育着资本主义萌芽，第一次鸦片战争以后，西方资本主义势力的侵入，加速了中国资本主义和资产阶级的产生。洋务运动创办的一批中国人自己的军工民用近代企业，揭开了封建中国采用西方资本主义生产方式的序幕。19世纪70年代初期，民族资本近代企业陆续产生。由此，在封建经济重重围困下力量微弱的旧中国资本主义经济中，外国侵华资本、官僚买办资本和民族资本同时并存，使近代中国工商经济呈现出十分复杂的情势。民族资本在其中所占比重很小，并有着自身固有的缺陷，在外国侵略势力和本国封建主义、官僚资本主义的夹缝中艰难图存。但是，中国近代企业家大都怀着独立发展资本主义的理想，具有渴望祖国独立富强的爱国主义精神，在反对帝国主义、封建主义、官僚资本主义和谋求民族解放的斗争中尽到了自己的责任，并在长期的经营管理活动中积累了一套值得重视的经验。

　　在1959～1966年和1978年至今约20年的时间中，中国人民政治协商会议全国委员会和中国民主建国会、中华全国工商业联合会的史料工作部门，从全国各地征集到大量反映近代我国工商经济事业发展状况的资料。这些资料具有亲历、亲见、亲闻和具体、翔实、生动的特点，弥补了文献资料之不足，实为珍贵的第一手资料。为了如实记录近代我国工商经济事业的创业历程和经营管理经验，并为社会主义现代化建设提供借鉴，全国政协和民建、工商联的史料办公室于1989年共同制定编辑"近代中国工商经济丛书"的计划。

本丛书资料涉及的近代工商经济事业和历史人物，多为近代中国企业发展过程中的各部门、各行业的首要者，或是在全国有较大影响的企业创办者和管理者；其中，民族资本之企事业及其代表人物占多数，同时，也容纳了部分官僚资本经济、帝国主义在华经济等相关内容。

本丛书的资料将着力反映近代企业家的爱国主义精神，期望这种精神在建设社会主义现代化的今天得到继承和发扬；他们的经营管理经验，可从当前的实际出发吸取其有益的部分，作为社会主义现代化建设的借鉴。

本丛书含四个部分的内容：一、工商人物志；二、行业、企业史；三、历史事件；四、回忆录、传记。现有选题50个，从1991年起陆续出版。本丛书取材广泛，适用于工商、经济、财政、税务、金融、外贸等方面；但每个选题均独立成册，便于读者根据自己的需要选购。

本丛书在编辑过程中，得到工商界许多同志的支持，谨致诚挚的谢意。

本丛书的不足和错误之处，敬请读者批评指正。

"近代中国工商经济丛书"编委会

序　言

　　中国的民族工业，在半殖民地、半封建社会的历史条件下，既受到外国资本的压力，又受到国内国民党反动统治及官僚资本的摧残，在夹缝中求生存、图发展。胡西园先生的回忆录——《胡西园回忆录》——正是这个时代的历史见证。胡西园先生从青年时代起，就怀着实业救国的朴素爱国思想，矢志国产电灯泡的制造。1921年，他研制成功了国产第一只电灯泡。解放初期，他主持的亚浦耳电器厂又试制成功了国产第一支日光灯管。这部回忆录记录了胡西园先生艰苦创业的一生。

　　在20世纪二三十年代，胡西园先生与爱国的工商界人士一起发起组织"国货维持会"，为提倡国货而奔走，曾受到孙中山先生的接见和勉励。抗日战争全面爆发后，我国的爱国工商界发扬反帝爱国的传统，与全国人民一道，积极投身抗日救亡运动，为争取抗日战争胜利做出了贡献。胡西园先生也是其中之一，他曾积极参加"抗敌后援会"的活动，并冒险上前线慰问。为了保存民族工业，支援抗战的军需民用，胡西园先生将工厂迁往内地，以实际行动支援抗日战争。胡西园先生先后在重庆、四川等地建立了中国亚浦耳电器厂总办事处和西亚灯泡厂、新亚热水瓶厂、开远松香厂、开泰化工厂、庆丰皮带厂等许多企业。民族工业的内迁，是我国民族工商界的一次爱国壮举。内迁的民族工业不仅在组织军需民用产品的生产、支援抗战方面做出了重大贡献，而且为大后方工业的开拓与建设，为改变中国的工业布局也发挥了重要作用。迁川企业为展示在大后方取得的成就和民族工业的实力，于1942年在重庆举办了"迁川工厂出品展览会"。胡西园先生作为主任委员积极参与。展览会先后有200多家企业参展，展出产品49类，为期14天。周恩来当时是中共驻渝代表，与董必武、邓颖超等一起曾参观过此展览，并题词："民族的生机在此。我的感想是：一、政府应以主要的人力、财力一部分支援民族工业；二、人民应以投资民族工业，服务民族工业，使用国货为荣；三、厂方专家应不计困难专心一志，务期一物一业得底于成；四、民族工业的基础在重工业，而重工业的成果都不能短期得见，故必须以政府与人民全力助其成。"周恩来对民族工业给予高度评价，使民族工商业者受到极大鼓舞。

　　抗战胜利后，民族工商界面临严峻的局势。正当人们盼望国家走上和平统一、独立富强、民主自由的道路，主张和平民主、反对内战独裁，希望在良好的环境中振兴民族工商业时，国民党政府的倒行逆施，使希望成为泡影。为了抗争，胡西园先生与胡厥文、刘鸿生、李烛尘、吴羹梅等一起被民族工商界推举为代表，多次与国民党政府交涉无果。蒋介石虽也被迫接见过代表，仍没有答应代表的要求，使民族工商业者感到极度失望。面对国民党的消极态度和官僚资本掠夺蚕食的严酷现实，民族工商界代表人物开始认识到，靠实业救国的理想并不能挽救国家和民族的命运，也不能为民族工商业拓展足够的生存和发展空间。因此需要建立一个既能在民主团结、和平建国中发挥作用，又能维护切身利益的政治组织。正在此时，中国共产党为争取和平，派毛泽东、周恩来、王若飞到重庆与国民党进行谈判。在此期间，毛泽东三次会见重庆的工商界人士，向他们介绍国内外形势和中共和平建国方针、民族工商业政策、中国民族工商业的发展道路等。胡西园先生也深受影响，加深了对共产党的了解。此后，他积极参与了黄炎培、胡厥文建立新政党的筹备，成为"民主建国会"发起人之一。1945年12月16日，在重庆白象街西南实业大厦召开民主建国会成立大会，胡西园先生被选为理事，在第一届理事全体会议上又被选为常务理事，负责对外联络工作。

1949年新中国成立前夕，国民党政府曾要求胡西园先生迁厂赴台，他思想斗争激烈，诚如回忆录中所述，"被国民党反动宣传、反动谣言所惑，对共产党认识不足，歧途彷徨，数夜失眠，难以抉择"。但"当我回忆起在重庆时我曾多次坐在伟大领袖毛泽东主席身边，聆听主席的教导……让我不会忘掉。……我遂决计等待上海的解放，迎接共产党的到来"。胡西园先生拥护中国共产党，拥护社会主义，做了不少有益的工作。在对工商业进行社会主义改造、公私合营高潮中，胡西园先生也积极配合政府搞好企业合营工作。改革开放不久，胡西园先生故去了，没能看到我们国家的长足进步和发展。如今，非公有制经济的发展，早已超过三分天下有其一的局面，成为社会主义市场经济的重要组成部分，活跃于我国的经济生活中。

陈明德

2005年8月8日

作者的话

　　1914年至1918年，第一次世界大战期间，欧、美等帝国主义列强忙于应付战争，无暇东顾，遂使中国民族工业得以发展。1919年，五四运动激起了国人爱国观念，影响所及，又兴起了不少民族工业。中国亚浦耳电灯泡厂就是五四运动所促成的产物之一。自1879年世界上有了电灯泡以来，英、法、德、意等国不多久都掌握了生产这个照明新产品的技术。后起的日本，在11年后于1890年也开始制造电灯泡，而我国落后了42年，直到1921年，才在上海由中国亚浦耳电灯泡厂生产出第一只国产电灯泡。这个厂经历了北洋军阀、国民党反动政府、帝国主义等多种多样的折磨与摧残，至1949年的二十几年中，其间虽然得到国内外同胞的热忱支持和维护而有所发展，但它没有一天不在与反动势力在凄风苦雨里搏斗，在惊涛骇浪中奋进。中国亚浦耳电灯泡厂，解放后六年私营。1956年公私合营后，在党的直接领导下，中国亚浦耳厂在短短几年中，突飞猛进，出现了前所未有的梦想不到的奇迹。

　　我这本20万言的记述完全说明了，没有中国共产党和新中国，就谈不到中国的工业。

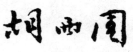

胡西園

1963.6

CONTENTS 目 录

目 录 CONTENTS

第 1 章 | 创 业

第一节 叩击"光明"之门

一、电光源的诱惑

在鸦片战争中，外国资本主义的大炮轰开了中国闭关自守的大门。随着通商口岸的开辟，洋货源源流入，深入我国内地，挤垮了我国的手工业，致使中国民不聊生。国内有志之士，纷纷提倡生产国货，堵塞漏卮，企图以人民自觉的力量，挽救我国经济命脉。在当时的穷乡僻壤，植物油灯渐被淘汰，代之以美孚、亚细亚的洋油灯。

在我童年时，电灯泡漂洋过海首先出现在上海。入夜，我漫步街头，看到大商铺橱窗里安装的闪闪发亮的电灯泡，我常常伫立在橱窗前，久久不愿离去，对着这种新从外国传来的炭丝电灯泡发呆（当时在上海，电灯泡率先由商店安装，一般家庭多数还不曾安装电灯）。看到它烧不用油，又无须火，也能发出光来，倍感新奇。由此，我对电灯泡产生了极大的兴趣。以后，我常常设想如何制造电灯泡，一见到任何灯火，明晃晃的电灯泡——这种新光源就会在我脑海中萦绕。

我有姻长于朗山，在上海"下海浦"（即杨树浦）大纯纺织厂任经理。1912年我15岁时，在宁波中学读书，暑假期间来沪探亲，因喜"下海浦"地方没有像上海热闹地区的喧嚣，故要求憩居于大纯纺织厂的经理休息室。该处前临黄浦江，江水漾漾，面对着浦东，凉风习习，真是闹中取静的好地方。有一天晚上，我为试验电灯泡的电阻电压，用几只不同电压的电灯泡，利用这个纺织厂的电源作多方面的探测。不料偶一不慎，电线相碰造成短路，把该厂总保险丝爆断，全厂电灯熄灭，几肇大祸。这固然是我年轻，鲁莽轻率，缺乏经验，但也显示出我自少年时代起对电灯泡制造的热爱和急切的求知探索之心。

从此，我深感，要避免盲目性，必须用科技知识来武装自己。中学毕业后，我考入浙江高等工业学校攻读电机专业。成年以后，受到当时国内风起云涌的反帝爱国热潮的强烈感染和推动，国家观念逐步滋长，我热爱自己的专业，更热爱自己的祖国，认为电灯泡日后必成为国计民生不可缺少的日用必需品。我不热衷于宣泄义愤，空言抵制，而决心脚踏实地通过科学技术的入口处，怀着实业救国朴素的爱国思想，立志试制国产电灯泡，开拓本国的电光源研究和电器制造工业。

1919年，在我大学行将毕业之际，爆发了"五四"爱国运动，这就更激发了我从事电灯泡制造的强烈愿望和决心。面对装点着城市繁华的万千只电灯，其中竟没有一只是中国人自己制造的，我感到心里有一种难以忍受的民族屈辱。"一定要让中国人能够用上中国人自己制造的电灯泡！"这是我当时发自心底的誓言，并将制造电灯泡作为我的终生奋斗的事业。后来几经尝试，我才感到制造这只小小的电灯泡实则并不简单。

二、中国人自制第一只电灯泡

电光源是一种新兴的科学技术，制造电灯泡需要综合多种学科，制造工艺比较复杂，原材料来自国外，价格异常昂贵，而当时电灯泡制造工艺，虽已在国内外杂志上作过零星介绍，但系统的技术资料，还未能为国人所尽睹。由于受到种种条件限制，国人一般不敢轻易问津。1921年，从浙江高等工业学校毕业回到上海家里，我放弃了一切谋生和就业的机会，一头钻进各大图书馆，寻觅有关电灯泡的技术资料，又在市场上搜购适用的旧材料和技术设备，腾出家里的一间房间当作实验室，因陋就简地开始进行电灯泡的试制工作。

在开始试制电灯泡的摸索过程中，我最初的根据是书本，但在实验中往往不能得到预期的效果。我想到了古人的一句话："尽信书，则不如无书"，于是我从茫茫书海中跳出来，把精力倾注在实验室里。我就一面试验研究，一面不断总结经验，调整办法，采取多种多样的措施继续试验。氧化为灯丝之大敌，而灯丝是灯泡制造的关键，只有避免氧化，白炽灯泡才能试制成功。为了使玻壳内没有空气，我开始只是试用实验用的抽气机。这种抽气机，真空度低，力量小，不适合制造电灯泡。后来我千方百计搞到了一台小型真空"邦浦"（真空泵），但真空度还是不够，灯丝通电后数秒钟就氧化了。后来我托科学仪器馆的顾鼎梅买到较新的真空机，效率确实提高了很多。为了减少物质、精神及时间的损失，我尽量避免走弯路。因此，我厂后来不但聘用几位中国专家作为顾问，还在技术部门聘用德国人和日本人担任工程师和技术员。

研究试制电灯泡期间，有周志廉（南洋大学机械系毕业、留德工程师）和钟训真（南洋路矿学校毕业留日）两人共同参加（周、钟两人本身另有他职，与我研究制造电灯泡是一种不经常的业余协助性质）。在缺乏专门技术人员指导的情况下，我们一边试验，一边摸索。每次试验，我总是急切地期待试制的电灯泡突然发出成功的光芒，可是接踵而至的却往往是一系列的失败和挫折，或者是灯泡走气、漏电、断丝、断芯，或者是裂壳、烧毁，甚至于有时还会发生爆炸等等。有一次，好容易有一只灯泡能发光了，我正在高兴时，可是这望眼欲穿的灯光又倏忽熄灭了。这样不断失败，不断试制，使我们从痛苦的教训中找到失败的原因，有针对性地修改试制方案，改进工艺，甄选原材料，攻克一个个技术难关，一步一步地向前行进。

1921年4月4日，在我简陋的实验室里自制的电灯泡终于发出了光芒，中国人自己制造的第一只电灯泡（长丝白炽泡）诞生了。有人怂恿我向当时北洋政府农商部注册创制权专利，我认为无此必要，未加考虑。次年，我向日本订购制造电灯泡的机器，日本不肯把这一新机器卖给中国人。后来通过上海文监师路（现塘沽路）隆记洋行日本人黑田，在日本买到了两套制造电灯泡的旧机器。1921年初夏，我变卖了一部分家产，勉强筹集到三万元的微薄资金充作原始资本，在上海北福建路唐家弄242号开始了电灯泡的生产。

一只电灯泡试制成功不等于这只电灯泡已合乎商品的要求。我们第一批生产出来的电灯泡，成本高出卖价十余倍。这样成本高昂的电灯泡，根本无法销售。而在机器陈旧、设备简陋、工人技术不熟练的情况下，要生产质量较好、成本又较低的电灯泡的确非常困难。当时，通常是一边生产灯泡，一边修理机器，工厂不可能正常运转，特别是真空"邦浦"（真空泵）不如意，这是制造电灯泡中最感棘手的事。嗣后，我转托一个化工机构代向日本购得真空度极高的新"邦浦"，才减少了我厂电灯泡抽气方面的困难。当我厂制造工程初上轨道、设备稍能应付时，一年光阴又转瞬消逝了。再经几次三番改善工艺操作，产品质量有所提高，但合格率不稳定，成本很高。当时我们所生产的电灯泡，只能是从研究室里制造出来的样品，远不能符合可以营利的商品的要求。

情况最严峻的是，一方面既要顾到工厂的生产，又要顾到职工（连我在内）的生活；另一方面为了提高电灯泡的质量，机器设备更非及时添置不可。同时原材料的购买也刻不容缓。于是形成支付膨胀、收入萎缩的局面。这样一天一天地下去，我厂经济已趋于枯竭，经营困难，工人生活亦受到威胁。我一向抱着求人不如求己的观念，工厂的经济困难，我亦自己来设法克服。由于经常自己垫款，我除了祖传房屋未曾出卖外，其余的动产不动产，一股脑儿如数都变资投入这个电灯泡事业中去了。

1922年11月，周志廉介绍一个德国人奥普（Opel）与我认识，奥普有一家小型电灯泡制造厂，在上海甘肃路。该厂生产的电灯泡难以与国际名牌灯泡竞争，销售困难，奥普无意继续经营下去，周劝我盘进这厂以改善我厂设备。我尽力筹划一笔资金，托周葆光、张孝恩（两人都是银钱业小老板）担保向益昌钱庄、四明银行借了一笔款子，托拥客把厂内陈旧的机器设备出售，凑足资金，将这德商奥普公司电器厂的全套机器设备接盘下来。1923年，我厂在北福建路原址向东北拓展厂房，从甘肃路把奥普电器厂机器设备拆装到我厂。根据协定，聘奥普为我厂工程师。我与他在我厂电灯泡原有的基础上，继续探讨质量的改善问题。我们共同研究，交流经验，并聘请一些中国专家为我厂顾问，终于使亚浦耳电灯泡达到一定的标准，成为真正的精良优美的国货。这使国人改变了国货不好的传统看法，而乐于购用，抑制了外国电灯泡业厂商的嚣张气焰。经过各方面策进，电灯泡的质量、合格率不断提高，成本相应降低，电灯泡本身的缺点虽然还是难免，但已经勉强可供用户使用。1923年，我厂正式进行工商登记注册，命名为"中国亚浦耳灯泡厂"。

三、"亚浦耳"的寓意

关于厂名"亚浦耳"的命名，有我原始的用意及雄心，当然也有不得已的苦衷。在20年代初，当时我国工业尚处于萌芽期，市场上的工业品均为洋货。电灯泡中，人们对德国"亚司令"和荷兰"飞利浦"的产品甚为青睐，中国人崇尚洋货的风气甚盛，我厂开始曾先用过"神州"、"国光"、"三海"这些纯粹中国化的厂名和商标，均无法打开局面。为了企业生存不得不迎合顾客心理，就想到德国"亚司令"、荷兰"飞利浦"这两大名牌灯泡，决定取"亚司令"之"亚"字和"飞利浦"之"浦"字，"亚""浦"二字贯跨两大名牌灯泡的首尾，寓揽跨超越之意，并勉励自己将来要执电灯泡工业之牛"耳"的壮志和愿望，遂用"亚浦耳"三字作厂名；以"亚"字作商标，拼成一个带洋气的牌子，冀望用影戏外文谐音的手段达到推广国货的目的。后来甚至误传"亚浦耳"是德国人姓名，亚浦耳厂是德国工厂。我觉得这样对我厂产品销售反而有利，因此也就听其自然。

以当年社会环境来衡量，我们这样做也有可谅之处，这不是为自己开脱，因为国民党政府媚外抑内的政策，民众养成了自卑崇洋心理，所以我厂的宣传资料强调盘进德国电灯泡厂，聘用德、日工程师，以示中国货里有"洋"的成分。但这有悖于我制造国货的本意，心中未能泰然，于是

在厂名前冠以"中国"两字，成为"中国亚浦耳灯泡厂"，在包装上加上
"国货"两字（所以绝大部分用"亚"字牌的用户都知道这是中国的工厂
和产品），统称为"老牌国货亚浦耳"。并立志将中国亚浦耳灯泡打入国
际市场，为民族争气，为祖国争光。

由于亚浦耳灯泡厂迅速发展，引起我国灯泡同业的错觉，误以为制造
国货只要有一洋气十足的招牌就可风行国内外，于是数年后接连出现了克
来膀、德士林、西而登、华尔登、兰奇司、德而可、飞达、奇特爱皮西、
飞令等十余家仿外国牌号的灯泡厂。结果这些厂先后纷纷倒闭，到新中国
成立前夕，留存的不过是摇摇欲坠的几家。事实上，要使国货发展，首先
要物美价廉，亚浦耳灯泡之所以能畅销国内外，主要是依靠质高价低。由
此证明，招牌和商标不过是最初的吸引力，其发展和巩固，完全是建筑在
货真价实上。

四、找"米"的一波三折

亚浦耳厂在中国创始制造电灯泡，所用原材料除一般性普通金属品
及化学品可在上海采购之外，一些特种专用原料不但无处购买，连品名也
很少有人懂得，就是所谓懂得的人也是一知半解。因为中国以前没有制造
电灯泡的工厂，而电灯泡又是多种科学的综合性产品。有的东西向外国订
购，承办的洋行因初次交易，也必须先向外国生产商弄清楚这些原材料的
性能、规格后，才敢签订订单。所以当时亚浦耳厂虽已研制成功电灯泡，
如要大批量生产，原材料的供应即大成问题。原材料拼凑不齐，不但影
响产量，也大大妨碍质量的提高。当时，我们虽有尽量采用国货的志愿，
但能实际应用的国产材料不多，即便有一小部分，也因品种、质量、规格
每次不同，给我们增加不少困难。尤其是所谓电灯泡灵魂的三丝：钨丝、
钼丝、双金属（镍、铜）导丝（又称"杜美丝"，其膨胀系数与玻璃相
同），非外国进口不可。欧美货质量较好，但因路途遥远，订购量少就接

济不上，大量购买资金又有困难。日本制造电灯泡比中国首创的亚浦耳厂早30余年，它们已能成套生产制造电灯泡的原材料，包括三丝。我们在不得已的情况下，拟暂时采用日本原材料，作为过渡。但日本货品质不佳，同样是质量规格每次不同，致使我厂的电灯泡质量不稳定。这是我研制生产国产电灯泡的奋斗中一直感到较为苦恼的事。

后来，在当时副总工程师於崇仁的协助下，经各方努力，终于找到了美国阿斯勒厂。这是生产"开利"牌的"三丝"专业厂，在生产技术上正好与亚浦耳厂紧密衔接，前后互补。该厂当时也正在找下家谋发展。两厂一拍即合，建立长期的供需关系。阿斯勒厂成为亚浦耳厂海外的原料基地。

亚浦耳厂部分内迁重庆后，与阿斯勒厂的联系一时中断。上海原亚浦耳厂的某工程师离厂自谋发展，取而代之成为该厂的大客户。太平洋战争爆发后，运输受阻，亚浦耳厂与阿斯勒厂的业务再度中断。好在不久驻华美军向重庆分厂订货，"三丝"由美军空运解决，两厂又恢复了业务关系。抗战胜利后，双方业务迅速扩大，成为双赢的合作伙伴。

另外，当时我最感到困难的还有灯泡玻壳、玻管、玻梗问题。我开始找闸北三多里姓霍的广东人吹制。此人原是专门吹制洋油灯罩及鸦片烟灯罩的。该厂一共只有两三个人，因此数量无法增多。后来，我们联系到五马路（现广东路）一家规模较大的玻璃厂，初系郁姓主办，叫"广明玻璃厂"。随着中国电灯泡生产的逐步增加，广明生意也忙了。大概为了扩大经营，加了股东增添资本，改组为广泰明。亚浦耳厂生产电灯泡越来越多，即使广泰明把生产的全部玻壳、玻管、玻梗供给亚浦耳厂，也是不够的，何况它还要兼顾别家灯泡厂。于是我厂就与天通庵路一家小玻璃厂负责人李月照订立合约，我厂出资金，扩建这个玻璃厂，此后，李负责我厂每日应用的玻璃料，直到我厂自办玻璃工场。随着生产发展的需要，亚浦耳厂成立了玻璃部，其第一任工程师是彭敬亭，领班是张怀标，我厂玻璃料供应问题初步解决。

在亚浦耳厂未曾自建玻璃工场之前，我也经常去一些玻璃厂联系工作，见到这些厂的房屋既矮小，上面又盖着旧铁皮代替屋瓦，盛夏天气炎热如焚，烈日当空，屋顶铁皮炙手难当，而玻璃工人钻进这样的厂房中，在炎炎的熔炉前对着近千度的火门吹壳拉梗，汗流如雨，气喘如吼。即使是20岁左右的青年，吹了十几只玻壳，非出外吹吹风不可，否则，无法继续工作。我在他们身旁站了十分钟左右，全身衣服湿透。我碰到以前在闸北玻璃厂当学徒的一位姓金的老工人，他比我小十余岁，但看上去却已经衰老病弱不堪。这种玻璃工厂与亚浦耳高敞的玻璃工场无法相比。

为了顺利供应亚浦耳厂玻璃工场的耐火材料，如火砖、坩埚等，我们于1932年冬在上海劳勃生路（现长寿路）建立一家"中国窑业公司"，专制玻璃厂用的各种耐火器材，请上海乾一银公司胡组庵兼经理。产品除供应亚浦耳厂外，还供应全国各地其他玻璃工厂。此种火砖坩埚等最初来自日本。

至于灯丝，从原来的碳素丝进而发展为金属化碳素丝，不久金属化碳素丝又落伍。在我厂制造电灯泡时，已用未经复炼的硬钨丝。该项钨丝只能制造旧式长丝灯泡，而不适用于绕圈。我厂开始是向日本订购灯丝的，日本灯丝不但规格时有参差，且质量时上时下，对灯泡的寿命及流明（光度）有直接影响，这是生产亚浦耳灯泡的第一个障碍。嗣后，我们改向德国、荷兰、美国订购。这些灯丝不但数额较大，且都从日本经营钨丝的垄断组织（如东京电气公司麦之达灯泡厂）远东总包销额中转账拨付出来的（东京电气公司麦之达等向德、荷、美制钨丝的工厂包下来大量的钨丝，取得了大折扣，远东其他灯泡厂向德、荷、美钨丝厂购买钨丝，要在远东总包销额中拨付，并代扣包销人的利益）。因此，不但我们买的钨丝价格较贵，而且对中国灯泡的盛衰日本人了如指掌，他们操着知己知彼百战百胜之权，而我们则是盲目应战，万分艰苦。

中国是产钨大国，当时产量约占全世界总产量的85％以上。过去国民党政府只管大量廉价出口钨砂，主要卖给美国，每吨计银圆2000元，而细过于发的钨丝再从美国转买进口，每公尺以美金计价，如以重量计算相当于每吨计银圆2000万元。这样，钨丝进口价等于钨砂出口价的一万倍，而国民党政府却无动于衷。那时我们写了几十封信给政府主管机关，要求中国自己炼钨、自制钨丝，以求中国电灯泡业的独立性并挽回偌大利权。不料，当局竟置之不理，致使外人讥笑中国科学技术条件落后，无法自己炼钨，以此更加蛮横控制作为电灯泡心脏的钨丝，来阻碍我们的生产和发展。

五、面对一片凌乱

旧中国是一个半殖民地国家，大多数机制日用品均依赖外国进口。各国来华的工业品规格亦不一律，如电灯头有螺丝口的和插口的，螺丝口又有长牙短牙之分，插口又有大型小型之别。各国在华租界及租借地，其设施亦各以其本国风格加以规范，如电压，法国是110伏，英国是200伏，德国是100伏，其他国家为220伏。

中国自己的发电厂，各地又有不同环境，不同电压。这使我们电灯泡制造厂遇到不少困难。以中国大多数的发电厂电压而言，基本上是220伏，但有的地方偏高，有的地方偏低。如过去杭州、常州等地区，明明电压是220伏，但实际可以高到240伏至250伏；而耗电量超过发电量负荷的地区，明明电压是220伏，却只能用200伏或180伏的灯泡。各地都是如此。

西北、苏北等地，地主恶霸和反动军人不经过供电厂，任意在路灯线上接电，不付电费，任意耗电，大大超过发电厂的负荷能力，造成220伏的电压只能用70伏或80伏的电灯泡。有的地方因大批反动军队及机关撤走，耗电量骤减，电压在70~80伏突然上升到一倍以上，致使这个地区的轻磅灯泡一夜之间全部毁坏。这给人民造成相当损失，也给电灯泡制造厂带来了不少纠纷和麻烦。

这是旧中国电政的特点，也是封建恶势力所酿成电压凌乱的实际情况。因此，我厂在技术方面也采取了不少措施，如对效率和寿命等关键性技术指标，根据各地不同条件作不同的处理，在电压往上波动的地方，适当降低效率以提高寿命，反之在电压往下波动的地方，就要适当提高效率，以保证一定的流明度（光度）。由于采取了这些措施，亚浦耳灯泡才受到广大用户的欢迎。

六、谁说中国人造不出充气泡——哈夫泡

40年前在科学落后的旧中国，充气泡——俗称哈夫泡，相当于20年前的日光灯和近年的荧光水银灯以及今日还是崭新的碘钨灯。当时中国亚浦耳厂自己研究成功制造了长丝尖底电灯泡。这种灯泡灯丝细长，光呈黄色，灯丝受震易断，已逐渐被淘汰，代之以新型的可乐泡和充气泡（或称哈夫泡）。为了与舶来品竞争，亚浦耳厂研制了圆形绕丝电灯泡（可乐泡）。这种灯泡灯丝成螺旋形，上下屈曲成锯齿，光呈浅黄色，灯丝受震不易断，经久耐用。国产可乐泡的问世，也经过了一段反复试验的过程。由于亚浦耳厂生产的可乐泡不仅在质量上完全可以和外国货相媲美，且售价又低于外国货，因此保持了市场的竞争地位。科学技术在不断提高，电灯泡的新产品也不断出现。继圆形绕丝电灯泡之后，又研制了充气泡（后暂称哈夫泡）。所谓哈夫泡，就是说这种灯泡灯丝细而短，绕成半圆形，泡内抽出空气，注入氩气或氮气，灯丝不易蒸发，受震不断，光呈白色，且耗电量只及同等光亮照度（流明）电灯泡耗电量的一半。它的光亮不像真空泡（普通电灯泡）带有红色。因此颇受消费者的欢迎。哈夫泡价格较高，获利亦较厚，而制造工序当然比一般电灯泡繁复，科学技术要求高，原材料甄选也较为严格。于是，外国人认为，中国人在短期内是不能制造哈夫泡的，遂将哈夫泡在中国高抬售价，要挟居奇，牟取暴利。

我当时早有研制哈夫泡的计划，在各方面曾有初步的准备。当我厂盘进德国电灯泡厂之后，在改进普通电灯泡的产、质量的同时，我们就着手研制哈夫泡。

美国奇异厂认为，哈夫泡制造工序繁复，科技水平较高，中国亚浦耳厂虽明知哈夫泡有厚利可图，但因科学技术落后只得望洋兴叹，无法着手制造，即使要研究制造哈夫泡，也是穷年累月之事，非一朝一夕之功。奇

异厂厂长潘奇（译音）对中国商家说，"中国亚浦耳厂要生产哈夫泡，是不自量力，这点资本还不够充作研究费用，这是绝对不可能实现的"。

看他那仗势欺人的嚣张气焰，更激发我们自强不息的信心和决心。外国人蔑视中国人，中国人自己要争气，我们制造哈夫泡的热情，更加高涨起来了。我从外国购来不少关于制造哈夫泡的机器样本和参考杂志。在厂里工程部门专题研究的基础上，我和几个专家顾问进一步研究出了一点线索，于是就向九江路新通公司何仁龙（交大电机系毕业，新通公司机电部主任）拿了几本德国制造哈夫泡的机器设备样本。经过我厂工程技术部门详细研究讨论后，准备用大量资金去订购上述机件设备。那时虽然德籍工程师奥普任职一年后解约回国，每年可以节省数千元巨额薪金的支出，但我厂经济仍非常拮据。当时的银行、钱庄决不肯借款给工厂作为试验经费，他们怕试验不成功，借款即无从收回。

当时有一浙江硖石陈姓地主，想以高利贷给我厂垫款，但有条件，第一要他的儿子为本厂副经理，他的打算一方面可以解决他儿子长年闲荡无业的问题，还可以通过他的儿子监督我厂的财务；还有一个条件是，将来亚浦耳哈夫泡试制成功后，他要在哈夫泡批卖价格中每100元抽佣金5元及至总批卖价10万元为止，即我厂除受高利盘剥外还要额外被剥削5000元。人说"工商界是木算盘，地主是铁算盘"，这话有一定道理。于是我拒绝了陈姓地主的借款。

我与工程技术人员继续共同研究，并将我从书本里找来的制造哈夫泡的资料作为参考，决定除自己实在不能制造的少部分设备向国外厂商订购外，其余都由我厂自己动手设计、制造、装配。按照国外资料和图纸，设备装置完竣后，经试验不符合实际应用的要求，致使返工，重新一一检查，再度拆装。到了一切装置完妥后，有小部分还是不合制造条件，反复试验，也发生不少问题，如净气炉金属品不合规格、电炉丝的热力不足、化学品及氩气纯净度不够等一系列技术问题。这样迂回曲折消磨了很长时间。

在这一阶段，从美国奇异厂传来风言冷语，他们讥笑我厂梦想制造哈夫泡发财，现在财没发，为了试制哈夫泡，反而越来越穷了。面对他们的冷嘲热讽，我与我厂全体工程技术人员齐心协力，到1926年上半年，第一只国产充气泡在亚浦耳厂试制成功。经过一年多时间的研究改进，1927年，其质量达到国际标准。待至1928年，亚浦耳哈夫泡就大量生产了，其售价仅及"奇异"充气泡的2/5，完全可以在国内外市场与外国哈夫泡一争高下。外国灯泡同业尤其是美国奇异厂对我厂仇视与中伤更是无以复加。我厂冲破当时的恶劣环境，造出了外国人认为中国不能生产的哈夫泡，雄辩的事实，狠狠地给予他们迎头一击。

第二节　艰难求生之路

一、在商言商，"亚浦耳"求售无门

亚浦耳本来是个小厂，资本仅为奇异厂的1/15，工人人数仅为该厂的1/20。当时我厂只能维持小规模生产，为了实现再生产和扩大再生产，不得不随产随销，到外面去兜售以抵付开支，周转资金。但在崇尚洋货、鄙薄国货的时代，国货电灯泡是没有一家电料商店肯推销的。有几家大电料行干脆对我说，消费者相信的是"大英货"、德国货，推销了中国电灯泡有损他们大商号牌子的光彩，顾客就不再上门了，要"坍台"的；有的电料商人说，中国人制造不出电灯泡，即使制造出来也绝不会耐用。当时电器销售商认为日本灯泡质量是低劣的，而中国灯泡比日本灯泡历史还短，质量当然要比日本灯泡更坏。因此，我向他们去兜销我厂的电灯泡，他们是不加考虑的。

我与较为接近的汇通电料行（那时在上海南京路铁房子小菜场东首，现永安公司西角一部分）姚豫元相商。姚对我说："制造电灯泡赚钱难，费力大，不如改营制造香烟或染织等工业，较有前途。"我又去问福来电料行（上海湖北路福州路）孙志厚，孙告诉我："中国自己没有原料，怎能与外国人竞争？工业品中哪一种没有日本货，电灯泡是日本家庭工业品的一种，这一种工业品你就不要想获厚利，日本与中国近在咫尺，中国的电灯泡，想与日本灯泡竞争行吗？我们在商言商，商人以图利为目的。"他劝我不要以青春虚于干傻事，要我经营五金电料商业。

汇通与福来是当时上海电料行中的响牌，姚豫元、孙志厚又是电料商中的前辈，我听了姚、孙两人的说法，踌躇起来。我在试制电灯泡时期一心希望试验成功，到成功出了产品，就希望推广销路获得利润，没有电料行支持，怎能站得住脚呢？我要干下去，用什么方法来维持这个厂？那时我已把追求利润的念头抛在一边，只求站稳脚跟。

说老实话，我厂制造的电灯泡质量，在这一期间虽比欧美货还差一点，但确在日本电灯泡之上。只要自己和全厂职工对电灯泡的质量再不断做出改进，降低成本，业务上加以努力，我想一定会走上康庄大道。"山重水复疑无路，柳暗花明又一村"，看着工厂里验光台上，一批一批闪闪发光的电灯泡，我眼前仿佛透出了一线曙光。况且中国人民在各方面进步力量的影响和鼓舞下，爱国热忱日益高涨，我们国货电灯泡，一定会得到全国爱用国货人士的提倡，并得到发展。坚持下去，定可以"柳暗花明又一村"。我想到这里，仿佛全身有股暖流，劲头就足起来了，遂决计勇往直前，继续干下去。

我左思右想，认为亚浦耳电灯泡只有在上海打开销路才有希望推广到外埠去。我拟邀请上海大小电料行的负责人，举行一次宴会，这样既可以做宣传广告，又可以联络同业感情。于是，我委托在上海电料同业接触面较广的"依巴德"电器行（现广东路北四川路相近）胡哲生为亚浦耳厂宴客，邀请各电料行负责人，还请汇通电料行姚豫元、福来电料行孙志厚协助，再出动本厂营业员向每个被邀请的人去联系促驾，假座太和园凑足了四席酒宴。我在席间说了请各同业负责人对亚浦耳电灯泡指出缺点，我们一定接受意见，随时改进，并要求电料行同业各位对年幼的亚浦耳电灯泡加以扶持，使这新兴的中国国货工厂得以加速成长等语。酒至数巡，胡哲生建议，请在场各电料行负责人认购亚浦耳电灯泡的数额，以便隔日送货上门。当时大家倒也踊跃认购，经我厂营业员统计共计七万余只。

我们抱着非常欣慰的心情，在三天内把货全部送到店铺，盼望各电料行能再来添货，但却久久没有动静。到了月底，我派营业员去收账并兜生意，他们回来时不但无添货也未收到账款。据说前批送去的电灯泡尚未脱手。我当时虽内心焦急，但外示镇定。耐心等到第二个月底，满以为七万余只灯泡打一个对折或者再打一些折扣，可以收来至少四五千元账款抵用。岂料收账结果，总共出售电灯泡不到3000只，收到账款不到500元。各电料行门售部职员都说中国电灯泡不好卖，费力不讨好。

之所以会这样，一方面是因为顾客还不知道亚浦耳电灯泡；另一方面是因为门售部职员怕麻烦不宣传，因此，部分亚浦耳电灯泡在各电料行仓库里睡大觉。我看到这种情况，当然是感到丧气，后来一想，要顾客指明牌子来购买历史不长的中国亚浦耳电灯泡是不可能的，我厂还要精益求精，使顾客出便宜的价格买到好货，这样顾客才会把这个牌子牢牢记在心头，第二次就会指名来买。我们还要克服不断发生的困难，再鼓足勇气前进。

二、我不战胜它，它就会毁灭我

打开亚浦耳灯泡的销路是我当时的中心任务。我设法直接向用户兜销，并发动一部分员工深入到商店、学校、各大工厂等地推销试用，但也未获成功，种种办法都不能打开销路。此时厂里的电灯泡积压愈来愈严重，如再销售乏术，则资金很快就要全部搁煞。这个小小的工厂，能积得起多少存货，等不了多久，资金就周转不灵，无法开工。

我自从搞电灯泡工厂以来，已有一年余与亲友不相问闻，有的人竟误以为我到外埠去工作了。后来听到我办电灯泡厂弄到这种境地，他们都纷纷劝我不要再执迷不悟。由于我经常睡眠不足，形容憔悴，家里人为了我的健康起见，也附和亲友们的说法，不要我再干电灯泡工作，要我去找另外的职业。当时上海大丰纱厂徐庆云正在物色一个副经理，听到我办电灯泡事业不顺利，便要我停止搞电灯泡厂，去他的大丰纱厂任副经理，并许我优厚条件（徐庆云系搞纱布投机而起家的，当时号称千万"大豪富"，但徐去世后家产荡然无存，其子病殁香港时，几无以为殓）。那时我的名誉、经济已被这电灯泡事业所重重包围了，我不战胜它，它就会毁灭我。几经深思，我不能服输，如果我一气馁，就等于承认自己失败，唯一的出路，只有与恶劣的环境搏斗，拼出一条血路，杀出重围，再接再厉，重整旗鼓。我感谢亲友们及家人们的一片好心，但我对电灯泡工业的决心坚定不移，一定要在艰难困苦中，继续跋涉前进。

灯泡试制已经成功，产品虽有缺点，不难逐步改善，而使我最感棘手的是资金缺乏，于是我定了治标、治本的两个方法来复活这个工厂。治标办法，是先将库存电灯泡削价售现；治本办法，是吸收外股增加资本。我请来几个在上海较有头面的电料掮客（不设商铺的个人中间商），把全部积存的电灯泡以最低限价交他们去外面抛售，卖出还钱。这批掮客因利之所在确有办法，不久便抛售一空，我得到现款后即继续开工。

不过经此次削价出售后，资金更加短绌，我急忙进行招股增资工作。当时纱布、染织等轻工业，周转快，获利厚，为一般工商业者所熟知，这些行业本身就富有诱人的吸引力。而我的电灯泡厂与这些行业不同，以前中国从未有过，固定资产多，产品售价低，资金何时可以回笼，利润多少，大家都茫无头绪，哪一个肯来做这个打冲锋的老板。结果我第二个"治本"的办法，就成为泡影。我只得另想一个不得已的以商养工的计划，另外去搞一个经营电料五金的商业组织，以商业盈利所得，来资助电灯泡工业。这个办法试行之后居然一炮打响，大获成功。我的电灯泡厂，随着附设的电料五金商业部门利润的上升，也逐步发展起来。

到了1922年，亚浦耳灯泡厂已形成了工厂的雏形，但机器设备投资是没有止境的，还是无法摆脱困境。当时产品的销路、资金的周转，以及再生产问题等等，真把我弄得焦头烂额。鉴于我厂的电灯泡在上海十里洋场没有立足之地，大商号不屑卖，其他大商埠看来也不见得会容纳这个孤儿似的中国电灯泡，我就转变方向，向沪宁线、沪杭线、苏北、浙江等内地已使用电灯的中小城市进军。

我到上述较为重要地区亲自作了一次实地调查访问，了解当地电灯照明的普及情况，每到一处，就联系一家电料行作为我厂电灯泡的特约经销处，先在几个试点地区，又逐渐在他处继续不断扩展。结果成绩很为圆满，签订合同作为我厂特约经销的地区遍及江苏、浙江、安徽、江西等省的近30个城市，有镇江、扬州、常州、无锡、苏州、松江、嘉兴、绍兴、宁波、温州、南通、如皋、泰州、盐城、安庆、九江等处。我厂每月全部产品占半数以上有了固定的销路，在外国灯泡四面环伺的市场上初步站住了脚跟。此时电灯泡工厂事务更为繁忙，我就把电料五金商业机构的工作托人代理，自己专管工厂。由于产品销路日有进展，且有部分行销国外，我厂面貌开始有所改善，又得到四明银行、益昌钱庄、敦余钱庄三家银钱业的信任，可以有小额短期的信用透支，因此，经济情况亦较前灵活了，亚浦耳厂闯过了初创阶段最最艰难的时期。

三、一路风尘

上海主要热闹街道，如南京路（当时称为"大英大马路"）、霞飞路（现淮海路，当时称为"法大马路"）等地的大电料行，是不销售国货电灯泡的，认为大商店出卖中国货，会损坏他们的信誉。他们借口说当时消费者只相信西洋货，不认中国货。鉴于这种情况，我只得寻求到外商势力尚未深入的薄弱地区开辟市场。因此，亚浦耳电灯泡在本埠只能到偏僻地段的电料店去销售。开始是南市十六铺春华祥电料店，店主姓姜；还有南阳桥英阳电料行，店主姓潘；其后又有虹口姓朱的协丰电料行，闸北姓何的华兴水电公司等。至于到外地去推销亚浦耳电灯泡，是从湖州和无锡开始的，那里是亚浦耳电灯泡外埠推销的发轫地。我亲自与本厂姓杨的营业主任一同乘苏州河湖州班小轮船（就是在亚浦耳厂北京路发行所后门对面）前去湖州，随船带去各种支光电灯泡一万只，准备现货现销。

湖州在浙江省北部，太湖南岸，为太湖流域重要农业与丝业基地之一，有"丝绸之府"之美称。我们先与湖州吴兴电气公司经理李彦士商妥，大约初销一万只电灯泡可无问题。我们将电灯泡露天散装在小轮船烟棚中，我与杨主任钻进第一只拖船舱内。全舱约30余人，后面还有几只拖船。船行许久进入浙江地界，转到湖州小江内。等到将近湖州码头时，要过一座"哑子桥",在这里闹出一个笑话来了。

据说无论任何船只,接近哑子桥口,不许讲话,如有人犯此戒律(就是近桥时讲话),全船人必遭"水母娘娘"罪责,立降大祸。我与杨主任是第一次坐小河轮船到湖州,根本不知道这"哑子桥"个中戒律。当时我正在闭目养神,全船静寂。在船正向桥洞行进时,杨主任大声说话,问长问短,这极短时间船已穿过桥洞急转弯前进。于是全舱大噪,怒相指责,要杨主任担保全舱人平安无事。在40年前的内地,还有什么可以理喻。我们唯有向众人道歉认罪,说明我们是外乡人,不知规矩。内中有一老者说,你们外乡人犯了戒律也要遭祸,快快去祈祷一下。这老者告诉我们,等一下船码头上面有一关帝庙,可去烧一副香烛,向"关帝爷"叩头为全舱人"消灾祝福"。待船到后,竟有少数客人跟了我们一同进关帝庙,杨主任买了一副香烛照办。从"哑子桥"地形观测,船进桥洞后就急转弯,来往船只都看不见对方来船,唯有静听来船水声,才能互相让避。如两面船中人声嘈杂,双方船只都听不见来往船只的水声,就要对碰出事。故古人想出用迷信方法来吓唬人不说话、做哑巴,煞费苦心。

我们到了湖州,由吴兴电气公司李彦士招待,我们顺便与李谈起哑子桥事,并告诉他这是为了避免急转弯撞船。李也同意我的看法。等电灯泡起岸点数时,少了4捆(每捆200只),原来小轮船在中途码头靠岸时被人窃去。李彦士笑谓杨主任,"杨先生过哑子桥讲话,所以水母娘娘罚你少了800只电灯泡",言罢相与大笑。我想电灯泡被窃去也总是去用的,可以做做广告。

李彦士介绍大兴电料行马经理与我们接洽,将9200只电灯泡如数作试销品,并与大兴订立了湖州经销处的合约。次日晚,我们改乘锡湖轮船公司的"长风"轮船(比苏州河湖州班小轮大几倍)经过太湖北行。我在船上对"长风"船名颇有感触,古语所谓"乘长风破万里浪",太湖虽大不过36000顷,将来我们中国国货要在太平洋、大西洋乘长风破万里浪,与欧美各国西洋货竞争。想到这里,我更增加了办国货工厂的勇气。次晨,船到无锡,槐记五金号徐经理到码头接我们,引我们到新湖旅社。据徐告知,我厂电灯泡已由上海托转运公司运到了无锡。无锡为沪宁铁路之中点,是苏南的经济中心,是我国著名的米丝市场,轻工业很发达,在全国也占相当的地位,人口50余万,素有"小上海"之称。无锡尽管比湖州地大人多,但为上海崇洋习气所感染,国货在无锡没有在湖州容易出手。我觉得越是通商大埠,中洋货之毒越深,国货越是被轻视,这更增强了我去内地推销亚浦耳电灯泡的信心。

我与杨主任临时决定顺道再上镇江、扬州,于是就从无锡搭火车到了镇江,找到一家公明电料行,作为亚浦耳电灯泡寄售的经销处;过江到扬州,找到江都电器公司,作为我厂寄售经销处,接洽联系后拍电上海即将灯泡运到镇江、扬州。回沪之时到苏州下车,在阊门约定一家明华商店作为寄售处。

回沪后觉得此行不无成绩,但这么多地区都托人寄售经销,没有到手半文钱,所以我厂的垫款是分外庞大起来了。后来,从上述各地亚浦耳灯泡销售量来看,镇江不如扬州、无锡不如湖州,苏州地方因其离上海较近,消费者中洋货之毒比上海西郊还要严重,所以情况更糟些。国货能得到不断发展,与国内进步人士为国货热忱奔走、提倡国货是分不开的。

四、环境凶险

1927年,蒋介石叛变革命,篡夺了政权,建立起城市买办阶级和乡村豪绅阶级的反动统治。蒋介石窃踞"中枢"之前,曾辞去总司令之职。同年9月,蒋介石赴日本签订卖国密约,并与美国驻日大使暗缔不可告人的残害中国人民的条约。同年11月,蒋介石从日本回抵上海,所做的第一件重要的事,是通过和宋氏家族联姻,与美国取得了血肉联系。蒋介石自己宣称,他们结婚后,"革命"的工作一定要有更大的发展。实际就是他通过宋氏家族更可以顺利地推进向美国献媚的卖国政策。国民党政府对日本也是唯命是听,不敢动它一根毫毛,日本是中国近邻,蒋以亲日来乞求日本的支持。当时上海出版的《新生周刊》杂志载有《闲话皇帝》一文。这篇文章不过是叙述日本天皇的一点生活情形，亦极平常。不料日本军部有意寻衅，认为侮辱了他们的天皇，向国民党政府提出严重抗议，形势异常紧张。国民党政府惊慌失措，一变他们对中国人民如狼似虎的凶相，成了一只软弱懦怯的羔羊，对日本政府俯首帖耳，全盘接受他们的蛮横要求，立即封闭《新生周刊》，传讯《新生周刊》主编杜重远，不由分说地下杜于上海漕河泾监狱。当时舆论鼎沸，斥国民党政府的无耻媚日。堂堂中国被这批狐群狗党搞得国不成国了。

国民党政府对人民的压榨比在旧军阀统治下更为残酷。原先在旧军阀统治下有牙税、当税、屠宰税等很多税，除这些税外，没有开征营业税，国民党政府统治之后，在上述各税之外再加征营业税。这些杂捐当然不都是由直接营业者负担，而是要转嫁给普通消费者。这既加重了人民的负担，又阻碍了工商业的发展。民族资产阶级在国民党政府统治下，遭到了更为深重的灾难，中国民族资本的纱线锭数在全国总数中的比重逐步下降，我们电工器材工厂也日渐衰退。自关税自主以来，外国人因为中国进口税税率过高，乃于通商口岸纷纷添设工厂，条约规定，外国厂商制造的货物所纳的税同于华商工厂。这样外国资本就日益雄厚以致压倒中国民族资本，摧残中国的民族工业。就连国民党官办的"中华文化建设协会"所编的《十年来的中国》也不得不承认，自民国16年（1927年）国民政府定都南京以来，28年内，国人投资一种新工业，资本超过100万元者，几如凤毛麟角。

我有一个朋友曹志圣，开设一家德泰机器厂，专制双轮牌闸门开关。数年以来，产品颇受用户欢迎，营业日渐发展。而美国慎昌洋行进口的飞轮牌闸门开关，中国人订货越来越少，年复一年，其进口数量迅速下降，美国慎昌洋行大起恐慌。他们探得飞轮的劲敌就是中国人制造的双轮牌闸门开关，于是就捏造事实，诬告曹志圣的德泰机器厂的双轮牌闸门开关侵占了美国飞轮牌闸门开关的专利权，向当时的会审公廨起诉（会审公廨是以外国领事为主，另有一中国"陪审官"，这个中国陪审官仅相当于外国领事的翻译而已），要求赔偿损失，并不许德泰机器厂再行制造。开审之日，美国领事问了德泰机器厂三言两语，不容分辩就判决德泰机器厂应赔偿美国慎昌洋行飞轮牌闸门开关损失若干万美元，并将德泰机器厂封闭，卖价抵还美国慎昌洋行的损失费，不足之数仍向德泰机器厂负责人曹志圣追偿，如拿不出偿款要将曹志圣拘押。一家欣欣向荣的中国工厂立时惨遭破产，而曹志圣本人被逼得走投无路郁愤已极而自杀。一个经营工业生产的善良的中国人，因为产品生产经营得法较有成绩，就遭到美帝国主义分子的迫害，平白地飞来横祸，家破人亡。

美国奇异厂就是此一时期在中国开设的资本雄厚的外国工厂，它利用在中国攫取到的特殊待遇与种种便利，对我们中国电灯泡业猛烈戕杀，对我们亚浦耳厂更是凶相毕露，张牙舞爪，大有要把亚浦耳厂吞噬下去之势。它在全国各地，通过种种手段，如以金钱贿赂采、销灯泡的单位或个人，妄图把国货亚浦耳电灯泡的销路全部堵塞。我厂在全国各地设立发行所就是从此时开始的，这一措施完全是为了与美国奇异厂这一强大的竞争对手相抗衡。亚浦耳电灯泡当时在武汉、广州销路最畅，我厂把这两地列为重点。美国奇异厂除在全国各机关排挤我厂电灯泡外，还有针对性地猛烈抢占武汉、广州的市场。华北、济南、天津也是国货亚浦耳电灯泡旺销之处，由于国民党政府压制国人抵制日货，日本灯泡在华北一带很为猖獗，天津、济南首当其冲，亚浦耳电灯泡在华北销路遂大受影响。在这一时期我厂的营业网被美国奇异厂及日本厂商仗势破坏，但我们决不后退，边破边补，且不断增加外埠新的营业机构，所以能失之东隅，收之桑榆。当时，中国电灯泡业中弱小的工厂纷纷倒闭，存者亦苦力支撑，万分凄惨，我厂幸而发展较速，营业地盘较大。南洋群岛一带国外华侨激于日本对中国的蛮横及对国货的狂热感情，因此憎厌日货欢迎国货，于是亚浦耳电灯泡在国外销路剧增。美国奇异厂虽想千方百计挤垮我厂，但看到我厂的发展情况也无可奈何。外国资本在中国横行无忌，国民党政府对外推行卖国政策，对内实行苛杂捐税，层层加码。在这双重压迫下，我们民族工业一直在苦海中挣扎。

第 2 章 | 图 存

追忆商海往事前尘 · **胡西园**回忆录

ZHUIYISHANGHAIWANGSHIQIANCHEN HUXIYUAN HUIYILU

第一节　外患重重

一、绞杀——外商同业的一致目标

甲午中日之战后，帝国主义对中国的侵略进一步加深，开始大规模的资本输出。从电气行业来看，美国摩根财团就控制了中国最庞大的电气工业，如上海电力公司、上海电话公司等，对其他中国大商埠稍有规模的电气工业，摩根财团也莫不觊觎攫夺。在我们电灯泡行业中，美国奇异爱迪生公司，到中国倾销奇异电灯泡，后来利用中国的廉价劳动力、低廉的原材料，在上海设厂制造电灯泡。他们开始是从美国运来电灯泡半成品，在上海大马路（现南京东路）114号福利公司后面开设工场，招工数十人装配成奇异电灯泡，充作是从美国进口来的商品。后来为了进一步榨取中国人的膏脂，他们挖空心思，利用外国人在中国可以随处购地置产的特权，在沪西劳勃生路（现长寿路）购地建造工厂，扩展生产。所出电灯泡仍充作美国的舶来品，高价出售。美国奇异及其他国外厂商把中国亚浦耳厂视为眼中之钉，千方百计想拔去为快，所以始终对亚浦耳厂存着挤垮扼杀之心。首先，他们力图从原材料供应方面对亚浦耳厂进行破坏；其次，设置坐探，暗中捣鬼，利用奸商，影戳冒牌；三是抢夺市场，造谣中伤。

一次，我厂采购部门负责人徐某向我报告，前有日本大阪富士电料商店中村治一到上海来时，曾交亚浦耳厂试用一小部分全套原材料，经工程部门试用，勉可凑合，就去函大阪富士电料商店嘱其押汇15天期再来一批。经试用与第一次效果相同。现中村治一又来上海，住在虹口"万岁馆"（日本人在上海开设的旅馆，地处现在的闵行路长治路），希望亚浦耳厂能增加订购的数量，富士商店在货价方面还可以给我们一个大折扣。于是，我和工程部门研究之后，授权徐某订购了三万银圆数额的货。中村治一代表大阪富士电料商店给我厂在货价上打了八五折，但要求货到上海后现款提货，不能照第一次押汇15天的付款办法。我们接受他的要求，签订了合同。隔了若干时，大阪富士电料商店把全部订货装运来沪，我厂付款提货后即投入生产。厂里的工程人员以为富士商店的原材料曾经两次试用尚称合格，就不再小量试制样品，即正式应用，结果出了岔子。原来这批原材料完全不符合原样，有的钨丝、钼丝已经发脆。待发现后立即刹车，已用去了四分之一。

　　我们发电去大阪富士商店交涉。他们多方推诿，矢口不肯承认。赔偿一事，函电往返达一个月余之久，总不得解决。亚浦耳厂与日本大阪富士电料商店交涉了六七个星期。由于对方毫无诚意，一味用狡猾手段应付，我厂只得派人到日本驻沪总领事馆去交涉。日本领事馆允诺待了解情况后再作处理。又过了一个时期，日本领事馆回信，大阪富士电料商店卖给亚浦耳厂的原材料与原样一无差别，是亚浦耳厂自己制造电灯泡的技术不高明，造成产品质量低劣等语。如此强词夺理显然是出门不认货的无赖行为。亚浦耳厂当时加入了电料商店所组织的上海电器公会，于是我厂要上海电器公会出面与日本领事馆去交涉。上海电器公会负责人都是一般商人，这些商贩怕"触犯"日本领事会惹出祸事来，没有人敢做主。我就改变办法，要我们工厂自己组织的上海电业工厂联谊会出面与日本领事馆去交涉。上海电业工厂联谊会以理直气壮的措辞，向日本领事提出强硬的抗议，并声称：如日本领事再不妥善处理，上海电业工厂联谊会将邀集上海各团体开群众大会，并邀中外新闻记者将事实公布于众，请大家评理。这下才把当时在中国最蛮横不讲理的日本人压倒。我厂最终把尚未用去的从富士电料商店买来的原材料全部退回大阪。日本领事馆保证调换合用的偿还我厂。至于已经用去的原材料，富士商店还是死赖不肯认账，只好算是我厂的冤枉损失。

　　1927年，我厂钨丝曾一度供应紧张，我唯恐中断供应影响生产，所以在各处张罗，委托全上海的灯泡原材料捎客到各地去收集现货，可现货已被以奇异厂为首的外商厂所控制。因为还有一个月左右时间就有大量国外订货单到厂，我厂必须设法将钨丝接济上。当时有一与亚浦耳厂经常做生意的金姓捎客，介绍来一个从香港来的广东人霍某，他有钨丝现货10余万米（公尺），想削价脱手回港。捎客金某只取一笔介绍佣金，不负其他责任。我厂与霍某直接谈判，待将钨丝试样后，尚称合用，便全部以现款购买下来。待经过仔细检验发现这一批钨丝都已变质，如制成灯泡，光度、寿命都大有影响，不但灯泡晦暗，且随时要断丝，幸未投入生产不致影响产品质量，而霍某早已杳如黄鹤。问之金姓捎客，他也不知霍某香港地址。我当时即想，这看似偶然的一个骗局，其中或有背景。如果这批坏钨丝夹着极少数好丝，混进亚浦耳厂，使亚浦耳厂一旦投入生产制成灯泡，就会在市上对用户造成致命的坏印象，使亚浦耳电灯泡无人问津。由于我厂曾受过日本富士电料商店的欺骗，对外来原料提高了警惕，必须每一小包抽样试验后，才投入生产。这样购进这一批坏钨丝，虽然是花钱买了一批废物，受到一定损失，但却使构陷亚浦耳厂的阴谋破灭，避免了更大的损失。

1929年春，亚浦耳厂出口国外的几批电灯泡，寿命太短，甚至数小时即断丝，各经理处纷纷来电报告情况。首先是小吕宋（菲律宾）杨记电料行来一长电，详述最近一批电灯泡临时断丝很多，寿命只有数小时，往往在顾客购灯泡时，在柜台上通电即当场断丝，一连数只，使顾客不愿购买而去；已卖去的，顾客也纷纷持灯泡责问，给他们调换还要赔许多抱歉等等。我厂立即回电，将这批一万余只灯泡如数退回调换。继此之后，有新加坡兴发电器公司也报告同样情况，此外荷属苏门答腊婆罗洲（现印度尼西亚）亚浦耳灯泡经销处、海奇米耶公司（Hegemeyer & Co）也发现此种情况，我厂一律负责退回调换。不久，国内个别市场也出现了与海外同样的情况，不过为数还不太多。我厂将退回来的灯泡加以研究，发现红磷中有杂质，再三追查这杂质的来源，一时无法做出结论，只好把已调配好的该项药水重新换过，并嘱配料的人慎重仔细，防止杂质进去，同时要大家提高警惕，防范外人暗算。这种现象暂消失，不过有时仍有发现。亚浦耳电灯泡的寿命，有一段时间不能稳定。

　　一天清晨，有一技术员周某进厂房，瞥见一华姓职员在药水瓶边（就是用红磷及其他化学品调配涂在灯丝上的药水）鬼鬼祟祟伸手进瓶。闻有人进来，他就把拿有一小纸包的手缩回。这时工人已陆续进厂。周某一嚷，大家追问他干什么，华某目瞪舌结，形色慌张。于是大家把华某拉到行政方面去处理，还在他身上搜出一小包碱质粉末。再三诘问，华某坚不吐实。照情形探测，华某是在涂灯丝的红磷药水里放进破坏灯丝的药品，以侵害亚浦耳灯泡质量。我们因他态度顽固，只得将他扭送榆林路巡捕房。当天下午巡捕房来电话，要我厂证人前去与华某对质。到了晚上，捕房宣布我厂证据不足将华某释放，从此华某不知去向。经我们仔细调查，原来华某本来就是美国奇异厂的。

　　过后不久，我厂在本埠海格路（现华山路）发现一批冒牌亚浦耳的日本电灯泡，人赃并获。我们决心要彻底弄清真相，杜绝后患，花了一笔钱给巡捕房执办此案的探捕。捕房中外探员得了钱财，当然表示起劲，准备查究以再得到我厂的赏金，于是百般审问被捕奸商，弄清线索。据奸商口供，他是受专供奇异厂灯头工厂老板的委托，代为奔走推销，并供称在这家灯头工厂的栈房里，还有冒牌亚浦耳的大量日本电灯泡存货。捕房要我厂派人与捕房探员带同被拘奸商，一起前去灯头工厂栈房查看赃物。不料一到目的地，栈房门外贴一纸条，上书"美商奇异安迪生厂灯头栈房"字样。该栈房管理人员对捕房探员说："这里是美国工厂的栈房，不准闲人进去，你们一定要进去需要美国领事馆签证方可。"他们竟无耻地假借"治外法权"来躲避自己的罪恶，后来捕房也没有开始时卖力了，这一案就不了了之。

　　总之，外商同业用大量劣质电灯泡，冒牌亚浦耳商标到市场上跌价倾销，其目的是要利用日本灯泡的低劣品质使亚浦耳灯泡声名狼藉，为用户唾弃，破坏"亚"字牌灯泡的商品信誉。如果亚浦耳厂破产倒闭，国外厂商没有中国的劲敌，又可以垄断居奇了。后来我厂与各地爱护国货的经销人合作，并依靠团体、同业公会以及各提倡国货组织的大众力量，宣传与揭发并举，很长时期与帝国主义分子及不肖奸商作激烈的斗争。在爱国思想畅行全国之际，我们国货产品得到大部分爱国同胞群力支持，用国货一时蔚为风尚。美国对中国亚浦耳厂的各种陷害都没有得逞，而我厂根基越来越稳固，声誉越来越提高。

奇异厂看到这种情况，像热锅上的蚂蚁，一刻也不得安定，又企图用"以华制华"的办法，来遏制亚浦耳厂。奇异厂的买办也开设一家"国货"电灯泡厂（以后就称之为买办工厂），以国货电灯泡的名义在中国灯泡厂同业中捣乱，主要的目标当然是美国奇异厂最畏忌的中国亚浦耳厂。

这个买办工厂是一个几十人的弄堂小厂，设备简陋，只能制造小烛光的真空灯泡，且产量也很少，但它在外面招揽生意，对任何等级的电灯泡来者不拒，似乎它是一家全能的大型灯泡厂。其实它连一只最起码的验光器都没有，哪能制造大烛光的电灯泡？制造大烛光的电灯泡工厂，就是美国奇异厂。这家买办工厂的营业路线，除美国奇异厂自身霸占的市场及销售处之外，紧随着亚浦耳厂行销地区，跟踪争夺市场，蓄意捣乱。凡爱用国货灯泡而美国奇异厂营销薄弱的地区，这个买办工厂就以国货伪装迷惑用户；凡在亚浦耳厂电灯泡的旺销地段，这个买办工厂的产品便挤进去干扰。这家买办工厂，对美国奇异厂负有双重任务，一是破坏亚浦耳厂的营业；二是破坏亚浦耳厂的名誉。这家工厂全部面积，只能抵亚浦耳厂一所废品间，但它对外谈起亚浦耳厂，说是"微不足道"的，使识者闻之齿寒。这家买办工厂对亚浦耳厂，一方面在营业上倾轧，一方面到处造我厂流言蜚语。它在我厂国内重点营业地区武汉、杭州、广州等处更是强烈地争夺市场，并在广州专设一个营业机构对付我厂。

可叹这家忘记自己国籍的工厂，产品不佳，即使由美国奇异厂替它出品电灯泡，也是十分不妙，因为奇异厂给它的都是第二流的产品，质量当然大成问题。美国奇异厂的合格产品与亚浦耳灯泡较量尚且无法取胜，而这个买办工厂更是与亚浦耳厂处处交锋屡屡失败。美国奇异厂既扶持它的买办工厂与亚浦耳厂为难，又怕它真的发展起来不易驾驭，或反会妨碍奇异本身的利益，因此，在实际有利于工厂生产的关键环节，奇异厂也不肯为它的买办工厂做出有效的帮助。听说有时这个买办工厂偶有较大营业额的大烛光电灯泡生意时，如消费者不限定国货或外国货的时候，美国奇异厂因为舍不得被买办赚去一笔中间过手费，就毫不客气地自己亲自出马，直接交货。所以这家买办工厂虽没有倒闭，但自始至终不能发展。

上述简略几件事例，足见当时外商灯泡厂是不择手段来陷害中国亚浦耳厂。我们抱着一颗爱国热心，不为威迫所屈服，不为利诱所软化，使中国亚浦耳厂在险恶的环境中，始终屹立于本国国土之上，与各国电灯泡工厂角逐于各国市场而处于不败之地。

二、满是血腥气的"商"场角逐

1923年3月，我到北京去访高恩洪，除再面谢他延揽之情外，主要是希望他继续在交通部所直辖的机构中提倡采用亚浦耳电灯泡。此事是通过高的机要秘书关源联（精帆）及其妻舅姚启儒（显澄）协助的。除在北京交通部本部及其附属机关采用一部分亚浦耳灯泡外，亚浦耳灯泡还打进了全国各地重要的铁路局（那时还没有铁道部，全国铁路归交通部路政司管辖）。一贯只用奇异灯泡及其他外国灯泡而绝对不考虑用中国电灯泡的沪宁、沪杭铁路局（简称两路局），也破格采用了一部分亚浦耳电灯泡。供应铁路局灯泡之后，我厂根据新的形势，生产了车厢泡、耐震泡，并研究制造火车头灯泡等有关铁路局专用的新型电灯泡。这又引起了与美国奇异厂的一场争战。奇异厂为排挤亚浦耳，讲我厂灯泡种种不好，后来两路局负责人突然不顾事实想毁约，借口亚浦耳灯泡质量低劣，要减少亚浦耳灯泡对两路局供应的数额。这种无理毁约行为，我们坚决不能同意，于是我们依据事实向该局上级负责人评理解释。几经交涉，合同虽得到维持没有修改，但以后我厂向两路局送交灯泡时，受到种种挑剔，增加许多麻烦。还有，我厂为铁路专用所制的新产品虽已经订立试用合约，但该局亦要毁约拒绝采用，又经过许多周折，才被该局少量试用。后来美国奇异厂仍不断使用阴谋诡计对亚浦耳灯泡多方中伤，企图迫使两路局仍旧恢复不用一只中国电灯泡的局面。此为我厂与美国奇异厂的第一次遭遇战。

自从亚浦耳厂与美国奇异厂在中国各地铁路局发生遭遇战后，奇异厂经理潘奇悻悻然地对人说："中国电灯泡质量既劣，数量又少，不像日本电灯泡质量虽然也不良，但数量很大。中国灯泡质量既不如欧美货，其数量、价格又敌不过日本电灯泡，所以中国亚浦耳厂的寿命是不会长的，不需要多久时间，必然会被自然淘汰的。"这只不过是其借以自慰而已。实际上，他们也使出种种恶毒伎俩，企图把我厂扼杀在摇篮之中。因此，他们是天天等待亚浦耳厂关门的消息，而事情的进展恰恰与他们的愿望相反，亚浦耳是天天在发展。如此三番，不能不引起奇异厂的注意。从上海公用局校正亚浦耳灯泡质地优良并采用其作为上海一部分路段的路灯后，奇异厂对亚浦耳厂即耿耿于怀。他们在市上罗致了各种亚浦耳电灯泡加以检测，试图骨中挑刺。但他们非但没有抓到什么"辫子"，倒发现亚浦耳电灯泡确实是价廉物美，不但不能被轻易消除，而且正在急起直追迎头赶上。这更使他们怒火中烧。于是，他们对我厂的封锁就更加严密了，不准奇异厂职工与亚浦耳厂有交往，并将他们不用的机器零件等均严加封锁，旧的干脆捣毁以免流入我厂，更为狡诈的是派不肖分子混入亚浦耳厂来刺探各项情报，并在生产营业方面多方进行暗中破坏。此种具体事例不胜枚举，但都一一被我厂揭破，终使他们无计可施。

中国亚浦耳厂在精益求精的目标下，邀集各专家共同研究，改进了不少技术和工艺规程，亚浦耳电灯泡质量有了长足的进步。质量的改进是产品销售的关键，产品在用户方建立了信誉，就奠定了与舶来品抗衡的基础。广州是鸦片战争后被迫开放的五口通商的商埠之一，接近香港，洋货充斥比别埠更甚。当时的广州，繁华不亚于上海，夜市非常热闹。凡是夜市兴盛之地，电灯使用必广，所以广州成为各电灯泡厂商必争之地。在过去外国灯泡业之间竞争时，美国奇异厂有近水楼台先得月的优先条件（奇异在上海有电灯泡制造厂），在广州经常处于优胜地位。待亚浦耳电灯泡行销广州之后，奇异电灯泡受到了很大的影响。日本向以质劣价低的电灯泡到中国各地倾销，而独在广州市场却选择较为上乘的电灯泡"麦子达"电灯泡（在日本系第一流电灯泡）为主体，来广州与欧美等国的电灯泡较量角逐。

优质低价的国货亚浦耳电灯泡踏进广州市场之后，受到了广州同胞的欢迎，亚浦耳电灯泡源源流入广州，慢慢也扎下根来。开始，广州的亚浦耳电灯泡是由广东客帮在上海来办电器材料时向我厂发行所直接批购去的，后来因广州方面需要量增加，当地若干电料行向我厂提出在广州独家经销的要求。我厂就在该地几家电料行中选定港粤沪华美电料行作为经销机构，在香港的华美电料行作为国货亚浦耳灯泡香港独家经理处，在广州的华美电料行作为国货亚浦耳灯泡广州独家经理处。经华美电料行推销，亚浦耳灯泡在香港、广州的销售日有起色，对舶来品电灯泡造成严重威胁，尤其是对日本电灯泡的打击最大，还逐步替代了美国奇异灯泡在广州的地位。

到了1930年以后，美国奇异厂恃国民党政府媚美政策的袒护，在粤汉铁路局对亚浦耳电灯泡的排挤特别嚣张。当时我厂对生产大烛光充气泡（俗称哈夫泡）数量还不够充足，美国奇异厂就钻这个空子向经销者及消费者要挟，凡出售亚浦耳电灯泡的商店及大用户如广州华美电料行，就不批售或卖给他们奇异牌大烛光充气泡，天热时也不批售给他们奇异牌的电风扇。当时，国货电风扇在销售者中的信用还没有充分树立，且产量也不多。广州接近亚热带地区，一年之中热季较长，需用电风扇因此亦较多。当时在外国电风扇中奇异电风扇价格较低，在广州电料市场算是热门货。美国奇异厂对不卖或少卖奇异灯泡的电料商店，就采取不批发或少批发奇异电风扇的办法，特别是对推销国货亚浦耳电灯泡的商店更是如此。这使广州电料商店不得不为要批售奇异电灯泡和电风扇，而无法兼顾国货亚浦耳电灯泡。美国奇异厂就是用这种手段来要挟广州华美电料行和粤汉铁路局的。粤汉铁路局借口不合规格，把我厂送去的电灯泡全部退回。同时，广州华美电料行也来电报告，广州市"公用局"推说我厂没有大烛光暂时缓收亚浦耳电灯泡,致使亚浦耳电灯泡销路日渐减少。

当时,对付美国奇异厂的这种攻势,我厂的策略是当即增加机器设备,火速训练专制大烛光充气泡的技工,使大型(当时所谓大型充气泡不过是300瓦、500瓦,最大也不超过1000瓦)充气泡数量成几倍、十几倍地增加,并且设立我厂直辖的"中国亚浦耳厂广州发行所"。因华美电料行是在广州首先推销国货亚浦耳电灯泡者,我厂给予最优惠的批售待遇。在一段相当长的时期,我们降低亚浦耳电灯泡的价格与奇异灯泡竞争,售价只有奇异厂大烛光充气泡获利最暴时售价的五分之二,而质量与奇异灯泡相当。这一下真使他们痛心疾首徒唤奈何,也不得不削价,但奇异充气泡的价格始终无法与亚浦耳充气泡匹敌,这使他们受到极大打击,暗暗叫苦。在广州发行所全体人员的努力下,我们夺回了广州市路灯供应的业务,并与粤汉铁路局重订合约。美国奇异厂还曾派人到我厂协议在广州统一售价的办法,被我们拒绝。这是中国亚浦耳厂与奇异厂在广州的一场激烈搏斗,结果我厂取得了最后胜利。

1928年,亚浦耳厂大量制造充气泡,市场上称为"哈夫泡"。制造充气泡,首先要有一套完整的机器设备,充气泡的玻璃要经得起高热与严寒,对物料的配合与工艺技术要求更高,确要做到科学与实验相结合。在制造充气泡过程中,各部门的工艺操作都较为复杂细致,都要达到严格的规定标准,不许有所偏差,稍有疏忽便影响全部。如氩气纯度不够会影响灯泡的寿命和照明度,而纯度过高又会发生电弧而烧毁;气充得太多会使灯泡发暗,充得太少就容易断丝;而各种不同的充气泡,又需要用成分不同的氩气。我厂搜集各国制造充气泡的技术资料,作了很多次的试验,才得到成功。所以充气泡非一般工厂所能制成,即使日本的小灯泡厂,绝大多数也无法制造充气泡。充气泡为外国灯泡厂所垄断的时候,我国各地一般电料商行没有经销充气泡的权利,即使是较大的电料行,如果要批买充气泡,也必须搭购普通电灯泡。外国灯泡厂欲以此抢占中国市场,从而抑制中国灯泡的销路。而今有了亚浦耳充气泡,就打破了外国灯泡厂对充气泡的奇货可居和在中国市场上横行无忌的局面。

外国灯泡厂见到亚浦耳厂出产了灯泡中的高级产品，惶惶不可终日，无不惊恐和仇视。他们施展种种卑劣手段，欲置之于死地而后快。美国奇异厂在我国重要通商地区加紧推销奇异充气泡，并立即取消过去对电料商批购充气泡的种种限制，以"先发制人"的手段遏制亚浦耳厂新产品的销路。他们还在电灯泡广告中，竭尽侮辱破坏之能事，公然诋毁中国生产的充气泡质量低劣，万万不及外国货优良。当时中国灯泡厂除我厂外，没有第二家能制造充气泡的，美国奇异厂污蔑国货充气泡的广告，字里行间明明指的是中国亚浦耳厂。我厂提出强烈抗议，但政府主管机关始终不敢声张。同时美国奇异厂又派遣姓傅的买办带了大批推销员，分头到全国各大商埠，并对亚浦耳充气泡作恶意的反宣传，还在汉口囤积大量外国充气泡，以便遍销华中各地。姓傅的买办在汉口翼江楼大宴电料商及各大机关用户，席间叫嚷中国科学落后，技术幼稚，设备简陋，原材料低劣，无一可以及得上外国，即席引起在座群众的愤怒。大家哄堂反诘，并有部分被邀者拂袖而去。由此可见，中国人大多数确是爱国的，因此，亚浦耳灯泡反得到更多国人的爱护。在这种情况下，我厂就在汉口阜昌街26号设立华中地区亚浦耳厂发行所，与美国奇异厂及其他的外国灯泡厂商抗衡，打乱了他们的阵脚，使他们不能再为所欲为了。这是我厂与奇异厂争战又一回合的胜利。

美国奇异厂眼看亚浦耳厂蓬勃发展，且在各市场屡屡碰到这个有力的竞争对手，感到食寝不安，千方百计要拔去这个眼中钉。首先，奇异厂俞某向我游说，要重价收买亚浦耳的商标，不成；后来又要我厂与他们签订限额生产、分区销售的产销协定，也没有遂愿。于是美国奇异厂恼羞成怒，把上海生产的灯泡铜头全部包买下来，企图使我厂有灯无头，无法销售（当时亚浦耳厂自己不制造铜头，所用的铜头都向专制铜头工厂订购）。我厂在这种情况下，短期内减少部分生产，暂时收用一批旧铜头，另托七浦路鑫泰机器厂用最迅速的方法为我厂代制铜头。美国奇异厂唆使它的附属厂"天开祥"老板，带了中外流氓包探到鑫泰厂去吓唬，声称制造铜头是"天开祥"的专利，未经"天开祥"授权，任何工厂不得制造此项铜头，否则要赔偿一切损失。我厂代鑫泰厂请律师登报驳斥，群众舆论的指责使美国奇异厂的阴谋未能得逞。

1935年，美国奇异厂策划准备很久时间，生产出一种新牌电灯泡，商标叫"日光牌"，英文"Sun Light"，每只售价只银圆一角，放款期长达六个月。当时上海电灯泡批价为每只银圆二角几分。奇异厂的日光牌电灯泡，批价低、放款长，它的意图是要使中国的电灯泡厂无法推销，断其生机，窒息而死。它的矛头又是直接指向亚浦耳厂的。据我当时所得的消息，它积存的日光牌电灯泡有三五十万只之多，预定在我们不知不觉之中，突然向中国市场抛售。当时，美国奇异厂蔑视中国，没有将日光牌（Sun Light）的商标向中国商标局注册。

由于同业公会有美国奇异厂的暗探，我方应付的办法须慎重详尽，我就只与同业公会中两三位较为稳妥的核心人物计议布置。1935年12月中旬，奇异厂买办及营业人员向中国各大商埠出发，预定于12月下旬十天内将日光牌电灯泡与各地电料行签订合同倾销。美国奇异厂以为，日光牌电灯泡的价格只有奇异灯泡的三分之一，而付款期有半年之久，中国商人图利，这样一笔好买卖，各地电料商定会争相批购，几十万只日光牌电灯泡定会一哄而空。在他们笃定心思欢度圣诞节之后，次年1月，大批日光牌廉价电灯泡会在各大城市塞足，到时中国灯泡一定没有去路，看中国的灯泡厂怎样度过这阴历年关。这就是美国奇异厂对中国电灯泡厂阴狠毒辣的"如意算盘"。

我们同业也早已秘密布置行动，12月23日（星期六），在中国各大城市各重要报刊大幅登载广告，出售日光牌（Sun Light）电灯泡，每只售价银圆五分，这比奇异厂的日光牌价格便宜一半（奇异厂日光牌电灯泡每只售价银圆一角，是奇异售货人与电料商人秘密商定的）。批发处在上海小东门新组织的某电料行（中国地界），见报即有货可批售。现在批发底价由我们在广告上向广大用户公开了，电料商卖奇异日光牌电灯泡不但无利可图还要大大赔本。这一下不但引起各地电料商极大疑虑，连奇异厂派遣到外埠的买办售货员（跑街）等也感到非常惊讶，摸不着头脑，于是纷纷拍电报到上海奇异厂报告此事，查询究竟是怎么一回事。我方算定23日星期六下午美国人是不办公的，第二天星期日也休息，第三天便是12月25日圣诞节假日，所以各地奇异厂的跑街虽有电报拍来，但奇异厂收发员以为是平常的订货事宜，原封不动地让这些电报在门房间睡大觉三天。各地奇异厂跑街得不到本厂指示，无事可为。而我方在这三天内做了不少工作，如接受订单发货，分派各同业厂的工作等等，且在外埠经销处存有少量日光牌电灯泡现货，使外埠电料商感到五分一只的日光牌电灯泡确有其事。总之，这三天中各方面的演变都有利于我方。

到了26日开关（过去假期休息叫封关，就是海关不办公，休息后办公叫开关），美国奇异厂主管人潘奇（译音）见到这许多电报大吃一惊。事情还没弄明白，各地电报又纷纷而来，都是来取消已订的日光牌电灯泡的合约的。原来，各地电料商人认为，日光牌电灯泡底价已被揭穿，无利可图还要蚀本，且两个日光牌电灯泡相差一半价格，在各方面都会引起纠纷。用户以为每只五分的电灯泡绝没有好东西，除好奇买几只试试之外，无人要正式采用。商人以图利为主，又怕纠纷，因此都拒绝经销五分的、一角的两种日光牌电灯泡。而我方的少数日光牌电灯泡，是中国电灯泡厂，在同业公会领导下发挥团结保产的集体力量，在全体灯泡厂的每日生产品中，按产额抽成捐献的。捐献出来的电灯泡，也同样加上日光牌（Sun Light）的中外文商标，本来没有本钱。而奇异数十万只日光牌电灯泡，从此就在他们仓库被宣判"无期徒刑"。待奇异厂发现两个日光牌电灯泡的时候，又无权提出保护商标的诉讼。

我们采取以少数扰乱多数的战略，造成市上有价格相差一半的同样日光牌电灯泡的双胞案，引起全国各销售商的疑虑，使他们对这纠纷复杂的日光牌电灯泡相率不敢进货。这使奇异厂措手不及。美国奇异厂潘奇暴跳如雷，原以为十拿九稳地扼杀中国电灯泡的如意算盘完全落空了。经过一段时间的调查，奇异厂才得到一点线索，他们认为此事不管是同业公会搞的也好，还是亚浦耳厂搞的也好，总之，同业公会主席是我，亚浦耳厂总经理也是我，这一次一定要向我狠狠地报复一下，使我知道美国人是"不好惹的"，要我尝尝美国人的"厉害"。

当时，帝国主义在中国，凭借不平等条约享有治外法权、领事裁判权等特权。如外国人杀了中国人可以不要偿命，中国人与外国人涉讼要受外国领事的裁判，就是外国人与中国人打官司，中国人也要受外国领事的裁判。外国领事的裁判往往毫无法律依据，随意判决中国人，而且还规定不能上诉，就是说外国领事裁判中国人，等于拍一下生死板，死活全凭他一句话，没有再可辩诉之处了。这助长了帝国主义分子在中国为非作歹、蛮横无理的嚣张气焰。

现在，美国奇异厂又想凭借领事裁判权，用慎昌洋行对付德泰机器厂的办法来对付亚浦耳厂。奇异厂先由美国律师哈华托致函我厂，硬说什么日光牌"冒牌"灯泡亚浦耳厂制造最多，还捕风捉影地说什么胡某鼓动同业登报妨碍美国的商务利益，"违犯"国际条约等等，如要和平解决，可以谈判以金钱抵偿损失，否则，决定诉之于法律，并限期答复，逾期即行起诉。我不为这种恫吓所动，将此信置之不理。若干日后，哈华托律师事务所派人到亚浦耳厂来找我。我派人回答来人两句话：关于日光牌电灯泡之事，哈华托律师无权来问亚浦耳厂，我们也没有答复的义务。来人不得要领而去。隔几天，上海租界总巡捕房中西包探各一人来我厂，查问仓库内还存有多少日光牌电灯泡，我厂答以本厂只制造亚浦耳牌电灯泡，其他商标的电灯泡我们一概不知，至于仓库有无日光牌电灯泡，这是与我厂风马牛不相及的，任何一个仓库听凭查看。这两名中西探捕轧不出苗头，只好没精打采而回。

美国奇异厂果然向特区法院控告我厂所谓的冒牌行为，要求追偿损失。我厂请戴景槐律师辩护，派我的秘书沈某为代表出庭受审。当时，外国领事裁判中国人会审公廨的罪恶制度，已经被进步力量领导的上海市民通过强烈的反帝斗争推翻了，过去的会审公廨已改为上海特区法院，中国人的事由中国法官审判。这个法院受着上海市民众目睽睽的监督，不敢过分偏护洋人。辩论终结，宣判奇异厂败诉。但奇异厂还不甘心，还要无理取闹继续捣乱，又控告"上海市电工器材同业公会"主席的我，以同样的理由要求赔偿损失。同业公会仍请戴律师辩护，由总干事林某代表出庭。法官认为美国奇异厂商标未曾向中国商标局注册取得注册证，无所依据，根本无权提出侵犯商标权的损害赔偿，奇异厂再次失败。

当时美国奇异厂不是不懂得商标未经注册无权提出保护，他们认为中国不是一个独立主权国，一切可以由外国人来摆布，满脑子迷信治外法权、领事裁判权。而哈华托律师是金钱主义者，通过打官司拿诉讼出庭费，打官司是他的生财之道，认为反正当事人有钱打官司，有生意经进门来，何必推开，不管有理无理、行得通行不通，做起来再说。社会在进步，中国人民革命的觉悟日日提高，美国奇异厂妄图以过去慎昌洋行对付德泰机器厂的手段来对付中国亚浦耳厂，这是白日做梦。

在我创办亚浦耳厂的过程中，有很多回合与奇异厂的角逐，胜利常常不属于奇异厂。

三、颐指气使的租界"洋鬼子"

中国亚浦耳厂新厂在辽阳路落成之后，添置了新的机件设备。这批机件设备在新厂装置就绪，正在准备接电，忽有榆林路外国"巡捕房"派探捕来厂察看。他们百般挑剔，认为亚浦耳厂里面用酒精、红磷等都与"工部局"消防条例有所抵触，态度非常蛮横，并厉声告亚浦耳厂在得到该捕房许可前不得开工。我们是正大光明的，在亚浦耳厂建造厂房之初，设计图纸都是由"工部局"核准的，图纸上写明是制造电灯泡的厂房，今日我厂万事俱备，中途"租界"巡捕房却横加刁难，和中国工厂过不去，真是岂有此理！我认为我们亚浦耳厂是站得住脚的，不能在洋人无理取闹的压力面前低头，遂不去理它，然后定计划开工。在开工前一天，"巡捕房"又派人纠缠恫吓："亚浦耳厂如不将消防问题解决而擅自开工，工部局要给予紧急处分"等。我在高压之下仍不屈服，气愤地写一份报告书向"工部局"说理，阐明建造厂房时本已写明是制造电灯泡的工厂，既然是制造电灯泡当然要用电灯泡上所需要的原材料及化学用品如酒精、红磷等。

文去之后若干日，"工部局"派中西探员各一人，到亚浦耳厂到处检查，问长问短滋扰了半天。他们临走时说，"你厂有许多问题不合工部局有关条例的规定，详情另有文正式指导，在解决前不许开工"。当时，我们老厂机件设备已完全拆除无法生产，新厂不能开工，"工部局"给我厂的复文又一拖再拖，将近一月之久还是音讯全无，真使我们焦急万分。我再去函催问，结果"工部局"来件说，你厂里面煤气用火点太多，设计图中并未说明，且使用氧气、氩气、氢气等，危险太大，必须按照规定距离另建隔离室；根据你厂里到处设置煤气用火点这一情况，非钢骨水泥厂房不可等语。倘完全照"工部局"来文办理，亚浦耳厂非另造厂房不可，这可如何得了呢！

有人对我说："工部局"及"巡捕房"的做法都是表面官腔，实际是要向中国工厂敲诈勒索大量金钱，亚浦耳厂声誉日隆，这批洋鬼子不肯放过这块肥肉，一定要榨一笔油水才肯放手。看上去，这事与贪婪之辈讲理反耽误时间，只会使亚浦耳厂蒙受更大损失，不如干脆用钱去走路子。

为了减轻亚浦耳厂一天一天停工的损失，我只好去找门路。当时在"工部局"兜得转的是福州路"总巡捕房总探目"李心福。我当即想到熟人中有当时称为"纱布大王"的徐庆云与李心福很接近，遂挽徐庆云去托李心福办理此事。经李心福与"工部局"主管部门联系后，我分别给"工部局"主管部门及榆林路巡捕房数目不同的银钱，还送李心福一笔"酬劳"金，事情总算了结，这时我厂已被拖停工43天了。不料，我们正在开工生产的时候，前次来亚浦耳厂查询的"工部局"两个中西探员又来了，声称"你厂没有危险品隔离室，工部局是不许开工的"，要我们赶快建造隔离室。我们以为花了钱事情已经解决，何以又来反复，很是诧异，就向李心福询问究竟是为什么。经李联系后知道，是"工部局"主管部门最上级的一个洋鬼子没有拿到钱，故又来兴风作浪，李心福要我再花一笔钱。在无可奈何的情况下，我只得再拿出一笔晦气钱，总算把事情完全摆平。

四、日本人不许中国人"提倡国货"

"五卅"运动抵制日、英货高潮后，为了提倡国货，促使统治阶级注意国货，推动国人使用国货，各地国货团体纷纷成立，爱用国货一时蔚为风尚。我在国货团体中工作也逐渐增加，并被选为"中华国货维持会"常务委员。

我主张，国货应该首先提高本身的质量，第二步就是要广为宣传，并征求消费者的意见，以求不断改进，来抵制洋货。大家赞同我所提出的经常举办国货流动展览会的建议，认为这样做，可以使大众试用国货，鉴别国货，而国货与国货之间，也有所比较，促起竞争达到进步。1925年3月，在上海大马路（现南京路）铁房子小菜场东首举行有时装表演的国货展览会，展出各种国货日用品。这是亚浦耳厂第一次参加的展览会。次年，在上海总商会商品陈列所（所址在现北苏州路河南路）又举行一次国货展览会，后来在上海南市、闸北，以及外埠连续举行国货展览会，亚浦耳厂无一次不参加。这些展览会对宣传推广国货及推动国货的发展起着显著的作用。所以凡举行国货展览会，都获得各国货工厂的支持，大家纷纷争相参加。这些国货展览会，都是由国货团体主持，并借各团体机关的场所举行，有时也自搭篷帐独立办理。

国民党政府实行亲美媚日政策，不许国人说"抵制日货"或"不用外货"，我们只得讲"提倡国货"。久而久之，我们"提倡国货"叫得太多太响了，美、日帝国主义分子对我们国货界非常仇视，国民党统治阶级提心吊胆，唯恐我们过分刺激美、日帝国主义分子而酿成"滔天大祸"，因此对人民提倡国货运动，处处防范，随时阻止，有时还暗中破坏。有一次，在南京举行国货展览会，找场地发生许多问题，内部布置也有无数麻烦。展览会开幕后，售品部有一张广告说，中国草帽比日本草帽好，价格又便宜，劝中国人用中国草帽，实惠又爱国，何乐而不为？还有一则广告说，中国蚊烟香胜过舶来品"野猪牌"（日本牌）。这些就引起了国民党政府有关方面的干涉。他们勒令撤除这两牌广告，还将该国货展览会负责人传到南京市府社会局"训诫"，并威胁说，以后如再有"刺激性"的广告出现，将全部停闭这个展览会，并且还派了官方便衣纠察监视展览会的行动，以免因广告及其他动作，得罪帝国主义分子，引起国际纠纷。

1932年秋，国货团体联合举行了一次上海国货大游行，将近有100家国货工厂参加。各厂纷纷设计装扎自己厂里的产品，把货物及模型装在货车上，集中在上海闹市游行，以促进国人爱用国货的爱国心，从而也推广产品的销路。亚浦耳厂用大货车装着一只宽两米、高两米半的大灯泡模型，货车两旁，用电灯泡排出"请用国货"四个大字。这批国货游行车队，本拟从南市蓬莱市场出发，再由南通往北面的几条主要热闹马路，但因"法租界"不许通过，遂改从体育路出发。但"公共租界"大马路（现南京路）及几条干路也不许通过，再三交涉后，"工部局"始勉强允许游行车队通过西藏路，从北到南走爱多亚路（现延安路）北面，而不准到外滩（现中山一路）。当我们车队到北四川路天通庵路时，突然，有日本帝国主义军用卡车，不守交通规则斜刺里冲过来，把益丰搪瓷厂游行车水箱撞坏，并将前面一家玻璃厂的游行车翼平板碰落，全车玻璃产品大部分被震碎。日本的军用卡车一只前车灯碰得粉碎，一只震落地下。于是全体国货游行队伍停止前进。群众把日本军用车围住，与他们讲理。他们反而气势汹汹，不可理喻。如此僵持了几十分钟后，警察派人来调处，结果中国官方向日本赔偿军用卡车的损失，并向日方口头道歉，而我们国货工厂游行车的损失由自己负责。于是群情愤慨，大家怒斥国民党政府的媚外行为。这次日本军用卡车的有意寻衅，绝非是普通的交通事故，实际上是有政治阴谋的，国民党政府怕事态扩大，不易收拾，所以对日本方面俯首帖耳，不敢与之据理力争。对他们来说，为了谄媚日本，牺牲中国人的利益和尊严是无所谓的。

1933年，上海国货团体又到山东济南去举行一次国货展览会，开幕第二天就有日本浪人在展览会内酗酒滋事，调戏妇女，激起公愤，酿成群众围殴日本浪人。后由警察赶到维持秩序，总算恢复正常。次日傍晚，国货展览会场内的纠察，发觉有人蹲在仓库边鬼鬼祟祟，似有不轨行动，上前抓住。原来这个坏蛋在准备用汽油、柴草，图谋纵火烧毁仓库及整个国货展览会。此人即被警察带去，以后未知下文。往后几天，国货展览会内不时有类似汉奸败类捣乱。这批坏分子显然是受日本浪人的指使，来破坏国货运动的。当时济南市府怕肇大事，提前结束了这个国货展览会。美、日帝国主义分子摧残中国民族工业，这只是一个活生生的例证。

五、可笑的小支烛光电灯泡的骗局

电灯泡在长丝旧式时代，其光亮度是以烛光计算的。所谓烛光（Candle Power），通常以直径八分之七寸之鲸油烛每小时燃去120克令时所发之光度为单位，称为一烛光。普通所用之蜡烛，其光度近于一烛光。理论上则以白金达于熔点时一平方厘米表面上所发之亮光，作为光度之单位，称为一烛光。当时的15支光、25支光、50支光等，就是以上述科学理论为依据的。待电灯泡内部从长丝改为绕丝（弹簧丝）、灯泡的外形也由长形改为圆形后，光亮度的称号就代之以瓦特，如15瓦特、25瓦特、40瓦特等。1烛光相等于1.2瓦特左右。但真正代表光亮的单位不是瓦特，而是"流明"，1瓦特相等于7流明。如15瓦特电灯泡，其亮度就是105流明。

约在1931年间，日本忽有五支烛光电灯泡来华倾销，他们哄动想要省电的用户争相采购，引起我们同业的眼热。日本人宣传制造五支光电灯泡原材料较贵，所以这些电灯泡卖价也相应提高。其实，制造小支光电灯泡需用的细灯丝，在制造过程中虽易于损坏，但用料少足以弥补制作时的损耗。五支光电灯泡比一般的真空电灯泡获利多，这就使中国一些电灯泡厂主持人从眼热到手痒，自己也动手来生产五支光电灯泡了。

当时中国灯泡厂纷纷制造五支光电灯泡，用户也群起盲目采用。后来，竟有人青出于蓝,进一步制造三支光、两支光电灯泡了。他们把灯丝放长减低光亮但实际耗电并不节省,使用户付出超过所用光度几倍的代价,却过着暗淡的夜生活,岂不冤枉。国内通都大邑以及有供电设备的中小城镇,数家合用一只火表是普遍现象,往往使用了那种小支光电灯泡,使得每户的电费不符合实际,而引起许多纠纷。从理论上讲,用最细钨丝,例如0.60或0.55制造220伏电灯泡最小的光度,不能低于12.5瓦特,每烛光以1.2瓦特计算已是10支光了。有的工厂生产的所谓三支光、两支光电灯泡,就是用0.55灯丝所制,这与实际耗电量距离更远。用0.60灯丝制造的电灯泡在110伏时是7.5瓦特,这还算接近五支光,但全国电压110伏的地区非常稀少。这说明五支光电灯泡的耗电量超过同光度一倍,两支光、三支光根本是荒诞无稽。

亚浦耳厂为了此事,一再向上海市同业公会提议取缔小支光灯泡,但电灯泡同业工厂迷于追求厚利,不肯放弃这骗人的勾当。我们做了不少工作,告诉同业工厂,五支光电灯泡开始是日本人来欺骗中国人的,现在我们不要再来欺骗自己的同胞,应该揭发日本人的欺骗行为才对。同时,我们又大力宣传这些五支光电灯泡是不切合实际的,请用户不要上当。宣传日久,功效显著地表现出来了,购买小支光电灯泡的人逐渐减少,日本小支光的电灯泡已不为用户信任,销路一落千丈,不再涌进中国来了。

从1937年"八·一三"淞沪抗战到上海沦陷,两支光、五支光电灯泡的骗人伎俩又死灰复燃,而达到疯狂的程度。待至抗战胜利,我厂始终不渝地向群众揭穿两支光、五支光电灯泡的欺骗性,还呼吁同业工厂自动停止生产小支光电灯泡。这样,小支光电灯泡在市场上逐渐减少。到解放初期,五支光、两支光电灯泡总算销声匿迹了。

六、海外市场的混战

美国奇异厂首先以联合外国灯泡业酝酿垄断中国进口的氩气(充气泡用的特种气体),因种种牵涉不成,继而延长他们的充气泡的放款期,俾奇异充气泡充斥于各市场，以阻塞亚浦耳充气泡的销路，但也未能得逞，最后还是走到跌价的老路。这些经济侵略的种种伎俩，对于日渐觉醒的中国人民，已经逐渐不见成效。

1929年，亚浦耳厂在上海杨树浦鄱阳路建造分厂，建筑图纸经过租界工部局核定，承造人是周林记营造公司。在万事俱备只待兴工的时候，忽然工部局房屋建筑管理处主管美国人海勃（译音）通知我厂及周林记营造公司，说新建厂房的地基系小河浜填平，地土不够坚实，不准造厂。我厂再请原设计图纸的建筑师复核，并邀请其他几位专家测验。大家均认为，小河浜填平的地基确有一小部分，但建筑物所接触的是极微小的一角，这方土地建筑砖木结构的普通厂房，绝无问题，海勃则不过借口敲诈而已。不料周林记老板周林堃在与海勃联系后对我说，过去海勃是有名的要钱的"垃圾鬼"，这次与他商量，居然不要钱，就是不许亚浦耳厂兴工。再去交涉，海勃说要翻土重填地基方可兴造。这样做不但费用浩大，而且工期要大大延长，损失是难以估计的。我不得已去托工部局华董徐新六（浙江兴业银行总经理）。我与徐同去工部局，根据我们的设计图纸，向工部局主管西人据理力争。我们理直气壮，海勃不敢违拗，只得勉强批准兴工，但以后在施工过程中还是处处刁难，厂房建成的日期被他拖延了将近两个月。后来我们经过仔细调查，才知道海勃是受了美国奇异厂潘奇的贿赂，有意与我厂为难，要让我们消耗经济力量，从而削弱我厂生产能力，最好能使我们知难而退，造不成分厂。

1930年，我厂充气泡在南洋各地受到用户的欢迎，销路逐渐畅通，因此引起荷兰飞利浦灯泡厂的仇视。他们借口充气泡及新式圆形泡在荷属东印度是他们的专利，不许巴达维亚、泗水等地（这些地区亚浦耳充气泡销路较广）进口亚浦耳灯泡。荷兰飞利浦电灯泡的所谓专利是：（1）直玻管抽气充气；（2）导丝镀硼砂；（3）钨丝结晶构造形状是大晶体。亚浦耳的充气泡不但（1）、（2）两点制造法与飞利浦毫无雷同之处，而且第（3）钨丝结晶构造形状，我们的是比他们先进的纤维状结晶。所以，他们诬陷亚浦耳灯泡侵犯飞利浦的专利权纯属捏造。我厂向飞利浦提出抗议，并请求中国外交部同荷兰政府正式交涉。但中国外交部置若罔闻，我厂不得已将荷兰飞利浦无理侵害亚浦耳灯泡销售的详情在各报披露，深得全国国货团体及爱国人士的同情，并激起公愤，纷纷提议在中国境内抵制荷兰飞利浦电灯泡，提出了"中国人不用飞利浦灯泡"的号召。飞利浦厂开始认识到中国人民是不可欺侮的，荷兰政府也有所顾忌，收回了在荷属东印度对亚浦耳电灯泡的禁令。这是我国人民外交斗争的胜利，是值得回忆的事。

此后不久，日本冒牌亚浦耳电灯泡在菲律宾大量销售，使当地用户真假莫辨，优劣难分。由于日本的冒牌亚浦耳灯泡质量太劣，使真正的亚浦耳受到致命的打击。当时驻菲律宾的中国领事对此事漠不关心，致使中国国货在国外被人侵害而呼吁无门，这是一桩令人痛心的事。因此，我厂想利用帝国主义之间的矛盾，就在香港将"亚浦耳"商标注了册。但以后事实证明，在反动统治时代，要借帝国主义来保障中国货在海外的销售，只不过是一个梦想。

日本小厂看到中国亚浦耳厂生产出了充气泡，怎能不生嫉恨？他们绝不会以自己不能制造就安分服输，也绝不肯放弃捣乱，于是勾结中国奸商沈某用外形与充气泡相同的日本真空泡（如充气泡是平丝，真空泡是波浪式丝等）冒充中国充气泡，用肇基华行的名义大登广告，设发行所于大马路（现南京路）大陆商场，以非常低廉的价格向各地倾销。亚浦耳的充气泡受到一定的影响。于是，我厂就登报揭发肇基华行的诡计，并告知用户如何试验并区分充气泡与真空泡及其功效的不同，不要被奸商所欺。居然有青年学生们照我厂的试验方法，揭破了肇基华行的伪造充气泡，并以读者来信方式向各报披露。我厂也将"肇基"伪造的充气泡送交"中央工业研究所"进行检测，证实"肇基"充气泡是欺人的骗局。我们遂将"中央工业研究所"的测试报告单摄影登报公告，肇基华行骗人的伎俩被彻底粉碎。

日本帝国主义侵略中国的野心愈来愈烈，除军事、政治之外，经济侵略也变本加厉。电灯泡为日用必需品，他们当然不会放松，想尽办法将日本电灯泡在中国跌价倾销，并冒用亚浦耳商标，在市场鱼目混珠。这不但损害了亚浦耳的利益，还侵犯了中国商标法。而且由于日本冒牌灯泡效低质劣，也破坏了亚浦耳的声誉。1927年，美国、德国、荷兰、匈牙利、日本等国的灯泡在中国争夺市场，互相排挤，跌价竞销，最低每只电灯泡只售银圆五分，这价格不及中国电灯泡成本的一半，中国电灯泡厂被迫纷纷关门。亚浦耳厂再度陷于困境之中，产品销路锐减，开工不足，生产采取时作时歇的游击战术，来应付帝国主义的经济侵略。这个时期，确实非常艰苦，幸赖国外华侨的爱国热忱，我就避其锋芒，向国外市场发展，有少数产品，远销到澳洲、南美等地，主要出口到荷属东印度（现印度尼西亚）、新加坡、菲律宾、暹罗（现泰国）、印度等地。亚浦耳厂电灯泡还在菲律宾、印度、新加坡、暹罗等地的展览会上，获得优级奖状。

到亚浦耳厂参观的华侨团体，有菲律宾华侨回国考察团、婆罗洲华侨观光团、暹罗华侨回国访问团、爪哇华侨旅行团等，并有华侨领袖陈嘉庚，新加坡华侨胡文虎、胡桂庚、欧华祺，小吕宋杨应蛟、泗水梁洪、巴达维亚冼人际、爪哇吴慎机、梁锡佑，印度加尔各答林肯堂等。他们到亚浦耳厂参观后都感到欣慰与满意，看到祖国有这样新兴的工业，表示作为中国侨胞为此感到自豪。

外国电灯泡在中国互相排挤跌价竞销混战一个时期后，参战的外商灯泡厂，一方面对旷日持久的竞争感到疲惫，另一方面，觉得中国电灯泡的潜力不易摧毁，特别是亚浦耳厂是一个不可轻视的未来的劲敌，不是单独一家外国企业所能对付的。于是，在美国奇异厂提议下，德国亚司令、荷兰飞利浦、匈牙利太史令以及美国奇异这四个灯泡厂，在中国组成一个"中和灯泡公司"，统销上述各厂的电灯泡，以国际联合阵线来抵制其他一切灯泡。他们的企图有三：一要把日本电灯泡从中国市场驱逐出去；二要排挤其他外国电灯泡来华推销；三要绞死中国电灯泡（"中和灯泡公司"把他们各厂原来牌子的电灯泡，仍旧按原来的高价出售，另出一种副牌产品以极低廉的价格倾销，使中国电灯泡高价够不上，低价赔不起。他们将此比作是用两条绳子，要把中国电灯泡绞死）。那时因为我厂灯泡产量多、质量好，销路已逐步推广到中国各大城镇，国内外销路与日俱增，致使奇异灯泡厂大伤脑筋。

此时，日本的普通灯泡又削价涌入中国倾销，给中国灯泡业带来不少灾难，资本薄弱的中国电灯泡厂复临难以维持的境地。当时我厂的产品在南洋群岛一带已薄有声誉，在国内也略具基础，因此，有条件得到金融业的经济协助，营业情况尚可。当时中国银行总经理张嘉璈（公权）、垦业银行总经理秦润卿（秦为钱业公会主席曾任亚浦耳厂董事长）都对亚浦耳厂给予经济上的支持。张公权并协助发起"中华国货产销合作协会"，聘杜重远为总干事、王性尧为副总干事，亚浦耳厂为该会发起工厂之一。

七、奸诈的日本商人

鸦片战争以来，帝国主义对中国的侵略，从军事、政治再进而到经济方面，如英、法、美、德、俄、荷兰、比利时等国都在中国设立银行，并侵犯中国主权，任意在中国发行钞票。第一次世界大战以后，德、俄两国银行停业，而美、日银行有了迅速的增加。日本在中国设有横滨正金银行，还有住友银行、台湾银行（我国神圣领土台湾，当时尚在日本占领中）等。台湾银行在上海外滩（现中山东一路16号）。

"九·一八"事变之后，日本对中国的侵略不断加剧，全中国抗日爱国的情绪空前高涨，抵制日货运动风起云涌。日本政府对国民党政府施加压力，迫使其严加取缔抵制运动。日本商人也用种种方法来缓和中国人民对日本的愤激情绪，同时，他们还用多种多样的利诱手法来收买中国一些软骨而贪利的工商业者，从内部来破坏抵制日货运动。

在此期间，日本台湾银行买办周某邀我在大华饭店（静安寺路慕尔鸣路现南京西路茂名路）晚餐叙谈，我不愿与为虎作伥之辈接触，辞未前往。几天之后，我接到与其有葭莩关系的沈某的邀请，约我在福州路一枝香西餐厅一叙，我去赴约时周某也早已在座。这次进餐就是一主两客的局面。席间周某向我进言，首先谈到制造电灯泡的原料问题，周说："电灯泡的大部分原料日本都有生产，日本货不但价廉而且得地利之便，供应迅速。现在日本生产电灯泡原材料的各工厂成立了集体组织，委托台湾银行向中国有基础的工厂作贷款供应，中国亚浦耳厂在日本方面早已闻名，由银行贷款供应原材料是极够条件的对象。"我这才明白沈某出面邀我面谈，这是周某所设的诡计，诱我无意间堕其术中。当时我不但绝不订购日本原料，且不愿与周某谈下去，但碍于沈某的面子，不好意思马上拂袖而去。周某还是恬不知耻地继续对我说，如亚浦耳厂能与台湾银行订一全部购用日本原材料的合约，不但货款期限可以放长，而且因亚浦耳厂是大厂，订货额数量大，照一般的买价还可再打九折，倘若数量超过某一限度，日本的卖价还可再削减。如双方（指亚浦耳厂与台湾银行）往来合意，台湾银行还可以对亚浦耳厂考虑一般性的工业贷款或信用透支等等，数额可随亚浦耳厂的需要来协商，这是他们银行主管一再嘱咐周某转告我的。周还说，倘与日本人彼此有了"感情"，以后还有许多好处。我本想对周某直言斥责，继想客人吵闹，弄得主人为难，遂抑制心头怒火对周某说："我是办国货工厂的人，不愿出卖良心，就是说不愿出卖自己的国家。日本侵略中国，杀害我同胞，是所有中国人的仇人，无论如何，我是绝不会采用日本原料的，我更不愿与日本人有任何合作，你不必多言。"双方言语枘凿不相容，席间气氛极度紧张。出面作东道主的沈某只得从中打圆场说："今天随便谈谈，不一定要有所决定。以后有事慢慢可以再说。"我在气愤之下，也顾不得一切，便不等终席先走了。

一次，上海广东路日商铃木商店老板铃木鸠三郎到香港路我厂发行所来见我，约我到虹口日本料理店（日本菜馆）有事密谈。我不愿前去，就告诉他，有事随时随地可以交谈，并请有事就直截痛快说，不必转弯抹角。铃木鬼鬼祟祟、嗫嚅着对我说：他受日本灯泡厂的委托和我协商，让我厂的生产到此为止，不必再扩充。如业务再有进展，日本电灯泡厂愿意以比出厂成本更低的价格把日本灯泡卖给我厂，由我厂作为自产灯泡出售，另外每月再给我一笔津贴，将来我厂所需进口灯泡数额扩展，我的津贴也相应增加。这样既可减少许多自己增产的麻烦，且利润要比自制灯泡更为优厚。我听了他的话，毫不考虑，断然拒绝。铃木临走时还对我说，如不这样做，将来日本灯泡来中国倾销时，我会后悔不听他言。我也不屑为之作辩，任其自去。

但是，在这个时期，日本的电灯泡都被改头换面装扮成中国货，日本灯泡上印上了老牌国货某某牌，或完全国货、省电耐用等字样，蒙混出售。恰在这个时候，亚浦耳厂工程部门雇用一个日本技师，上海专门经营日本电器的日本洋行商店，如隆记洋行、大仓洋行、铃木商店等等，就借此散布谣言，说亚浦耳厂有日本人的投资，甚至说亚浦耳厂电灯泡是日本货改装的。一般贩卖日货的奸商再推波助澜，以讹传讹，使大家真相莫名，造成混乱。"老牌亚浦耳"反而令人难以坚信是真正国货，新、老用户对亚浦耳灯泡的"国货"二字打起问号来，弄得我们啼笑皆非。当时亚浦耳灯泡销到外埠，各地方机构借此扣货勒索。上海不肖之徒，尤其是小报的流氓记者，认为这是大好机会，也伸手敲诈。我首先解雇这个日本技师，同时请各国货团体下厂调查证明，并吁请各地商会团体协助证明，花了不少的广告费，在全国各报刊登有关证明国货的证件。这一阵歪风总算逐渐平息下来。

日本对中国的电灯泡，也未尝一日去怀。因此，他们想尽办法，向中国倾销廉价的日本灯泡。当时日本电灯泡质量虽差，但价格每只只售银圆七八分，加之当时中国政府与帝国主义狼狈为奸，不管我们国货工厂的死活。因此，日本电灯泡几至泛滥全国，大大妨碍了中国电灯泡的销路。亚浦耳电灯泡牌子虽较老，但也受到一定的影响。我们以"上海市电工器材同业公会"的名义，呈请财政部对日本电灯泡增加进口关税，以保护中国灯泡的生存，但久久未得反应。

1932年，"中华工业总联合会"具文，我与该会总干事钱承绪一同到南京见行政院副院长兼财政部长宋子文、实业部长陈公博，当面交涉要求施行电灯泡的保护税，以遏制日本电灯泡在中国跌价倾销。同时，我们吁请新闻界支持。在舆论的压力下，国民党官僚难卸责任，规定电灯泡进口每百只课税4元金单位（等于当时8元银圆）。为了避免较高的税杂，日本就将不装灯头的灯泡按照原料纳税进口，以减少成本，以利于与中国灯泡的竞销。此事由同业公会揭发、力争后，海关对无头灯泡进口也按灯泡纳税。这使日本商人十分恼火，只得又另想别法，以达其在中国市场倾销的目的。

由于过去日本灯泡绝大部分质量低劣，用户对其的印象非常不好，且半个世纪以来，中国人民对日本帝国主义仇深似海，所以，大部分中国人一听到"东洋货"就摒弃不要。于是，日本的灯泡商人就将没有牌子的电灯泡进口，由贩卖商指定，冒用其他电灯泡的商标，在上海加上各种商标牌子。有些不肖的中国商人就与日本电灯泡厂狼狈为奸，在上海以开设只有少数工人及机器的电灯泡厂为幌子，实际上大量电灯泡是从日本进口来的；有的奸商以贩卖改头换面的日本灯泡及各种日本电料为专业，干脆空挂工厂的招牌，全部电灯泡都从日本运来。这些人都以日本灯泡冒充中国灯泡欺骗用户。在日本灯泡鱼目混珠的情况下，市面上非常混乱，后经"上海市电工器材同业公会"详细调查，严格取缔，这批奸商才逐步敛迹。

日本商人与其他帝国主义商人一样，凭借不平等条约的治外法权、领事裁判权恣意妄为。其种种卑鄙手段，无耻行为，不胜枚举。有日本人长冈，通过曾一度担任我厂技术员的日本人木村正作介绍，来上海要求向我厂投资合作，组成中日合办企业，声称如此得以借日本国力，可将亚浦耳电灯泡销路打进日本势力范围的世界市场；并允诺制造灯泡的大部分原料也可以由日本供给。这与我创办国货灯泡厂的爱国宗旨相背，所以长冈一厢情愿的建议被我断然拒绝了。嗣后，日本电灯泡厂林茂尔、华南、细田等终于在上海设制造厂，侵害中国电灯泡事业。

八、外国同业笑里藏刀

帝国主义欺软怕硬，不仅在军事斗争和政治斗争中如此，就是在经济斗争方面也不例外。中国亚浦耳厂与外国灯泡厂经历各式各样的交锋没有被压而倒下，于是，外国灯泡厂就改变策略。1936年圣诞节，德国亚司令厂寄送我一本皮面精致的日记簿，用金色烫印有我的姓名，并附一张贺年片；荷兰飞利浦厂也送亚浦耳厂油彩画月份牌一全套；次年1月份，美国奇异厂赠我爱迪生铜质纪念章一枚，并附函问候。他们这一系列举动，不像是一般商业上的广告，这不是偶然的。经过这番"感情联络"后，果然，隔不多久，他们就寄来一信，以此为饵，提出要与我签订一个协约。

根据协约规定，承认亚浦耳厂为国际单位之一；制造电灯泡的寿命不得超过一千小时；以及在国际贸易中，要遵守统一的价格。他们以花言巧语诱骗我厂与他们合作，其真正的意图分明是想以燃点期来限制亚浦耳厂技术上的进步；以提高售价来阻塞亚浦耳灯泡的海外销路。我厂就回复他们一信，要点是，关于电灯泡寿命，目前我们已做到一千小时，以后延长与否，当根据需要与可能，不受限制；至于海外贸易，我们有自己的经营方针，不愿接受任何约束。外国灯泡业的诡计又告失败。这就是发生在前半个世纪的、持续10余年之久的一场电光源之战。

1951年，在上海文化广场举办反特展览会，展出一特务的密电码底本，从电报留底的文稿中可以看出，亚浦耳厂、英联船厂和怡和纱厂（英联、怡和两厂早已改为国营，原名亦早取消）都被美帝和蒋介石政权列为炸毁的目标。这个消息当时披露在上海各报。我为此曾特地到文化广场参观反特展览会，亲眼看到这密电码底本中用钢笔明明白白写着要轰炸亚浦耳厂，务使毁灭等，与报上报道的一点也不错。由此可见，美帝和国民党政府对亚浦耳厂直至当时还是切齿痛恨的。

九、"一·二八"上海事变

1932年1月3日，日本帝国主义侵占了张学良主管政府所在地锦州。在极为短促的时间内，日本就侵占了整个东北。不久，日军又在上海挑起了战事。当时，日本军舰满布在黄浦江上，海军陆战队到处横行。他们酗酒滋事，英美的巡捕房却不敢过问。曾经有一次，虹口巡捕房拘留了一个闹事的日本海军士兵，这个巡捕房就被日本海军陆战队重重包围，他们气势汹汹大有要占领巡捕房之势。后来虹口巡捕房将被捕的日本海军士兵释放，并由"租界"当局向日本海军司令部正式道歉，并保证以后不再发生同样事情。嗣后，日军在虹口一带气焰更加嚣张。到了1932年1月间，日军竟多次在杨树浦虹口一带演习巷战。

1月中旬有一天上午，我车过虹口蓬路（塘沽路）吴淞路，有日本宪兵拦阻我汽车，不许前进，并要我折向蓬路"日本居留民团"前停车。瞬息间，马路上行人断绝，日本的坦克车、机关枪队由东向西北作射击姿势前进。一批又一批的日本军吆喝而来，随着坦克车、机枪队，向同一方向东窜西跑。初时我很惊异，后来看到他们虚作架势，也并未听到枪声，估计日军大概又是在演习巷战。这样一小时余，才恢复正常。那时，日军司令部已设在北四川路底（尚未曾新建）。

1月下旬初，我经过虹口公园时，汽车又被日军宪兵拦住，只得折向闸北天通庵路绕道而行。当时各方面的情形表明，日本随时会挑起战争，这种紧张气氛一天甚似一天。亚浦耳厂总厂在辽阳路，分厂在鄱阳路，均地处杨树浦。日军的种种行动，闹得人心惶惶。在中国共产党的领导下，抗日活动如火如荼，民族资本家组织了"抗日会"，我也参加了这个会。各提倡国货团体都奋起响应，在各地召开市民大会，排斥日货。我们亚浦耳厂订货单从各地雪片似飞来，但是因日帝的军事行动，产量一时难以增加。

当时，日本纺织资本家和商人因中国人民的抗日陷于苦境，怂恿日本当局打开僵局。1月27日，日本向国民党政府提出最后通牒，要求禁止反日言论，解散上海抗日团体，从上海调走支持抗日爱国运动的十九路军。28日夜，日军突然袭击中国的十九路军，十九路军坚决抵抗。当时日军指挥部设在杨树浦日本的公大纱厂，所以公大纱厂常挨中国军队的炮轰。亚浦耳鄱阳路分厂，在公大纱厂与江湾之间，也即夹在中国军队与日寇之间，此时只得停工。我自己也去做抗日后援工作，如捐送慰问品、捐制防毒面具的铁罐等等。

2月初，日本出动了陆军一个师团和一个混成旅，3月，又增加一个师团。但上海就不像东北那样易得，中国十九路军战斗很顽强，装备也很好，中国共产党发动以工人为首的全上海市民支援十九路军英勇抗战。十九路军在人民的大力支持下，沉重打击日军的疯狂进攻，获得辉煌的胜利。英美等帝国主义为了自身既得利益，当然也不会让日本独占上海。日本发动"一·二八"事变向上海进攻时，美国参加了在英舰"肯特号"上举行的美、日、英、法秘密谈判，赞成"日英"、"日法"分别达成谅解，并要英、法继美国之后，认可日本在中国东北的行动自由，作为日本撤兵上海的条件，且联合英、法、意等国向中、日两国提议双方撤兵。日寇在上海处处遭到中国军民的强烈抵抗，难以得手，实出于他们意料，如要取得整个战局的胜利，日本必须动员更大规模的陆海空军。当时就是日本军国主义者也认为，在东北和长江流域同时进行大规模战争，于日本不利。

至于国民党政府，害怕上海抗日战争会发展成强大的反对国民党政府卖国政策的力量，所以在"一·二八"抗日战争时，不仅没有给十九路军任何支援，反而坚持它的"攘外必先安内"的反动卖国政策，竭力破坏上海抗战。国民党政府与日本政府于3月10日召开了停战会议。3月底，十九路军在龙华淞沪警备司令部邀集上海各界参加"一·二八"抗日的爱国分子开了一次茶话会，我也是被邀者之一。会后，大家即在原址与蒋光鼐、蔡廷锴、戴戟、张衮、区寿年等及十九路军全体高级官佐摄影留念。蒋介石政府与日本政府于当年5月5日达成停战协定。"一·二八"上海事变是日本对中国全面侵略试探性的战争，是以后日寇发动"八·一三"全面战争的前奏。

第二节　内忧无已

一、与华生电扇厂的一场摩擦

旧社会同行是冤家，亚浦耳厂制造电灯泡，华生厂制造电风扇，本来各不相犯。1929年，上海南阳桥晋丰电器厂陈子钧制造电风扇，稍有成绩，但因缺乏资金，难以发展，怂恿我增设电机部，他本人愿意到我厂电机部担任技术员。我想当时亚浦耳电灯泡在市上已稍有基础，如再有亚浦耳电风扇，双管齐下，发展或可更快，遂决计在北浙江路（现七浦路口）设立亚浦耳厂电机部，主要制造大小各种电风扇，还制造各种小型电动机。由于北浙江路厂房难以扩展，于是，又在杨树浦鄱阳路建造新厂房，准备增制大马达。

这引起了华生厂的不满，他们针锋相对就在我厂对面马路韬朋路（现通北路）开设一家"上海灯泡厂"，与我厂唱起了"对台戏"。其时，适有我厂管理原材料的高级职员沈祥甫想脱离本厂，另去开设灯泡厂，华生厂叶友才与沈祥甫遂一拍即合。沈辞去我厂职务，到上海灯泡厂就任经理。他把我厂稍有技术的工人、较为干练的职员作为以高工资挖用的对象，一时造成我厂人心浮动，工作不稳定。

上海灯泡厂把其所生产的"标准牌"电灯泡与亚浦耳电灯泡向同一地域的市场推销。我厂销路短暂间确也受到了影响。但我厂亦非易与者。在与华生厂竞争期间，我厂不与上海灯泡厂在电灯泡一行直接较量，采取以灯泡的盈余贴补电风扇不足的办法，保持亚浦耳灯泡不跌价，而大幅度降低亚浦耳电风扇的价格，迫使华生电风扇不得不随着削价，使其受到很大的损失，难以兼顾上海灯泡厂。

电灯泡是较为复杂的工业产品，涉及的科学技术很多，当时一般电灯泡厂技术都不能过关，生产的电灯泡质量不佳，不为用户采用，最后归于失败。上海灯泡厂也逃不了这个公式，他们投资银圆30万元，垫款7万元，两年零几天后资金就不能周转了。"标准牌"电灯泡牌子已坍台，无法挣扎，只得关门。亚浦耳厂以银圆8万元把该厂机器设备、原料及所有一切用具盘买过来。至此，亚浦耳厂与华生厂的摩擦表面上似乎结束，而两厂的主持人却因此产生芥蒂。

二、中国首都路灯不用中国灯泡

北伐胜利后，蒋介石篡夺政权，盘踞南京，当时的南京就被称为"首都"。然而，就在首都宽阔的街道上，路灯不用一只中国电灯泡，岂非怪事？在刘纪文任南京市长的年代，南京全部路灯大部分是美国奇异灯泡，余者亦是其他的外国灯泡。

我们去问南京市公用局，为什么不用中国灯泡？他们推说中国灯泡质量不好。我表示：我厂保证质量，如不合标准负责调换，且可以先送一批灯泡试用。公用局干脆回答我们说，用中国灯泡是违反上面指示的，万一不好，局里要负责，要受谴责，而用外国灯泡是奉命办事，出了任何毛病，可以与局无关。我们以为此种官僚作风不成其为理由。至再至三与之交涉，但他们始终不理。由于我厂不断据理力争，长期不懈地进行争取供应南京市路灯的工作，终于在石瑛任南京市长期间，争得了参加南京市采购路灯投标机会。结果，亚浦耳厂灯泡虽然价格比美国奇异灯泡低廉三分之一，但仍不能得标供应，理由是"亚浦耳灯泡的质量比奇异灯泡差"。其实这是毫无根据的污蔑。

我厂请上海团体致函南京市政府，并附中央工业试验所亚浦耳灯泡检测报告单，说明亚浦耳灯泡的质量与美国奇异灯泡并驾齐驱，毫不逊色。

上海国货团体也质问南京市政府，为什么不用价廉物美的亚浦耳中国电灯泡，而要用超出三分之一价格的美国奇异灯泡，浪费支出而又不提倡国货。我厂复派人与南京公用局交涉，质问他们，为什么上海市、武汉市用了亚浦耳厂供应的路灯很满意，而首都路灯反不肯用国货亚浦耳灯泡，原因何在？

经过这样理直气壮的力争，最后亚浦耳灯泡获得南京市全部路灯三分之一的供应，其余三分之二还是采用奇异灯泡。后来，亚浦耳灯泡的成绩确实不差，供应南京市路灯的数额上升到全南京市路灯的50%。但由于当时国民党官僚怕得罪美国，不敢多用价廉物美的国货亚浦耳灯泡，所以，供应南京市的路灯数量始终以美国奇异厂为多，亚浦耳灯泡从来没有超过50%的限额。在赵志游任南京市长期间，以我与赵之旧关系，经交涉，市政府增加了一点亚浦耳灯泡的数量。但因顾虑美国的压力，赵志游怕受上级的斥责，增加数字也不过10%。

三、做"财神"横遭流氓敲诈

旧中国，政治腐朽，官僚贪婪，流氓到处横行，而勤劳忠厚的人民，除了被统治阶级掠夺剥削之外，还要受到强盗流氓的鱼肉。我就以上海为例，谈谈我在上海办工业中有关这方面的情况。

新中国成立前的上海是冒险家的乐园，是善良人民的苦海，所谓繁华的十里洋场，其实是可怕的魔窟盗薮，牛鬼蛇神的所在。旧上海抢劫偷骗的罪案，不但无日无之，简直是无时无之，尤其是绑票案层出不穷。那时，所谓社会的"上层分子"，尔虞我诈巧取豪夺，"面团团成了有钱人"，但仍不能掌握自己的命运，多少有钱人被盗劫绑架或为了钱财而死于非命。所以，当时的有钱人出门如临大敌，除随身保镖之外，有的还有警卫车，真是日日提心吊胆。各处流氓如毛，小偷扒手充斥。杨树浦一带地近郊区，帮会分歧，械斗凶杀以及剥衣拦劫等事，为一般地痞流氓的日常功课。

1927年，中国亚浦耳电器厂在培开尔路（现惠民路）北面荒地建筑新厂房（老厂房在培开尔路景星路——近胜路北段）。当时除汇山路（现霍山路）外，其余两旁还多为菜田。等亚浦耳厂新厂房落成后，由于我们的申请，同时向洋鬼子花了一笔钱，租界工部局在亚浦耳厂前门开出一条马路。这条马路原名就叫辽阳路，以后始终未曾改动。辽阳路筑成后，长期没有路灯，一到晚上黑影幢幢，成为歹人混迹、为非作歹之处，强抢哄劫经常不断，勒毙人命之事亦不是偶有，吓得亚浦耳厂内工作人员一到日落不敢外出，厂外人不敢过辽阳路进厂。后来，我们向工部局外国主管人行使贿赂，辽阳路才装好路灯，晚上始有微弱的光亮。

中国亚浦耳电器厂是当时这一地区有数的大厂之一，就被当地流氓看作是一块肥肉，是索诈的对象，是他们的钱库。当时在培开尔路一带，有两个流氓最剽悍狠辣，动辄以斧头劈人，或断人腿或斩人臂。流氓在未出道之前都不以真姓名告人，而以绰号相称呼。这两个流氓一个叫小湖北，一个叫歪头阿生。他们为了敲诈，经常找我厂麻烦。于是，亚浦耳厂的厂外，常有流氓寻事，有时还闹到厂里来。年轻女工常受流氓欺凌侮辱，也只得含垢忍辱。厂方为息事宁人，往往出点钱要求这些流氓不再捣乱，而他们是贪得无厌欲壑难填的，你越怕他让他，他越是得寸进尺来欺侮你。久而久之，他们认为我厂软弱可欺，后来不但明目张胆，借故闹事，以达到索诈的目的，还暗地里盗窃我厂的原材料、产品、衣物等，甚至派小流氓混在工人队伍里，进入厂中无事生非，进而向工人勒索。我除处理工厂日常工作之外，还须分一部分时间和精力来对付流氓的纠纷，真是如芒在背，一刻难安。

为了工厂长远安全计，我不得不与上海大流氓之一、天蟾舞台老板顾竹轩（苏北帮头目）结交，由顾竹轩主动与我换帖拜把（我抱定不拜老头子，也不收徒弟）。随着事业的发展，对过去"法租界"流氓头子黄金荣、杜月笙等，我也不得不勉强敷衍，与之称兄道弟。在当时乌烟瘴气的旧社会里，稍有成就的工商业者，要结交大流氓以自全，而大流氓也要拉拢有地位的工商业家以资借重，所以相互间是彼此利用。我也为旧环境所迫，不得已，用以毒攻毒即结交流氓来制服流氓的办法。从此，我厂再没有一个流氓来找麻烦，这是旧社会的一股邪气。

在劳勃生路（现长寿路）的中国窑业公司，厂内厂外也苦于流氓的缠扰，该厂负责人胡组庵得悉我结识了上海大流氓，就托我请顾竹轩到中国窑业公司去参观一次，流氓术语所谓摆摆"华容道"，使小流氓有所顾忌。顾竹轩去窑业公司之后，小流氓果然敛迹了。当时华人所办工厂，受流氓滋扰是普遍现象。

亚浦耳厂在杨树浦底的鄱阳路，靠近当时美国电力公司的地区，建立一座分厂，专制电风扇、小马达及电灯泡的灯头，范围与辽阳路总厂相仿。分厂内部有五个小流氓，是当地流氓"独眼龙"的徒弟。其中有三个小流氓，曾犯盗窃案被判处徒刑，刑满释放未久。因此，厂内纠纷时起，厂方也常常受到无理取闹，厂内失窃之事层出不穷。这五个小流氓受"独眼龙"的唆使，混在工人当中向工人群众搜刮钱财，如要求工人向"独眼龙"送礼、向工人标十人会（十人每人出钱，标利息最高者得钱）、向工人借钱借衣物等等。财物一入他们手中，就根本没有还的希望，积时既久，牵涉的人数也日多。工人被激怒了，群起向这五个小流氓责难，最后形成互相结队殴斗。"独眼龙"派遣大批爪牙，在鄱阳路口严阵以待，不许亚浦耳分厂全体工人通过，迫使厂内无法开工。我派人至杨树浦捕房报告情况，要求维持秩序、保护生产。不料，捕房的中西探捕都与流氓"独眼龙"一鼻孔出气。他们不为我们积极处理，仅派了两个探捕到亚浦耳分厂巡视一周而去，敷衍了事，如此反而使这批流氓的气焰更加嚣张。我不得已通过天蟾舞台顾竹轩托"总巡捕房督察长"陆连奎，向"独眼龙"施加压力，并由陆专嘱杨树浦捕房探目对此事要妥为处理。我懂得旧社会办事要用钱，一切虽有脚路打好了招呼，还是非用钱不行，我就送了杨树浦捕房探目一笔钱，始得将混进亚浦耳分厂的这五个小流氓开除出厂，总算割除了厂内赘疣，以后厂内就平静得多了。

我厂在辽阳路建新厂之后，又在东首置地添玻璃车间及办公楼，接下来在杨树浦鄱阳路再建分厂厂房。外界认为，这个厂一定大发其财了。旧上海，尤其是杨树浦，流氓匪徒出没之处，我作为中国亚浦耳厂的老板，哪能不引起歹人的注目，成为一个"财神"（那时绑票勒索称为"接财神"）。

1929年冬，我接到从宁波发来的一封信，要向我借银圆10万元，并恫吓我要识相一些，否则，当以激烈手段对付，要求我派人到提篮桥汇山旅馆（现为东海旅馆）某号房间与吴某接洽，并约定时日。我先去汇山捕房（新中国成立后曾作提篮桥公安分局，现为虹口公安分局临潼路派出所）与中西探目何仁福、强生（译音）说明原委，要求派几个便衣侦探，随我一同至汇山旅馆去捉拿匪徒。汇山捕房劝我不要自己冒险前去，以免出了事后悔莫及，说一切可以交给他们去办理，这样较为妥善。这些话表面上听来似乎他们是关心我的安全，其实，他们是想浑水里摸鱼，捞些油水。我坚持自己前去，免得一波未平一波又起，无法彻底解决。当时，我就对汇山捕房探目说，你们不派人与我同去，我也要一个人前去，不过我要求将这案子在汇山捕房主管部门登记。汇山捕房情知责任难卸，无可奈何，只得派了四名便衣侦探随我前去。

汇山旅馆与汇山捕房因同在汇山路附近，与汇山码头、汇山里等同以汇山两字命名。捕房与旅馆距离很近，所以尽管是便衣侦探，旅馆及附近的邻居，多数是认识他们的。汇山旅馆的茶房（服务员）看来都是一批熟人，这些侦探进了旅馆哪有不打草惊蛇之理。我按房间号码去找吴某，房间里出来一个不文不武的家伙，问我何事，我说有人约我来的，他问我姓名，我告诉他我是胡某本人。那人似感意外。看到旅馆内外的景况，他知事难逞，随即转口说："你弄错了，这里没有吴某。"我不好无根无据去侵犯别人，遂即退出旅馆，到外面招呼那四个侦探一同再回到汇山捕房，将恐吓信交给捕房，嘱为查究。

其实，那时流氓强盗绑匪与巡捕房互相勾结，朋比为奸，人民是鱼肉，他们是刀俎。像我这种事情，如碰到怕事的人请求捕房保护，恳托他们办理，他们就上下其手，看事行事，与绑匪共同榨取你的金钱；倘若碰到硬干的人，就使他们无所使其伎了。后来，汇山捕房几次派了探捕，来我处探问有无动静，并对我说匪徒如再来信，最好交捕房去办，自己不要冒此大险。而我对他们表示，以后如有来信，还是要亲自前去，捕房如负责的话，应该多派探捕，随我一同前去逮捕。我这样硬干可能使索诈匪徒感到棘手，这样等候了好久，以后并没有一点动静。从此，我进出经常带了自卫手枪，保镖的两支手枪子弹都上了膛，严加戒备，匪徒亦似乎就无声无息了。

在旧社会办工业，要想尽方法克服许许多多的困难，在大鱼吃小鱼的时代，随时有被消灭的危险。作为一个民族工业家，对自己前途命运，毫无把握，一天到晚，忙忙碌碌，无时无刻不在惊涛骇浪中颠簸。

四、无可奈何，与上海"大亨"称兄道弟

清朝太平天国之前，就有哥老会，又名兄弟会。自洪杨革命失败后，一批湘勇被裁遣无所归依，悉投此会，其势始盛，嗣有红帮青帮之分。红帮以湘勇系统为中心，为袍哥会的正统，为林钧所创。相传初起于洪钧老祖庙，因名曰洪帮，亦称洪门。后以赤心相待之意，改洪为红，其后又称红帮。始祖为殷洪盛，徒众较青帮少，帮规较青帮为严。青帮是哥老会的旁支，为清陈园所创，以安庆道友为基础，故又称安庆道友会。徒众皆运漕为业，开始是依运河为生，后蔓延到长江一带，岁居粮船，故亦称粮船帮。大江南北入帮者颇众。这些帮会到了近半世纪都为一批流氓所把持，大小流氓以青红帮的组织层层结成小集团。他们的经济来源都是通过危害社会大众的利益和扰乱社会秩序而得来的，如抢劫、绑票、贩运鸦片、私贩手枪以及贩卖人口、拐骗扒窃、开设赌场和妓院等等。此辈流氓横行各通商大埠，而以上海为最甚，善良人民受其荼毒，苦不堪言。我们开设工厂，人多事杂，工人进出，厂负责人在外行动，如触及当地流氓，而不能满足他们的欲望，都会遭到这辈宵小的暗算。他们敲诈的目的达到后，才稍稍放松。但一事未平，一事又起，周而复始，令人难以应付，闹得当事

者不得清静安定。川江民生轮船公司卢作孚如不是因袍哥的关系，民生公司许多航线的轮船，天天会有层出不穷的麻烦。

上面所说的流氓头子，多从青帮的系统分列行辈，作为一个头目，都是剽悍泼辣、憨不畏死的亡命之徒。他们双手鲜血淋淋，在罪恶累累的积案中打出来个"山寨"，逐步变成一个"山头大王"。上海出名的大流氓大多数是吃露水的流浪汉（白相人）起家。只有黄金荣、顾竹轩除外，黄金荣是从旧法租界巡捕房总探目起家，顾竹轩是从开戏馆起家，各有徒众二三千人。顾竹轩系苏北盐城人，在上海苏北人中很有"威信"，苏北帮的纠纷他一句话就可以解决。从青帮行辈而言，黄与顾同是通字辈，但以长江上游的"势力"及旧法租界的"神通"，顾不如黄。在这种情况之下，他们倒很讲现实主义，不以行辈拘泥，顾竹轩就愿自贬身份，向黄金荣投门生帖子。杜月笙是从摆水果摊而逐步挤到"缙绅"，形成如"恂恂儒者"的外表，以建造浦东高桥杜家祠堂为其声势的最高峰。他的势力是向工商界方面发展的，并且勾结国民党政府各级的头目，俨然一个亦官亦商的分子。在黄金荣、顾竹轩面前，他虽是青帮的后辈，但后来其名声窜出在各大头儿之上。杜在青帮中的行辈也无人再提起，他与黄、顾等平起平坐。

上海英国汇丰银行买办席簌生，悭吝成性，一钱如命，对各级流氓的需索向不买账。席以为自己是英国大银行的买办，有了"大英"帝国的保护，在上海"大英"地界（英租界）还怕什么，对流氓百不开包，因此，结恨这批白相人。有一天，在上海西藏路一品香旅社门口，席簌生被流氓手枪击毙。于是，一般稍有"身家"的洋行买办都心惊胆战，怕得罪流氓，危及生命，纷纷托人介绍向大流氓投帖拜师或叩头为徒，以此作为本人生命财产的保护伞。大流氓对这些胆小怕死之徒，从来是装着不太稀罕的样子，搭足架子。他们越是这样，这批买办越是要争列门墙而安心。投帖拜师的人，往往不惜以巨万资金来表示敬师的诚意，如此这般他们才得到大流氓的"收容"，才会觉得有"安全感"。拜师之后，师父一年四季巧立名目地进行敲诈，师兄弟间婚丧喜庆的礼尚往来层出不穷。财力薄弱者，感到穷于应付，但已入其彀中，只得任其予取予求，也有因此破产者。这是为了得到保障造成的另一种痛苦。

工业界中，为了想要在上海流氓世界避免流氓侵害，花数万元的巨资仪拜大流氓为老头子的也大有其人，如荣丰纱厂（现杨浦纺织厂）总经理章初投拜杜月笙，南洋烟草公司副经理陈翊庭投拜顾竹轩，大无畏牌汇明电筒厂经理丁熊照投拜黄金荣等等。同样，中小工厂负责人也都非与流氓有所牵连不可，否则，就有意想不到的麻烦，或会遭到不必要的损失。但是，这些大流氓对被迫与他们接触交往的大工厂的负责人，倒很迁就，乐于拉拢他们以自重，以为与大工业家接近，可以提高他们的"身份"，扩大他们在各方面的影响。所以，他们对大工业家的态度与收门徒时的一套神气就大大不同了，他们装作很讲理的"谦谦君子"，举动有一定的礼貌，说话尽量减少流氓腔，务使大工业家与他们在一起时没有特殊感觉。他们对著名的工业家都不用拜师收徒这一套，而以兄弟平等的订交方式行之，如申新纱厂、福新面粉厂总经理荣宗敬之与黄金荣交往，大中华火柴厂总经理刘鸿生之与杜月笙拜把，天厨味精厂吴蕴初之与红帮头子徐朗西交好。永安公司永安纱厂郭家为了南京路、浙江路天蟾舞台（天蟾舞台在南京路、浙江路、湖北路之间）迁到福州路、云南路让出地基为永安公司建造七重天（现第一医药公司）而结识顾竹轩，常有往来。

顾竹轩就是上面所说的以剽悍泼辣而发迹的，此人外貌"和善"而内心狠毒，与人纠纷动辄伤人。他手下有一二百打手，是他解决一切问题的工具。他与黄金荣大徒弟唐家鹏有仇就枪杀之，与做戏的常春恒结了怨也枪杀之。这是当时轰动上海的大事，其他案件当然不一而足，这已足以表现出顾竹轩杀性猖狂。凡为天蟾舞台聘请的演员，顾从不与其订立合同，双方是一言为定，订为口约，对梅兰芳也不例外。顾本人倒是"一诺千金"，从不违约。但如对方中途变卦，那顾竹轩绝不留情，如是旦角就用硝酸泼其面，是武生就用斧头劈断其腿，是老生就破坏其嗓子，总之，要使这个演员无法演戏。其残酷有如此，而顾对人总是笑面相迎，真是一只笑面老虎，使人见而心寒。顾的门徒弟子中有三教九流诸色人等，还有律师、法官、巡捕房探目捕头等，甚至还有当庭长的。最突出的是他的门下还有印度人，顾的贴身保镖叫乔尧三，就是顾四印度门徒中的一个。乔尧三剪头发穿西装一副欧美人打扮，讲一口流利的上海话，英语也说得不错，双手能开枪，百发百中，依靠顾竹轩的牌头，无恶不作。在顾竹轩处走动的也有名律师和司法界的"权威"，当时略有虚名的代特区临时法院院长吴经熊（德生）也出入于顾竹轩之门。吴经熊是通过下面一事而出名的。他在临时法院审一外国大赌棍葡萄牙人茄西亚（译音）时，不收对方10万元之贿赂，不肯开释茄西亚，坚决要判决茄西亚在漕河泾执行监禁。当时大家认为吴经熊廉洁，是硬汉，为国家维护法纪，使一个外国人受到中国法律制裁，是为创举。其实内情并不这样简单，茄西亚在沪西越界筑路的地方开设一个大赌窟，他本人是一个大流氓，在同道中有些恶名，各方面都吃得开兜得转。他来上海闯局面，有"法租界"另一大流氓张啸林撑腰。茄西亚到上海时不买顾竹轩的账，因与顾不和，又得罪了上海其他的中级流氓，遂有被捕的结局。在这种情况下，依据中国政府与租界特区法院的协定，茄西亚就要受中国法律的裁判。他怕在中国被拘捕监禁会大大失却面子，才愿出10万元向吴经熊行贿。而吴因另有人指使，一定要拘办茄西亚，狠狠触触他的霉头，自己则落得做一个不贪财的清官，何乐而不为？

我当时还年轻，但决意不拜老头子和投门生帖，我既跻身于工业界，与荣宗敬、刘鸿生、郭顺、吴蕴初等都是忘年交，因此在交际场中，也认识黄金荣、杜月笙、顾竹轩等大亨。当时稍有地位的工商业者，想接近大流氓作为自己的保护伞，但又怕流氓反过来伸手需索，遂不敢去惹他们，所以，凡是有要烦流氓之事就辗转相托，不敢自己直接与流氓接触。有时在特殊情况之下，大流氓也偶然有说大不大、说小不小的事情，来托外面人转为打交道。

瑞泰针织厂杨玉成受顾竹轩之托来访我，说顾竹轩有事托我帮忙。这倒稀奇了，我为之纳罕。原来，北伐战争后，蒋介石篡夺军政大权，上海成为蒋政府势力范围。当时，国民党反动派的官僚作风真是名副其实的，他们对上海社会内幕还没有摸清，一门心思伸手要钱。大概天蟾舞台没有向国民党政府主管机关送过见面礼金，而他们以往只有向人需索，从没有"贡献"给别人的。国民党在上海的主管机关，哪里肯买账呢？顾竹轩是上海一霸，但国民党官僚何尝不是一霸？他们糊里糊涂去惹顾竹轩，这等于冷不防给了他一闷棍。

事情是这样的，天蟾舞台那时正在上演连台"好戏"《女侠红蝴蝶》，机关布景大有噱头，内容尽是荒诞无稽想入非非之事。旧上海习惯于一窝蜂看热闹，因此，天蟾舞台生意兴隆钞票滚滚进来。顾四（顾竹轩行四，人以顾四呼之）笑逐颜开正在得意之际，他的徒子徒孙报来消息，中国官厅社会局行文到公共租界巡捕房，要禁止天蟾舞台《女侠红蝴蝶》的演出。顾竹轩倒为之一怔，租界巡捕房方面倒不成问题，暂可以遏制，怕中国官厅社会局打起官腔来，说租界巡捕房破坏协定不予执行，藐视中国政府的政令而提出抗议，迫使巡捕房勒令天蟾舞台停演《女侠红蝴蝶》，这样不但偌大的财源被他们切断，道具布景损失不赀，而且自己"台印"从此摘去（面子失完的意思）。流氓最讲面子，如果一失面子，徒子徒孙对他没有了"信仰"，就吃不开了，流氓"风头"从此完蛋。但是这种事又不能用打手去"硬上"，如花钱去与中国官厅妥协，被人传出去会大大损害他上海第一流"大亨"的"威名"。这使顾四大伤脑筋。

当时，社会局、教育局是戏馆、剧场、舞厅等类的主管机关，局长潘公展是CC系所办的《晨报》及《晨报画报》的负责人。报纸的生命全仗广告收入，我是同业公会主席及各国货团体的主要负责人，不但亚浦耳厂本身广告费每月支出数目可观，且我在各同业、各国货工厂的广告方面也有些影响，所以潘公展对我是竭力拉拢的。不知顾竹轩怎么会知道我认识潘公展，遂托瑞泰针织厂杨玉成请我转向潘公展打交道，希望正在上演的《女侠红蝴蝶》第一本演完后再接演第二本，因为该戏的第二本道具、服装、布景等都已置备齐全，第二本演完准照社会局指令停演。

我与潘公展虽有多次接触，但当时只是泛泛之交，我又不是CC系入幕之宾，此事说上去是否生效不得而知。我也懂得国民党官僚很难应付，要我把这事情搞得双方满意，希望实在太渺茫了。顾竹轩既委杨玉成郑重其事托我斡旋，我想这件事不接受会引起顾竹轩对我误解，就告杨去试试看。

我与潘公展电话约定，次日下午去山东路"晨报馆"与他碰面，我将杨玉成谈的天蟾舞台演出《女侠红蝴蝶》一事的要求详细说了一遍。潘公展听了开始似有难色，继而想了一想说，他考虑一下，隔天给我回音。第二天傍晚，潘公展打电话约我最好能再去晨报馆一次，与他当面接洽，电话谈不方便。我认为，不成功的话比较简单，电话里就可以说明，大概还有附带条件，所以要当面接洽。我从亚浦耳厂坐车到晨报馆，不到十几分钟就从杨树浦到了山东路晨报馆。下车进去，潘公展还没有到达报馆，由潘的秘书薛某招待我稍等。薛对天蟾舞台事似乎有些接头，他对我略略吐出一点消息说：《女侠红蝴蝶》恐怕非禁演不可，因为社会局和教育局内部都主张不可让它再演下去，潘局长似乎感到为难。我听了觉得此事恐怕说不通了，既是如此，只有将事实告诉杨玉成嘱顾四另想别法。

正在思索间，薛听到潘公展的汽车声即说潘局长来了。果然，不一会儿，潘公展进门来了，连说迟到抱歉。他开门见山就说："老兄昨天所谈之事，实在有关中国政府与租界当局的威信问题，应该是要执行的。"我暗想果然不行了。潘接着说："但碍于老兄的面子和从中国政府'体恤'商人经济上的损失（指天蟾舞台已置好道具、服装、布景等不演要废弃之意）的观点出发，可以通融一下，不过老兄要保证天蟾舞台不再演第三本《女侠红蝴蝶》，现在所演第一本最好能提早结束，第二本演出时间不要太长。"

我一听，始觉没有白忙。此虽算不了什么了不起的事，但对我经营工厂，今后可能会减少许多麻烦。我遂于当晚约杨玉成在西藏路晋隆饭店晚餐，把详细情况告诉他，总算有了交代。据说杨与顾四联系后，顾感到非常满意。顾竹轩从此对我似乎颇有"好感"，对人说胡某有"能力"、"够朋友"。

有一天，我到南京路劝工大楼（劝工银行楼上）出席"上海市民提倡国货大同盟委员会"。这个提倡国货大同盟委员会理事长是虞洽卿。虞是一个大买办，以献媚洋人而起家，他担任提倡国货大同盟委员会的理事长岂非笑话。"上海市民提倡国货大同盟委员会"是由六个提倡国货的团体联合组成的大团体，各提倡国货团体，都有自己团体的主席，主席们谁也不服谁，于是大家认为既称"上海市民"提倡国货大同盟委员会，虞洽卿在上海市民中资格较老，就推他来当这个大同盟会理事长，而忘了虞是一个洋人买办。就这样，这个专为洋人服务的大买办居然就成为"上海市民提倡国货大同盟委员会"的理事长。虞洽卿不费吹灰之力，得到"领导"提倡国货的美缺，何乐而不为呢？但虞洽卿惟是买办，对于提倡国货当然不会有热忱，所以，他平时对理事之职只是挂名而已，常不出席开会，偶尔来出席亦顷刻而去。这一次，虞洽卿倒是既出了席又坐到散会，原来他是有所等待。

等会散之后，他拉我到一小房间谈话，说顾四托他征求我的意见，想要与我换帖拜把，结为异姓兄弟。我对这个提议感到突然，出乎意外。说实在话，当时我不但有顾虑而且感到疑惧。心想顾四是一个大流氓头子，我对这些人一直是抱敬而远之的态度，不敢与之亲昵，我们办工厂的人，主要是"物尽其用，货畅其流"，其他非我企图。常听说有好多莫名其妙的工商业者，挽亲托友想拜大流氓为师或"老头子"，而这些大流氓装着自己高不可攀，把这批想投其门下的工商业者看作是无所谓的。越是这样，想投其门下的人，越是千方百计要挤进去。今日顾竹轩反向我靠拢，违之当然不祥，承允亦非所愿，如何是好？我在一怔之下默然不语许久，倒还是虞洽卿对我说："这种事在帮会中倒是不常见的，'阿拉'（我们）宁波人在上海争气，人家才推重你，我们是同乡，不会给你上当。"我回虞说："待回去想一想再给你答复。"这件事在虞洽卿说来以为"荣"，在我看来实在是一件很大的苦差事，在依违两难之间，只有拖的下策，或者日久事淡无形中自然消失，倒是一桩大好的结局。

日子过得真快，一星期后，虞洽卿约我到广东路航运俱乐部去吃饭，当然是为了顾四要我与他拜把换帖之事喽。虞洽卿重复说："人家千方百计想投拜顾竹轩门下为徒弟为学生且不容易，现在是顾四向你拉拢，是人家看得起你。你胡西园三十几岁的人，顾四的徒弟门生中有很多已经是五十岁左右的人了，还得将顾称为师父，顾四是四十几岁的人（顾长我十二岁），向你这小伙子称兄道弟，难道还辱没你吗？真是岂数（上海方言，'想不到'之意）。不要辜负人家，勿要再犹豫不决了吧。"虞再三劝说，我想我是办厂的人，若不答应，我厂生产会受到流氓捣乱，看来此事非答应不可，已拖了一星期也不好再拖，左思右想之后，遂允许照虞的说法，让虞去答复顾竹轩。

这种事在当时社会有的人认为是求之不得，而我始终觉得并不光彩，别人受流氓金钱勒索，而我却受着流氓的"精神勒索"。因此，我在家中只字未提，我家里人直到顾竹轩于次年春节到我家向我母亲拜年时，才知有此事，我仍嘱家里人不要宣扬出去。

当时，亚浦耳厂在我总经理之下还有一个经理庄智焕，他在国民党政府交通部长王伯群时代曾任电政司司长之职，拜浙江一个师长陈乐山（陈初隶属浙江督军杨善德，后杨离浙，归属浙督卢永祥）为师。陈乐山是青帮"大"字辈，还有袁克文（袁世凯之第二子，号寒云主人）也是"大"字辈，另一个"大"字辈我说不出姓名。当时也就还有这三个"大"字辈。庄智焕劝我去拜一个"大"字辈青帮老头子，成为正统的青帮"通"字辈。庄智焕说，我是顾竹轩"通"字辈的把弟，去拜"大"字辈，他们一定乐于收纳。我如果要拜陈乐山为老头子，他可以为我推引（介绍），如要投拜袁克文或还有一个"大"字辈（我忘其姓名）可由韦以黻作推引。我坚决不接受庄的建议，我与顾四拜把是出于无奈，是为了本厂四周流氓不要再来滋扰捣乱，使我能安心管理生产，职工可以稳定工作。我平生致力于电灯泡工业，其余都不是我的志愿。抗日战争时期，亚浦耳厂迁到重庆，推王正廷为我厂董事长，王与钱新之为儿女亲家，且钱原来是亚浦耳厂股东，王正廷遂邀钱新之为我厂董事。由于钱新之要拉拢杜月笙，于是，将杜月笙也带进为亚浦耳厂董事。这也是旧社会腐朽恶势力向工业界侵害所造成的现象。

五、垫款人逼我开门揖盗

旧社会开办银行，首先要设法取得钞票发行权，否则靠现款获取利息。这样的银行前途是有限的。但要取得钞票发行权，第一要有政治门路，第二要花得起巨额的运动费——金钱贿赂。中国垦业银行是先取得钞票发行权，而后正式开业的。开办之初，它发行了数百万元钞票，凭这花花绿绿的外国币（当时钞票是外国印的）就可以吸取别人的大量利息。所以，该行对资金贷放是非常注重的。当时亚浦耳厂已从立住脚跟进入发展阶段，信誉也与日俱增。在"银行家"眼光中，亚浦耳厂是可靠的放款对象。办工厂的如果不持保守态度，都会认为流动资金等于人体中的血液，当然以多为胜。当时亚浦耳厂不断扩充，添置机器设备，需款正殷，被大家认为是有希望的新兴工业，遂为垦业银行所"垂青"。

亚浦耳厂那时的境况与开厂初期有所不同，已有其他银行钱庄的透支往来，特别得到中国银行总经理张公权的重视。张允先放给亚浦耳厂银圆10万元，必要时尚可再议增加。此事为垦业银行所悉，它以先发制人的办法，愿以超过中国银行的数额贷放给我厂，并代垫还清我厂向其他钱庄长期（旧习惯钱庄是六个月一转的为长期贷款）零星贷款，计银圆十四万数千元，并答应其余我厂如有所需，再由垦业银行透支借垫。工业垫款数额大，周转慢，不像商业贷款那样灵活。随着亚浦耳厂的不断扩展，垦业银行的贷款数额越来越大。

到了1934年，垦业银行贷款给我厂的银圆已达70余万元。这个数字占该行放款数字比重很大。我厂应付垦业银行的利息数目也很可观，通过它们利上加利的盘剥，如同雪地滚球愈滚愈大。此时，垦业银行感到应施展"银行家"的"手腕"，便向亚浦耳厂频频催还欠款。厂方只有拿给垦业银行一纸资产负债表，收付相抵并有余裕，惟一时要等还现款，确难办到。垦业银行无可奈何，只好另想办法。

后来，垦业银行通过宋子文之弟宋子良，要把"垦业"在我厂的垫款移花接木，转到中国建设银公司去，并递来建设银公司一纸贷款条件。其内容非常苛刻：第一，要允许中国建设银公司在亚浦耳厂投资入股，改组亚浦耳厂的董事会。第二，要对亚浦耳厂的不动产重新估价——就是要把亚浦耳厂的资产大打折扣。如此一来，无异把亚浦耳厂廉价出卖给中国建设银公司。

我厂制造国货电灯泡，经历许多困难，当时正在趋向兴隆之际，官僚资本乘机用经济压力强施攫夺，莫说我不能同意，就是我厂众多工人对此事也感到大为愤慨。垦业银行的办法，我当然拒绝。垦业银行竟以中止向亚浦耳厂继续贷款相威胁，一再威逼亚浦耳厂开门揖盗，接受中国建设银公司的条件，以建设银公司的来款归还垦业银行的贷款，以遂其金蝉脱壳之计。我对垦业银行这种做法尽管不同意，但归还他们贷款的问题，还是应该解决的。我以本厂道契（上海租界地契）及贵重的原材料等商请中国银行、交通银行及其他较为接近的银行钱庄押款或信贷，凑成一笔大数，来减少垦业银行对亚浦耳厂的贷款，此事始得和缓下来。

六、名实不一，政客大耍两面手法

在旧中国，一般的中国电灯泡厂都苦于日本灯泡的倾销，惟亚浦耳灯泡品质优良，其等级高出日本灯泡之上，足以抗衡各种舶来品电灯泡。当时，亚浦耳灯泡最大的劲敌是美国奇异灯泡。长期以来，奇异厂对亚浦耳厂不断进行迫害和打击，而当时的国民党政府不但不保护国货工厂，反而对美国奇异厂处处逢迎。由于爱国人士对亚浦耳厂的爱护与亚浦耳灯泡的确价廉物美，使得奇异厂玩弄的种种伎俩都徒劳无益。它又凭着当时美国控制中国的特殊势力，利用国民党政府排斥亚浦耳厂电灯泡。如在当时号称中国首都的南京，路灯不用中国亚浦耳电灯泡，而始终以采购奇异灯泡为主。还有，中国各地铁路局与亚浦耳厂已签订供应电灯泡的合约，但因奇异厂的胁迫，铁路局无故修改已经签订的合约。不但国民党政府主管部门对奇异厂对中国亚浦耳厂的公开污蔑不敢作声，而且纵容资源委员会电灯泡厂与奇异厂沆瀣一气，来迫害亚浦耳厂。总之，国民党政府对奇异厂的顺从讨好，与它对亚浦耳厂的摧残迫害，形成强烈的对照。

国民党政府一方面对亚浦耳厂做种种的摧残，另一方面又施展手段拉拢工厂的主持人。1934年3月，我接到国民党中央党部的聘请书，请我为中央党部工业生产委员会常务委员，聘任书的附函中，还虚伪地对我吹捧一番，说什么"台端首创中国电灯泡工厂，为国争光，劳绩显著……"等语。这与行政院聘我为全国最高经济委员会委员，上海市政府聘我为顾问等等，同样是一种虚伪的笼络。

1937年间，蒋介石宣称要分批接见社会各界人士，举行所谓庐山国是谈话。于是，工业界有代表性的工业家也成为蒋介石邀请的对象。是年7月初，国民党中央通讯社在各报发表一则消息说，蒋介石将在庐山邀请刘鸿生、郭顺、胡西园、吴蕴初、蔡声白等参加庐山国是谈话。不久，我接到蒋的所谓庐山国是谈话请柬，约在7月12日在庐山"接见谈话"代表。旋以"七·七"卢沟桥抗日战起，遂临时通知，庐山国是谈话中止举行。

在国民党统治时期，官僚资本的渗透与攫取，也是我们的一大忧患。国民党官僚何应钦向人民搜刮民脂民膏之多，仅次于四大家族，所以，他实在是军阀而兼财阀。何虽然藏头缩尾不敢用本人名义出面，但在抗日战争前一个时期，他扩张经济势力的野心确曾一度显露。

何应钦曾垂涎中国几个民办大工业，企图步四大家族宋、孔的后尘，以实业的力量来加强他的政治资本。当时，新担任我厂经理的庄智焕（仲文）曾任何的妻舅、交通部长王伯群部下的电政司司长。通过庄智焕的关系，何应钦对亚浦耳厂发生浓厚兴趣，曾亲自到上海辽阳路亚浦耳总厂参观。他认为制造电灯泡，虽不是使人注目的行当，但确是新兴有前途的工业，以亚浦耳厂当时范围，是做不出更大成绩来的，应该大大扩充。嗣后庄智焕向我建议，欢迎何应钦向我厂投资，以加速发展经济力量。庄对我一再怂恿，以增加何的投资，可使亚浦耳厂实力雄厚，可以抵抗外货打倒同业，将来成为中国电灯泡业托拉斯等语向我游说。我不愿这个事业落入大官僚之手，受官僚资本的控制。我认为何应钦、庄智焕都心存异图，于我不利。我谢绝了何的投资，庄智焕大为不快，就此与我意见不合，存有芥蒂。不久，他就辞去了我厂经理之职，又去担任经济部企业司司长，重作冯妇。

1935年5月，我因华中华北业务由武汉搭火车到北平。在公干之暇，想乘便探听一点当时中日外交情况的消息，我就去访何应钦（这时何梅协定还没有签订）。我和何应钦在怀仁堂谈话，当提到日本问题时，何闪烁其词，总不愿多谈，却大谈外国工业规模如何如何的宏伟，中国工业与它们一比真是渺小得不足道也。何还说亚浦耳厂要注意实力，否则是经不起外国灯泡业一击的。他是长外国人的志气，灭中国人的威风。我与何正在谈话之际，何的秘书进来，说有日本人要见他，何应钦看了秘书交给他的一张名片后，迫不及待，命秘书代他陪我，自己就匆匆忙忙出去迎"日本贵宾"了。我也不顾何的秘书的挽留，遂起身告辞。临行深悔多此一访，至今犹留遗憾。

由此可见，国民党官僚尽管是卖国投敌，骑在人民头上作威作福，搜刮掠夺，无所不用其极，而口头上总有一套愚弄人民的口号，对我们办工厂的人，也总是装着"提倡国货，振兴实业"的假姿态。亚浦耳厂制造电灯泡，是家族的机制工业，他们为了假充他们顽固的头脑并不落后，对亚浦耳厂加以虚伪的揄扬。工商部长孔祥熙提到亚浦耳厂，总是假惺惺地说，为中国能创制电灯泡表示佩慰。有一次，我被邀到南京工商部去开会，孔祥熙在会上谈到中国当时的新兴工业时，亚浦耳厂亦"荣幸"入被提名之列。照上述表面现象，孔对亚浦耳厂似乎非常爱护，但以官僚资本打击亚浦耳厂最猛烈的，也就是孔祥熙系统的企业。至于上海方面，从市长张群至吴铁城、吴国桢，仿佛都对亚浦耳厂表示热忱。吴铁城且亲自到亚浦耳厂多次，还陪同邹鲁来厂参观过一次，并誉称亚浦耳厂是首创国货电灯泡的新兴工业，要大家"爱护提倡"。吴铁城话说得很漂亮，但一经事实对照，完全不是那么一回事了。

　　我为了全上海市路灯要完全采用国货电灯泡而不用外国货的问题，一再向主管机关联系，公用局不敢做主，我就径向市长吴铁城要求实行。吴始终唯唯诺诺，拖延不予解决。后来，我转托永安纱厂总经理郭顺，以广东同乡关系向吴说项。郭与吴尚称莫逆，以吴铁城平时口口声声有提倡国货的"心愿"，预料事无不谐之理。但郭顺给我回音，吴铁城认为凡牵涉外国人的事，中国人应该忍让一点，尤其对美国人的事要格外谨慎，亚浦耳厂怎能与美国奇异灯泡厂去争长短。吴铁城叫郭顺转嘱我知趣一些。由此可见，他们平时所谓提倡国货是怎么一回事了。吴国桢从任汉口市长、重庆市长，直到担任上海市长，都以大力提倡国货者自居。1946年秋，吴国桢在上海安福路官邸设鸡尾酒会，招待美国大使司徒雷登。全场所用电灯泡，清一色是美国奇异灯泡，且内部陈设都崇尚洋货。又有一次，英国工业考察团来华，道经上海，吴国桢仍在安福路官邸设宴招待。当介绍我与外宾相见时，承他把亚浦耳厂吹嘘一番，并自吹他对提倡国货之如何热忱。当人们看到他的全室电灯泡无一只是国货，而都是美国奇异灯泡时，吴倒也感到尴尬。国民党官僚提倡国货，大都是如此而已。

七、资源委员会的倾轧

　　国民党资源委员会（后称资委会）其前身是国防建设委员会，1934年4月易名。委员长由蒋介石兼任，是一个纯粹的官办机构。它以种种条款来攫夺较大规模的民营工厂，作为发展其业务的手段。它首先注意各大、中城市的发电厂，用种种借口把它们抢占过来。影响所及，闹得人心疑虑，惶惶不安。于是李彦士、沈嗣芳、汪书城等各地私营发电厂负责人，团结各地50余家电厂，发起组织"全国民营电业联合会"。该会于1934年10月在上海召开大会，中国亚浦耳厂也被邀参加。10月28日，亚浦耳做东，宴请大会全体会员，并招待参观亚浦耳厂，摄影留念。民营电业以集体组织的力量来对付官僚资本企业的侵害。至此，资委会开始不得不有所顾忌，锋芒稍敛，但它侵害民族工业的本质始终不变。

1935年，资委会建立中央电工器材厂，内分四个工厂，第一厂专制电线电缆，第二厂专制各种电灯泡、电子管，第三厂专制电话及交换机等，第四厂专制发电机、变压器、电池及蓄电池。第一、三、四厂的厂长，都是美国留学回来的，独有第二厂即制造电灯泡厂的厂长是我厂培养出来的，因为资委会经过精密调查，认为我厂制造电灯泡的全套技术资料是值得"借鉴"的。1936年6月23日，资委会将我厂的工程师冯家铮及一些技术员和大批熟练工作人员，用高工资挖去。这种突如其来之事，使亚浦耳厂一时难以调度，几至不能开工。他们不愿我厂存在的心理，与外国灯泡业对我厂的倾轧如出一辙，而对帝国主义灯泡业却殷勤献媚，竟唯恐不及。资委会灯泡厂与外国灯泡业，是经常取得联系的，其产品价格的涨落，与洋商"中和灯泡公司"亦步亦趋。在洋商灯泡所到之处，资委会灯泡不敢与之竞销，尤其是美国奇异灯泡所霸占和主要销售的地盘，资委会灯泡则乖乖地退避三舍，恭让奇异独享禁脔。

资委会电工器材厂用种种阴谋引诱我厂工程师、技术人员和大批技术工人，种下了我厂无休止的麻烦之因。由于他们经验不足，准备工作做得不够，在电工厂开始生产时，各种应用物资未曾齐全，不得不推迟开工日期。于是他们就用种种手段向我厂攫去了一些稀有的原材料。以后电工厂不断扩张，我厂人员就不断临时脱身前去电工厂补充他们的缺额。资委会电工厂开工生产后，即标榜他们的电灯泡质量要比我们的好不知多少倍，并声称要挤垮我厂。以后凡是我厂出一种新产品，不久，他们也制造出同样规格形状的新产品，这是他们用虚荣与金钱为饵，与我厂作激烈竞争。当时资委会电工厂声称：凡是亚浦耳厂人员，如愿到他们厂里去工作，该厂是来者不拒，且在职位工资方面，都可以比亚浦耳厂高。这使得我厂在相当长的一段时期中，在安排人员问题及调度生产工作上，不能稳定，好像随时发病的疟疾，使主管人大伤脑筋。

抗日战争初期，资委会电工厂初由南京迁湖南下摄司，再迁广西桂林，因为用汽油代替煤气，储存汽油铁柜爆炸，全厂毁于大火。在那兵荒马乱之际，内外交通阻塞，要在一无所有的基础上重建工厂，谈何容易。资委会电工厂负责人竟不择手段，买通我厂驻湘西辰谿筹建分厂的职员，将若干重要机器零件、精密仪器、高级真空机及一部分制造灯泡的主要原材料，连人带物一并投入他们的工厂去了，造成我厂在湘西辰谿制造电灯泡的机件不能配套应用。待我们发觉时，由于这些人事前早已把有关账册簿据，有计划地全部改换，以偷天换日之手段，转移到他们名下，使我无法追控。

在国民党统治时代，外有美国奇异厂对我厂欲得而不甘心，内有资委会电工厂对我厂多方迫害，亚浦耳厂在内外夹攻中抗争图存，确是一件十分艰巨费力之事。

八、战争在即，"亚浦耳"左右支绌

西安事变后，蒋介石佯许抗日，但实际上对日本处处退让。由于日军用日本浪人造成的事故几乎是无日无之，以致全国各地人心动荡，市廛不安，电灯泡的营业也因此每况愈下。而日本电灯泡乘此混乱之际，冒牌走私，充斥中国各市场，一般用户分不清日货与国货。当时，抵制日货运动被国民党政府所取缔，只得改为提倡国货；抗日会等团体行动常受到当地政府的压制，因此，改头换面的日本电灯泡在中国遍地侵扰。美国奇异厂又以美国的"中立"态度，四处用"中美亲善"口号，伪装同情中国，来倾销奇异电灯泡。中国亚浦耳电灯泡夹在日美两大敌人之间，销路大受打击，银行到期贷款无力遵约偿还，而银钱业中的透支数额亦越来越大，这引起放款行庄的焦急而啧有烦言。特别是放款数额较多的中国垦业银行，曾要求将我厂存货原料移存垦业银行的仓库，以作贷款的实物保障。该行急躁分子甚至主张把整个亚浦耳厂通过法院假扣押。但这两种办法，都因有许多牵制难以实施而作罢。

通常从每年5月起是电灯业的淡季，到了1937年5月，兵荒马乱，电灯业情形更为恶化。我厂的生产力每日可达一万只左右，虽尽量减产，但也比一般电灯泡厂的产量高出几倍。此时，不但外国银行实物不做押款，就是中、交等银行对电灯泡这类押款，也早已拒之于千里之外。待至接近"七·七"开火之前，华北销路几至绝迹，独有四川、长沙等地添货反增。因为当时部分人认为，战事即起，长江上游当可作为战时后方。但对亚浦耳厂而言，仅是川湘几处的销路，远不能解决当时的经济问题，只得将辽阳路总厂大大减产，维持小沙渡路（现西康路）分厂产量，另外，以出口灯泡押汇作为担保品，向中、交两行协商临时透支，以勉维开支。

办工厂与商业不同之点，就是商业在市况不佳时，可以中止进货，暂作观望，而工业受着机器、人工的牵制，生产少就不够开支，不生产更无法开支，且工厂一停工，不但无处借钱渡过难关，反会引起放款者逼还欠款。"八·一三"前夕，战事气氛浓厚，且正值金融业紧缩放款催还旧欠的时期。作为一个工厂负责人，我一方面要维持开工，一方面要打开销路（那时，我厂积存下来的各种电灯泡就有一百数十万只之多），同时又要如期还款树立厂的信用。解决问题的关键在于打开销路，但恰恰销路一关不易打开，事情很棘手。

九、一支特殊的"老爷兵"特训队

"九·一八"事变后，整个东北偌大块国土，在蒋介石政府的不抵抗政策下，被日本人侵占，引起全国人民的极大愤怒。人们群情激昂，不可遏止。来自各地的一批又一批的民众，纷纷向南京政府责问，要求蒋介石立即抗日，把日寇逐出东北，收复失地。蒋介石为缓和全国人民的愤怒情绪，伪装多种多样准备抗日的姿态，其中举办全国各地公民训练，是其手法的一种。

上海公民训练由蒋介石黄埔系李骧骐、陶一珊、曾庆等主办。1937年

5月，"上海地方协会"在爱多亚路（现延安中路）浦东同乡会，召开第一次关于公民训练的大会，参加大会的有金融界、实业界的代表性人士。我们当时确被政府虚伪外表所蒙蔽，以为蒋介石真的准备抗日，因此，也想投入爱国行动的行列，在社会上树立起好男当兵的风气。我们提议组织一支不限年龄（那时参加公民训练的人年龄不得超过35岁）的特别训练队（简称特训队），由各企业单位襄理以上到董事长参加组成之。

这个建议由上海地方协会秘书长黄炎培提出，不到一月得到同意。李骧骐、陶一珊等认为，这个特训队的成员都是当时上海社会的上层人士，大大可以利用一下，作为他们的政治资本，因此，李、陶非常起劲，促其实现。在原来特别优待的基础上，再放宽条件，广为招徕。

说实在话，这些资本家和知识分子，确是一片赤诚，抱着纯粹的爱国热忱来参加这个特训队，一方面锻炼自己，一方面鼓动大众。参加这个特训队的有刘鸿生（中国企业银行）、刘念义（大中华火柴公司）、刘念智（章华毛纺织厂）、王晓籁（上海市商会）、荣鸿元（申新纱厂）、荣鸿三（申新纱厂）、金润庠（民丰造纸厂）、王伯元（中国垦业银行）、薛福基（大中华橡胶厂）、陈小蝶（家庭工业社）、罗庆蕃（五和织造厂）、袁敦之（统一纱厂）、孙道胜（申报馆）、严谔声（上海市商会）、於崇仁（中国亚浦耳电器厂）、朱公权（美亚绸厂）诸位及我本人，共130余人。每日上午6时，到枫林桥（谨记桥）上操，其中不上操而只做队务委员的，有黄炎培、吴蕴初、杜月笙三人。

这个特训队每日早晨去上操，汽车就有一百十几辆之多。开始几天，我们汽车一辆一辆过枫林桥时，常有日本人躲在桥埦边偷偷摄影。上海英国《字林西报》因为特训队有一百十几辆汽车，讥讽这个队是"机械化"部队。最可笑的是在演习野外战的时候，并没什么战斗行动，不过是整个队伍从操场步行到马路上，各人所坐的一百十几辆汽车排队蜿蜒后随。这个情形活像上海人大出丧。行不到一二里路时，"指挥官"发出"口令"说，"有走不动的人可以上自己的汽车"。开始有几个年老体弱的上了车，继而又有三四个老者陆续上车。忽而这个"指挥官"自己也一跃上车，同时伸首车外，大呼："你们都上车吧！"于是大家纷纷钻进自己的汽车，马路上不剩一兵一卒。汽车去除了前面大腹便便、蹒跚不前的"老爷兵"的障碍，得到解放，便显示威风，狼奔豕突，不几分钟就到达了野外演习的最终目的地"黄家花园"（现桂林公园）。园主黄金荣备了十余席的鱼翅菜，来招待慰劳这批"辛苦演习"的"老爷兵"。

为了抗日救国，我们与全国同胞共同参加公民训练。二月余来，这批"老爷兵"互相勖勉，相当认真，每日上操从未间断，努力向青壮年看齐。到了"八·一三"的前一日，即在8月12日早晨，在这样紧张的气氛中，大多数人还是照常准时去上操。

上海工商界组织特训队，国民党政府把这作为"有力"的抗日宣传资料。抗日胜利之后，特务们对我们参加特训队的工商界的"中坚分子"尤其是其中主要的工业家仍不愿放松，用欺诈手段再施诱骗。我们在不知不觉之间继续做他们的工具。过去极力促成组织上海工商界特训队的政府官员李骧骐、陶一珊等，于1946年10月21日在上海西藏路金谷饭店四海厅，召集了上海市公民训练特训队队员第一次聚餐会。到会的有刘鸿生、王晓籁、金润庠、陈小蝶及我本人等65人，并有宣铁吾（国民党警备司令部警备司令）、方希孔、潘公展一同参加，王晓籁被指定为主席。国民党政府几个头目都致辞，刘鸿生等还曾演说，即席就发起组织一个"上海市公民训练同学会"。陶一珊借此向我们所谓公训同学们派捐金条。大家慑于陶的恶势力（当时陶系警备司令部稽查处处长），被勒索去的黄金，为数很是可观。这些黄金当然没有人敢问一问下落，可想而知是落在他们私人的荷包里了。

第3章 | 崛　起

追忆商海往事前尘·**胡西园**回忆录

ZHUIYISHANGHAIWANGSHIQIANCHEN HUXIYUAN HUIYILU

文 史 资 料

百部经典文库

第一节　生于忧患

一、自强不息，"亚浦耳"创出品牌

亚浦耳厂闯过了初创时期最艰难的岁月，至1923年渐趋兴旺。当时我尚存有一定的唯心思想，认为这是一个大吉大利的年份，遂以该年为建厂年。

1926年10月，由上海实学通艺馆张伯岸介绍，日商横滨正金银行楼上的振丰洋行陈瞻南来见我。陈的洋行设有一家小灯泡厂，因资金周转不灵愿意并入我厂，经几次磋商达成协议。振丰洋行灯泡厂在培开尔路（现惠民路）晋福里，有工人20余人，日本技师1人，我厂一并接受续用。当时，唐家弄亚浦耳厂因北福建路变压器负荷关系，用电发生问题，遂暂在培开尔路生产，一面又在杨树浦辽阳路建造新厂，增资扩充我厂机器设备。这个时期，制造充气泡及其他新型的高级的电灯泡，对机器设备的要求很高，我就向德国格勒狄兹（GLADZ）订购全套机器设备，向荷狄克罗士（HODDICK & ROTHL）订购精密仪器和大容量高真空泵。待该项机器及大小真空机到厂安装后，我们发现这些机件在当时德国已经不是最新颖的了。前面曾经记述，我厂在开始生产时，日本不肯卖给我们新机器，而此次德国又只肯卖给我们过时的机器，可见帝国主义都不希望中国有自己的现代化工业。

培开尔路（现惠民路）晋福里以北、汇山路（现霍山路）以南、韬朋路（现通北路）以西有一块荒地。当时的公共租界工部局，虽有计划拟在这块地的西首开辟一条马路，但这不过是传说。这块土地因四面没有出路，地价较低。当时租界地契叫"道契"，非租界土地的契据叫"方单"，两相比较，道契地价要比方单贵十几倍之多。旧中国军阀连年内乱，在租界建厂可以不遭兵灾。中国亚浦耳厂把这块土地买下来建造新厂，也有不得已的苦衷。到了新厂房全部建成，因为没有马路可通，进出物件，必须先扛运到马路再用车辆运。在新厂址的北面有与仙水庵有关系的三个土坟挡住了交通，仙水庵的"住首"（寺庙董事代表）王申甫把这三个土坟居为奇货，要我们出高价才肯迁走。马路如不开通，开工生产就大成问题，我厂连连向工部局去了几封信，但都石沉大海。后来花了费用托一外国律师写信给工部局，希望早日开通马路，以利生产。结果不但于事无补，反把事情弄僵。工部局恼羞成怒，把我们厂外作为堆放垃圾之地，环境更加恶劣了。我又花了一些费用，托宁波同乡会穆子湘转托虞洽卿与工部局打交道，工部局才动工开辟这条马路。这条马路被命名为"辽阳路"，可见辽阳路的产生与亚浦耳厂是有历史关系的。

马路虽然开通了，但辽阳路长期没有路灯，真是令人非常苦恼。接下来有人介绍兴泰电器行老板周阿香与我见面，阿香与工部局专管路灯的绰号叫"黄毛"的外国人是捞外快的联手。我们花了一笔钱，由阿香去同"黄毛"联系，辽阳路才接上了路灯。

这期间，电灯泡的制造技术和外形都在不断变化。当时的电灯泡形长而底部为尖状，外国电灯泡先把尖底改为无尖底；第二步把长形改为圆形，同时把电灯泡内部直灯丝改为绕丝。在这种情况下，为了与外商灯泡周旋，亚浦耳厂不得不改换新机件新设备。在这一阶段消耗了我们大批资金，经济又一次捉襟见肘。当时上海乾一银公司经理胡组庵，对新兴的电灯泡工业颇为热忱，向金融界加以宣传，于是，我厂得到了个别银行钱庄的贷款。我们利用这些款项加紧推进和改善生产与销售，再次走过了这一段充满崎岖险阻的道路。

"亚浦耳"三字最终在消费者中获得了很好的印象。当时，上海市公用局在市上抽验到亚浦耳电灯泡时，对这种优良的国货深为惊异，甚至怀疑中国人能不能自制这样的产品。局长黄伯樵亲自带了该局科长、技师等到亚浦耳厂实地调查参观。事实使他们不得不信服，并接受了我们的建议，采用亚浦耳电灯泡作为上海一部分地段的路灯。

我们并不满足于已有的一点微细的成就，仍不断提高制造电灯泡的技术水平，改进产品质量，聘请马就云（交大电机系毕业，留英电机工程师）、汪经容（交大电机系毕业，留美电机工程师）、庄智焕（交大电机系毕业，留法电机工程师）为亚浦耳厂顾问，并延揽技术人才，以扩大本厂的工程技术人员队伍，加强技术管理，不断改进灯泡的质量及开发新品种，使亚浦耳电灯泡名牌更加响亮，以抵抗外国灯泡的侵入。1927～1928年，美国奇异厂的冯家铮、李庆祥两人，愿到亚浦耳厂来工作。冯系交通大学电机系毕业，在奇异厂为实习工程师，我安排他为本厂副工程师职（后升为工程师）。李系奇异厂修理部职工，但未能达成协议，李去了上海西安路另外一家装霓虹灯的华德工厂。这厂接下来也改制电灯泡了。在此期间，还有奇异厂一小部分技术员及技工也相继转入亚浦耳厂。因此，美国奇异厂的"大班"（当时外国企业的洋经理俗称为大班）潘奇（译音）对亚浦耳厂更加戒备，从此，也分外仇视。

1927年，粤人梁某在上海北四川路虬江路开设光亚电灯泡厂，我事前早有所闻，遂有所防范。这个光亚厂因本身内在的缺点，没有制造电灯泡的经验，经过了八九个月，技术无法过关，产品无人过问，停工半年后宣告闭歇，该厂全部机器设备以原价三折卖给我厂。此后，有光明电器厂在上海爱文义路（现北京西路）开办，也因技术问题未曾出产品，该厂就把制造电灯泡的机器设备加以改装后制造热水瓶（电灯泡机器与制造热水瓶机器很接近，故容易改装）。所产"热心牌"热水瓶市上统称光明热水瓶，当时在同业中很有地位。

亚浦耳厂日有进展，遂引起旁人眼热。振丰厂并入亚浦耳之后，躲过了经济难关，如今看到我厂的发展，陈瞻南又怦然心动，认为生产电灯泡是好机会，于是秘密计划另行重设电灯泡厂。我厂一部分工人被他诱去，但原振丰洋行灯泡厂的大多数工人不愿离开亚浦耳厂，日本技术员木村正也仍留在亚浦耳厂工作。陈瞻南在上海榆林路大连湾路（现大连路）重设华通灯泡厂，但不到两年就关门，大部分有用设备均廉价卖给我厂。这时亚浦耳厂的技术人才与机器设备逐步充实，产品的质量不断提高，品种不断增加，与外国电灯泡已可以一较长短，使外国灯泡厂不敢再因中国无能力生产高级电灯泡而骄傲居奇。在此期间，我被"中国电机工程学会"邀请加入为会员。

二、"中华国货维持会"与国货电灯泡

中华国货维持会成立于1911年，初始参加该会的国货工厂及与国货有关的单位多是丝织业及杂用品业。会址初在上海抛球场（现南京东路河南路），继迁至偷鸡桥（现浙江中路北京东路），最后由各会员集资在上海城内九亩田高墩路购买大型的一宅三间两厢房作为会所。中华国货维持会的会址就这样固定下来了。在抛球场时期，会员不过30余家，到了九亩田时期会员已发展为一百数十家。

我正在惨淡经营之时，中华国货维持会闻听中国制出了电灯泡，认为这是国货的光荣，派秘书冯修梅来厂征求我厂入会。当时，我是总经理兼总工程师，管理工厂行政还要兼管生产技术，还要应付厂外活动，感到无暇及此，且对中华国货维持会内部主持人及组织情况都不甚了解，因此对加入该会一事颇为踌躇。我对冯秘书表示容我考虑后再作回音。后遇宝源造纸厂（1926年改组为天章造纸厂）刘柏生谈起此事，刘对我说中华国货维持会是一个纯粹提倡国货的组织，并竭力怂恿我厂入会。我厂遂于1923年6月参加"中华国货维持会"，厂的代表人是我。当年8月改选时，我被选为"中华国货维持会"执行委员，次年，被推选为常务委员。

该会主要负责人，是当时大家称为三老的王介安、汪星一、黄汉强，主任秘书是黄强。亚浦耳厂入会之初，中华国货维持会在《申报》就中国首家灯泡厂的创始人是刚从学校毕业的胡西园，撰了一篇介绍国货的短文，报道中国人有自己制造的电灯泡了，并号召全国同胞采用亚浦耳电灯泡。后来该会又在新闻报副刊发表一篇参观亚浦耳厂的小品文章，写得非

常生动，引人入胜。在人类登上月球的今天，一只电灯泡已经不足为奇了，但在20世纪20年代科学落后的中国，连一根钉子也要向外国人买的时代，中国人能自己制造出一只电灯泡，确实不是一件容易的事，为国货争了光，是值得宣传的大事。中华国货维持会常在该会会刊提倡，中国人应用中国电灯泡。该会还订立一个公约，在会员工厂之间，大家要相互采用会员工厂的产品，国货工厂自己以身作则，使用国货，以鼓动国人爱用国货。不言而喻，各种国货展览会会场以及牌楼用灯，一律采用国货电灯泡。在国民党政府主办的西湖博览会上，就会场里外所用电灯泡问题，我厂与美国奇异厂展开了斗争，得到中华国货维持会的不少支持，最后获得胜利。在历次抵制日货运动中，中华国货维持会大力宣传推广中国货，还特别提醒国人注意日本冒牌中国电灯泡。当用户对我厂产品发生误会时，亦常由中华国货维持会协助解决。当中国电灯泡同业抗击外国电灯泡倾销时，该会对帝国主义侵害国货的罪行口诛笔伐，并大力揭发冒牌国货。最突出的是日本冒牌中国电灯泡一事。我个人在社会上奔走提倡国货运动，是从加入中华国货维持会开始的；嗣后，我参加一系列的爱国运动，主要原因是受五四运动的影响，而工作起点就是中华国货维持会。

为了宣传提倡国货，全国各地的国货团体便应时崛起。上海为国货团体集中地，从王文典发起中华国货维持会之后，有陈栩园（《申报·自由谈》编辑，笔名天虚我生）、陈万运等的机制国货工厂联合会，陈翊庭、孙道胜等的上海市民提倡国货会，陆星庄、张子廉等的国货工厂联合会，邬志豪等的国货厂商联合会，方液仙、蔡声白等的国货产销合作协会等。除"中华国货维持会"之外，上述国货团体我多数是在参加发起之列。我在亚浦耳厂负责工作之余，还热忱奔走提倡国货，数十年如一日，因为我认为在当时洋货充斥全中国的时候，特别在买办思想笼罩下的上海，提倡国货的工作确是当务之急。国货团体对推动国货确实起着不可低估的作用。亚浦耳电灯泡与其他国货一样，因国货团体的宣传推动，加速了发展。

三、面见孙中山先生

孙中山先生是提倡工业、提倡国货的，所以，经营国货工厂的人及提倡国货的爱国分子，都受到中山先生的嘉许和重视。1924年11月，孙中山途经上海去北京商议国事。在上海，先生受到各界人民的热烈欢迎。

当时，我除专办中国亚浦耳电灯泡厂之外，还经常奔走提倡国货。我认为经办国货工厂，如只管埋头苦干，闭门造车，而不与外界接触，就等于坐井观天，局限于自己的见闻，对本厂产品是否符合消费者的要求一无所知，就会阻碍产品的进步。一个工厂既要能够生产优良的国货，也应该广为宣传，使国人知而采用。我从1924年开始挤出时间到外面参加一些社会活动，主要是从事提倡国货运动。当时我是后生小辈，在旧社会里所谓"资望"两字，对我来说还无从谈起，但由于我对国货的热忱并具有青年人的活力和干劲，颇为国货工厂中年长前辈如劳敬修先生等所推重。他们当我是提倡国货运动的一支生力军，想尽力拉我出来合作，多为大家所生产的国货服务。

1924年11月中旬，我被推为国货团体代表之一，与王介安、黄汉强等去新开河外滩码头欢迎孙中山先生由广州来沪。在码头欢迎的还有工商界劳敬修、王晓籁、大买办虞洽卿等及工农团体、教育团体、学生团体和其他人民团体，并有国民党在沪党员及中山先生的亲戚等。当时，孙中山先生身着长袍，站在船上向码头岸边欢迎的群众招手致意。我荣幸地与少数年长代表前往谒见孙中山先生和孙夫人宋庆龄，并与中山先生、孙夫人握手致敬。孙中山先生嘉奖了我制造国货提倡国货的行动，使我受到很大的鼓舞。

四、我与"五卅"运动

1924年5月，奥普回国，我厂的业务与技术问题由我一人兼办，我是总经理兼总工程师。奥普回国后，我厂立即充实技术力量，强化工程部门，增加生产，努力扩展各地营业网，并于1925年再增资银圆10万元，垫款18万元，改组为"中国亚浦耳灯泡厂股份有限公司"，日产灯泡一万余只，同年4月1日，向政府主管部门正式注册。在旧社会里，这就算是正式受"法律保障"的"法人"了。中国亚浦耳厂作为全国电灯泡同业工厂的创始者，以后在中国整个电灯泡行业起着带头作用。

1925年5月，日本资本家枪杀中国工人。在中国共产党的领导下，上海市开展了轰轰烈烈的"三罢"运动。这次"五卅"反帝运动激起了国人爱用国货的热忱，亚浦耳电灯泡销路亦骤增。当时，中国人反日、反英的情绪非常激昂，美国奇异厂一方面在商标及广告上大书"美商"两字，四处宣传美国与中国一向是"亲善"的，"美国只要和中国做生意，没有政治侵略野心"等等。其实英、美是一丘之貉，对中国的危害性并无区别。正如《美国侵华史》一书所载："'五卅'运动时，美国完全与日、英站在一起，把它在上海的海军陆战队，部分加入日本、英国军队，屠杀中国徒手群众，在它国内和中国的报刊上恶骂中国青年为'暴徒'、'叛乱分子'，美国激进者代言机构《新共和国报》就主张，以英、法、美、日四国联军20万直攻北京而占据之，徐图瓜分办法。这些都是美、日两国在均势下暂时合作对付中国人民的行动。"另一方面对中国电灯泡加紧排挤，他们深恐在这次爱国运动中亚浦耳灯泡会更快发展、打下更好的基础，于是，出动了大批营员，在亚浦耳灯泡初次推销的地区，如广州、长沙、北京、天津、济南、青岛等地，用最优惠的办法如寄售、代销、延长放款、无条件换灯泡等手段在上述地区的电料行倾销奇异电灯泡，企图阻止亚浦耳灯泡的销路。但是由于中国人民的觉悟逐渐提高，且亚浦耳灯泡的质量也足可以与奇异灯泡相抗衡，奇异厂的阴谋终究没有得逞。亚浦耳厂在上述地区设立了经理处，为以后亚浦耳灯泡在各地发展播下了种子。当时"五卅"反帝运动的影响，本埠和外埠业务虽有发展，但垫款周转期较长，我厂对流动资金的调度发生新的困难，颇费一番策划，方得以应付。

"五卅"运动中，我曾间接地帮助投入运动的学生做一点宣传工作，也资助过爱国团体，赞助过少年宣讲团等。我作为一个中国人，并没有忘记自己应尽的责任和义务，根据条件尽可能出了一点微薄的力量。当时，对中国工厂是否罢工，劳资主张不一。中国亚浦耳厂有工厂、有发行所，"五卅"运动中，亚浦耳厂发行所停止营业，而制造工场并未完全停工。当时，三新公司（福新、申新、茂新）荣宗敬主张"外国工厂应该停工，中国工厂要生产"。由此可见，民族资产阶级在这次运动中虽有爱国的一面，但也有不愿放弃图利的消极一面。"五卅"运动狠狠打击了帝国主义势力，对唤起民众觉悟起着极大的作用。

五、发起成立全国性工业联合机构

旧社会，办工业的所谓工业家是没有纯工业性"法定"的团体组织可以归属的，工业家所办的工厂附属于商业团体中各同业公会，由各级商会来领导。1927年之前，上海一地就有三个商会，即"上海总商会"、闸北商会和南市商会，后来经过调整合并为上海市商会。北伐之后，蒋介石篡夺政权，横征暴敛，残酷掠夺，工业遭遇更为惨烈。当时的上海市商会控制在CC系之手，要它为工业叫苦完全是一种幻想。工业所属的同业公会只是为工业遭遇的困难说几句话，也是隔靴搔痒，于事无补。

商会和同业公会都是以商业为主，当时绝大多数的商业企业是贩卖洋货或买卖土特产为各洋行服务的，与我们工业企业没有相同的利害关系。所以，工业界为了自身的生存与发展，一定要集合本身的力量，与反动势力做斗争。1927年4月12日，蒋介石背叛革命，在南京成立国民政府，对外打着国民党"革命政党"的旗子，像卖梨膏糖似的叫喊要废除不平等条约以欺蒙人民。帝国主义表面上作了让步，放弃关税协定，而事实上却运来大量外国货到中国倾销。到了1928年，国民政府对外贸易入超比过去超出五倍；对内则宣称废除苛捐杂税而代之以名目好听的营业税，但税负比过去大大加重，弄得民不聊生。民族工业内受苛捐杂税的残酷剥削，外受洋货的倾轧，及至1929年，全国的工商企业濒于破产。上海国货工厂为了求生存，都深深觉得要团结起来，组织国货工厂联合会。当时各地已纷纷组织同业公会以应付即将来临的灾难，但是这些组织有其区域性和局限性，力量分散，不能对付当时危急的局面。每当遇到共同性的紧急问题，群龙无首，没有中心机构来带头，往往是枉费工夫，坐失时机。在这种形势下，必须成立一个全国性的工业机构，以资应付。

当时，我和刘鸿生、钱承绪在上海香港路银行俱乐部相遇，谈到组织全国性工业团体之事时，钱承绪对此大感兴趣，表示愿为筹备组织这个机构而奔走。我和刘鸿生也认为，由于国民党政府对中国工业的残酷搜刮，全国工业界确有必要加强团结，组织一个大团体。于是，大中华火柴厂、中国亚浦耳电器厂、申新纱厂、达丰染织厂、美亚织绸厂、吴兴电气公司、华商水泥厂等七家工厂作为发起人，出面动员各工业团体及工厂加入。不久，全国火柴业联合会刘鸿生、丝织业公会蔡声白、面粉公会王尧臣、华商纱厂联合会荣宗敬、苏浙皖丝织公会沈骅臣、电器制造业同业公会的我、染织同业公会王敬宇、搪瓷业同业公会童季通、中国煤气公司陈受昌、天厨味精厂吴蕴初、华成烟草公司戴畊莘、仁丰染织厂朱赛陶，以及中华书局、商务印书馆、闸北水电公司、南市华商电气公司、浦东电气公司、南洋烟草公司等共同发起组织了一个全国性工业联合机构，定名为"中华工业总联合会"，公推刘鸿生为主席，我和蔡声白、王启宇、吴蕴初、朱赛陶、姚德培、王尧臣、李彦士、戴畊莘、沈骅臣等为委员，聘钱承绪（钱为留学密歇根大学法学博士）为总干事，租赁北京路盐业大楼六楼为会址（曾先后迁至中央信托公司二楼及企业大楼六楼，最后会址定在汉口路115号五楼），并附设益友社俱乐部。

中华工业总联合会成立之后，相继在各地成立分会。青岛分会，战警堂为主席；常州分会，刘国钧为主席；苏州分会，严庆祥为主席；山东分会，缪国英为主席。待中华工业总联合会第二届选举时，因刘鸿生事忙，改选永安纱厂郭顺为主席。

中华工业总联合会是一个全国性的组织，声势相当浩大，国民党政府对该会也不敢忽视。如召开全国性的工业会议，总是让中华工业总联合会的代表占有重要席位；又如国外召开历届国际劳工会，国民党政府规定中国的资方代表及顾问由中华工业总联合会推荐。该会还办《工业周刊》，发行各地，后该刊物成为全国工业界的喉舌。抗日战争时期，我被推选为中华工业总联合会驻渝总代表，在后方为全国工业界效一点微薄之力。自从中华工业总联合会成立以来，工业界依靠这个组织与国民党政府抗争，始得以减少了摧残。

六、与少帅张学良的交往

中国东北有80万平方公里以上的面积，四千几百万人口。我厂想尽办法，要使亚浦耳电灯泡踏进这个市场，以供给东北同胞的需要。通过天津亚浦耳厂经销处的介绍，我们联系到沈阳姓越的电料商。他第一次采购去的一批亚浦耳电灯泡在试销时很受东北同胞的欢迎，于是第二次采购增加了较大的数额，这就引起日本人的嫉视。东京芝浦电气厂（与美国奇异厂是母子厂）是日本生产电灯泡的大厂，东北是它推销产品的尾闾。为要排挤中国亚浦耳电灯泡，日本芝浦厂的电灯泡在东北首先大大跌价，其他日本中小厂的电灯泡也削价倾销。当时的东北名为中国领土，事实上是日本人的势力范围，亚浦耳厂虽有志要为东北同胞服务，但实在是力所不及。因此，我们想去联络政治人物，借重张学良，凭借上层力量的支持，在东北推广亚浦耳电灯泡的销路。于是，我随时留心策划，以实现这个计划。

　　我通过一个亲戚的北大同学郭大民（张作霖部下东北将领郭松龄之弟）的渊源，认识了东北军前辈米春霖（在张学良时曾任辽宁省省主席），再依靠米的关系，在北京顺承王府见到了张学良。东北军易帜后（五色旗易青天白日满地红旗），张学良南来机会较多，因此对我厂的了解亦逐步加深。他以此厂创制国货意义很大，且已见成绩，颇有所感，就加入成为亚浦耳厂股东。通过张学良的关系，亚浦耳电灯泡曾为东北军及政府机关所采用，但终以日本灯泡跌价排挤，未得在东北市场畅销。

　　1931年"九·一八"事变后，东北被日本侵占，张学良受国人谴责，从守土有责的角度而言，是应该的，但"九·一八"不抵抗的命令是蒋介石所发。后来有人说张学良在"九·一八"事变时，正与电影明星胡蝶跳舞，说张"不爱江山爱美人"等，这完全是落井投石的有意中伤，毫无事实根据。

　　1933年，张学良过沪赴意大利，寓上海旧"法租界"福煦路（现延安中路）181号，我去访谈了几次。当年4月11日，张学良乘意大利邮船浮第伯爵号出国，次年1月8日，又乘浮第伯爵号回国，在上海天文台码头登岸。我联合工业界领袖郭顺、荣宗敬、刘鸿生、吴蕴初、蔡声白、徐新六等30余人，以中华工业总联合会的名义在上海汉口路总联合会俱乐部宴请张学良。郭顺以中华工业总联合会主席主持这个宴会，并有全国商会联合会王晓籁、上海市商会俞佐庭等参加作陪。席间，张谈到西欧工业的发展时，颇有感触，深盼我国工业界同人努力迎头赶上，使国家富强。张以后就以"副总司令"职务驻节武汉，间亦常到南京。

　　有一次，我到南京北极阁访张学良，其时适有张的外国顾问端纳（此人曾任蒋介石顾问）在座。张与我谈到上海工业及亚浦耳电灯泡，娓娓不倦。端纳对张说，你为什么对中国货的电灯泡也这样感兴趣，言下大有瞧不起我们中国电灯泡工业的鄙夷态度。我就对端纳说："先生不要小瞧这个中国的电灯泡呀，最现实的说法，今晚这里如没有中国电灯泡，那不是成了黑暗世界，要使人寸步难行，无事可做？"张学良接着说："端纳先生，这位胡先生是中国第一个创制电灯泡的人，很费苦心，我是他厂的股东。"端纳就问我厂里技术部门都是中国人吗？我说是的。端纳又问，那么原料呢？我说这一点还不能全部用中国货，但是我们在不久的将来，一定要完成用中国原料来制造中国的电灯泡。当时我对外国人说这一句话，不过是为顾到国家体面，一句外交辞令而已，何时能真正做到这一点，确实感到渺茫。当与张学良面谈国事时，我一再表示我是拥护停止内战抗日救国之人。张与我握别时嘱我以后多通书信。

由于南京政府对"九·一八"日军侵略东北采取不准抵抗政策，日本浪人便在上海、汉口、成都、北海等地到处制造事件。我目击心伤，与张学良通信常多愤慨之语。如1935年11月我致张信，其中有"外患不灭，国将不国"之句。张的复信如下：

> 西园仁兄惠鉴：
>
> 　　违别以来时切驰思，适辱贵书，就维时祉安和，筹祺懋介，忻颂无量。因家多故，殷期共挽，汲深绠短，陨越堪虞，嗣此鳞翼多便，尚祈时惠箴言，以匡不逮，耑复顺颂台绥。
>
> 　　　　　　　　　　　　　张学良（亲笔签名）廿八日

1935年3月，我为筹设汉口分厂及视察华中业务，搭江新轮到汉口，事前亦曾与张学良作过联系。张派总务处长汤国桢到码头接我至武昌徐家棚（地名）"总司令部"，与他见面畅谈，当晚，接待我到行营招待所（汉口中国银行楼上）下榻。次日，张在武昌私邸设宴为我洗尘，在座除汤国桢之外，还有东北将领王以哲、何柱国等。张在席间颇以中国工业进展迟缓为虑，同时又赞扬经营国货工厂的人的热忱和毅力，并对参加宴会的东北同人说，大家要身体力行来提倡国货。后来，他又问到亚浦耳厂产品近况及其他国货的情况。宾主尽欢而散。

1936年3月2日，我们上海工业界代表应桂系首脑李宗仁、白崇禧、广东军阀陈济棠等邀请，去了解西南国货情况。出发之前，我与张学良通信提及此事，张复书如下：

西园兄大鉴：

　　接诵惠书，就悉台从将适岭南，考察实业，硕谟嘉猷，至深佩慰，尚希闻见所及，随时惠知为盼，专复并颂近祉。

张学良（亲笔签名）廿五日

1936年4月14日，中国亚浦耳电器厂召开第十五届股东常会，张学良以股东资格函致亚浦耳厂董事办事处及我，托我在这次开股东会时兼作他的代表。

致亚浦耳厂董事办事处函：

　　径复者，顷接大函，以四月十四日举行第十五届股东常会，希届时莅临等由，特委托胡西园先生届时代表出席，除径函委托外，尚希查照为荷。

张学良（亲笔签名）一日

另有一函致我，嘱我代表张学良出席十五届股东常会。原文如下：

西园吾兄惠鉴：

　　顷接亚浦耳电器厂董事办事处函，四月十四日举第十五届股东常会，希届时莅临等由，弟届时不克分身，拟请兄代表出席。除函复外，兹特检同入会证、委托书各一纸，决议票二纸，函达查照办理。无任感盼，耑此顺颂筹绥。

张学良（亲笔签名）一日

1936年秋末冬初，张学良在西安。我曾写信希望他以国家为重，对外抗日，早复失地。我的信中有"国难当前，复土攘夷，尊重民意，保卫国权"等语。张致我复函原文如下：

西园吾兄惠鉴：

　　秋水伊人，怀思殷切，思奉惠简，至慰至欣，藻饰所加，令人惭悚。际此国难未已，敢忘兴亡之责，尚望时锡嘉言，以匡不逮。秋燥未干，诸希珍摄，特此奉复，顺颂台绥。

张学良（亲笔签名）十五日

　　此为西安事变张学良失去自由之前给我的最后一封信，其余如当熊希龄（在北洋政府曾任内阁总理）与毛彦文在上海汉口路慕尔堂结婚时，张学良托我代表他去参加熊毛婚礼的电报，以及尚有其他函件，在本文不拟作一一的记述了。

　　1936年12月西安事变后，张学良被蒋介石软禁。上海部分国民党的喽啰借题发挥，夸大事实，叫嚷中国亚浦耳厂是张学良的"逆产"，应该加以处分。鉴于过去国民党官僚往往上下其手，狼狈为奸，其阴谋诡计防不胜防，而且当时国民党官办的资源委员会对亚浦耳厂虎视眈眈，恨不得一口吞噬，我颇为不安。为避免夜长梦多，防备造成麻烦后，更加棘手难办，我决定去一趟南京，好在宁沪相隔非遥。为釜底抽薪计，我去找当时国民党中央党部秘书长叶楚伧。我对叶详细说明张学良在亚浦耳厂投资的真实情况，并说明亚浦耳厂是股份有限公司性质。叶在事实面前，对我表示歉意，并保证无事。

　　1937年春，我专程到奉化溪口去探视张学良，先到溪口武林学校联系，再到雪窦寺妙高台见到了张学良。我感到当时的气氛不很正常，张的脸色也好像没有过去那样活泼自然。我问张起居身体可好，几句普通应酬话之后，觉得未便多谈，就与张学良握手告别，从此，我们就没有再见过面。

　　我对东北锦绣山河常常怀念不止，总希望有一天从日本鬼子手里收回来。其实，收复东北失地是全国人民一致的愿望，所以，大家认为谁能打日本侵略军，谁就是爱国英雄。当时，东北马占山受了中国共产党的影响崛起抗日，后来马占山来沪，通过杜重远（杜系东北人，"九·一八"前在当地开办肇新瓷厂，与马占山是同乡）介绍，我招待了他。马有意参观亚浦耳厂，我就欢迎他到厂参观，并摄影留念。马在厂曾说："收复失地是咱们军人的责任，努力生产是你们工业界的责任，我们来分工合作吧！"

抗日战争期间，我在重庆听说蒋介石囚禁张学良于贵州息烽，后又听说张学良被看管在四灌县，在战争紧张中谣诼纷纭，莫衷一是。1960年初夏，我邂逅汤国桢于政协上海市委员会，向汤探问张学良的消息。汤答称他也并不清楚。后在国际通信中，我始得知张学良在台湾仍过着蒋介石控制下的软禁生活。1962年春，我曾修一书给张学良，告诉他新中国成立以后，各方面突飞猛进，已成为世界上独立自主的国家，而亚浦耳厂也在党的领导下大大地改变了面貌，产量已达到亚洲第一。原文如下：

汉卿吾兄惠鉴：

奉化一面，候又多年，每怀丰采，时切遐思，近维贵体康泰，兴居如常，为颂为慰。回念廿余年前尊驾游欧归国，道出沪滨，弟与上海实业界同人在"中华工业总联合会"设宴洗尘，席间畅谈每及西方工业之突飞猛进，与我国工业之杯水车薪，即相与欷然。当时吾兄精辟之论据，爽朗之言笑，迄犹萦绕脑际。嗣又屡获机缘，几度在南京倾聆教言。1934年弟漫游武汉，复荷在武汉徐家棚等处数次畅谈。

每番良晤，盖无一次不以我国工业前途为念。高见对弟所从事制造电灯泡事业，认为确系我国重要工业之一，前途发展无限。惟以我国虽有丰富的钨砂蕴藏，而不能自炼钨丝，引为憾事。弟当时实有同感，盖过去之所谓中国国货，绝大多数，依赖外国原料，不过经国人加工而已。而且当时舶来品电灯泡倾销全国，国产电灯泡处境危殆，苟延残喘。彼时弟正在恶劣环境中奋斗，遍历艰辛，在此期间弟所经营的中国亚浦耳电器厂，每日生产电灯泡不过万余只而已，但此已为当时中国电灯泡厂中首屈一指，品种亦仅15～500瓦特，燃点寿命平均尚不足1000小时，采购原料与推销成品，亦均成问题。此正兄台力促我厂扩充，而弟当时处境坎坷，无法遵办之时也。每忆昔日摇摇欲坠之情，辄念兄台当时殷殷关怀之深。现兹将我厂年来生产情况略陈一二，藉慰高怀。

目下我厂生产灯泡每日平均约13万～14万只，最高产量达到每日15万只以上，刻尚在增产中，燃点寿命已提高到1500小时。从前所不敢梦想自制而必须进口之大型电灯泡，如2000瓦特、5000瓦特、10000瓦特、20000瓦特，而今我厂均能自制，功效达到国际水平。此外，我厂并生产高压水银灯、红外线灯、日光灯、闪光灯、放映灯、无影灯、火车头泡、强光泡、照相泡、放大泡、聚光泡等数十种新产品。至于制造过程，原为手工操作者，已改为机器制造；原为机器生产者已大部自动化矣。目前，不仅国内全部采用国产灯泡，而国产电灯泡且大量外销，为各国用户所热烈欢迎，供不应求。尤可喜者，生产电灯泡之主要原料三项灯丝，即发光之钨丝、通电之导丝及制钩之钼丝，目前全部由国内自制，无待外求，其他原材料之自给自足更不待言，国产电灯泡今日才真正名副其实矣。是又为昔日所敢想象者耶？兄台关怀国货工业，数十年如一日，聆此佳讯，想见欣慰之情。

弟健步如前，业余之暇，遨游山水间，年来兴之所至华北华中辄去观光，去冬复遍游江浙各地，今岁拟作大西南之行，藉以饱览南国风光。大地河山，纵横千万，游踪所及，使人感到耳目一新，襟怀舒畅诚乐事也。不久前，曾在此间文化俱乐部与汤文藻兄晤叙，汤兄近况甚佳，并以附闻。韶光如流，大地回春，东望云天，怀念故人，临风寄意，不尽欲言，顺候春祺。

胡西园二月廿八日

此信交由有关部门转去后，经研究认为，张学良尚未获得自由，我此信可能会置他于不利，遂中止寄发。张学良过去与中国亚浦耳厂及与我个人的交往往事历历，确使我常有深刻的回忆。

七、李宗仁、韩复榘、何键等地方军阀的"盛邀"

当时，军阀官僚对我们工业界也常常表示"尊重"。桂系首领李宗仁、白崇禧、黄旭初和陈济棠均先后邀请上海工业家去两广考察。我们为要了解西南国货情况，组织了两广工业考察团。团员有中华珐琅厂方剑阁、中国征信所潘仰尧、中国化学工业社李祖范、永安纱厂郭顺等，亚美织绸厂蔡声白为团长，我为副团长。

1936年3月2日，我们一行36人在上海搭美国邮船杰弗逊总统号前去香港转广州。这里还有一段小小的插曲。在外国的大邮船上，进餐时要穿礼服或扎黑领结，为我们一般的中国人所不惯，还有菜单都是法文，大家看不懂。因此，一上船，我们"两广工业考察团"就派代表找该邮船负责人，要求对我们团员废除穿礼服或扎黑领结吃饭的制度，并将菜单一律改为中文。这个外国管事很轻蔑地回答说："这从来没有做过，办不到。"我们一再与之交涉，这家伙对我们的意见竟置之不理。我们认为可能此人权力不够，就直接去找邮船船长交涉。船长见了我们，也抱着瞧不起华人的傲慢无理态度，盛气凌人，对我们的要求回答说："很对不起，这事不好办。"我们认为，既以中国团体的名义与美国人交涉，如一遇挫折即退却，其影响不是个人之事，于是至再至三与之力争，终于使这个美国船长慑服让步，态度也大大和缓下来。后来，他前倨后恭地竟邀请我们全体团员参观杰弗逊总统号邮船的驾驶台、机房发电部、供水部、洗衣工场、食品工场等各种设施。待杰弗逊总统号邮船近新港时，该邮船的头旗高悬中国国旗。据该船长说，这是对我们考察团表示给予一国大使级待遇的敬意。

3月6日，我们两广工业考察团全体团员在参加了香港"华商总会"招待会后，搭广九铁路火车到达考察的第一目的地广州。陈济棠与广州市长陈纪文以及广西李宗仁、白崇禧、黄旭初等地方官员出面"殷勤"招待，当地各人民团体也表示热烈欢迎。当时胡汉民在广州养病，亦邀团长蔡声白和我等出席茶会，他与女儿胡木兰共同招待。考察团考察了广州、佛山、南宁、桂林等地后回沪。

此前，我们还曾受山东韩复榘的邀请，组织了山东实业考察团，永安纱厂郭顺为团长，我为副团长，到过济南、青岛等地。在山东考察过程中无特殊收获，但在国家观念问题上，倒有一点值得一提。

我们考察团团员的住宿由山东建设厅招待，部分团员被安排在胶济铁路饭店和中国银行济南分行宿舍，我与吴蕴初、程守中、李彦士安排在"石太岩"饭店。吴蕴初与我同室，李彦士与程守中同室。"石太岩"饭店建筑古雅，设备华贵。大家经过一天的旅途奔波劳顿，得有陈设整洁的卧室、舒适的床榻，兼之窗外花香扑鼻，和风阵阵，催人欲睡，因此倒在床上，便鼾声大作。事后，我看见后院有日本妇人在指手画脚，询之侍者，才知这日妇是"石太岩"饭店的老板娘。"石太岩"原来是德国人开的，第一次世界大战后，被日本作为胜利品占有，而由日本人经营。看到这个日本妇人，想起东北三省同胞被日本兵奸淫残杀，想起日货倾销，有多少中国工厂被迫关门，我不禁热血沸腾起来，回房呼醒吴、李、程三位，告诉他们，我们现在住在敌人的旅馆里了。我们是提倡国货者，我们反对日本人侵略，我们不能住敌人开设的旅馆。我提出到小旅馆去，简陋又何妨，中国人应该住在中国人开设的旅馆里，民族气节第一，精神第一。吴蕴初首先拥护我的主张，程、李二人也极力赞成。于是，我们连夜离开"石太岩"，找到了一家中国人开设的旅馆安顿下来。我们这一举动，使当时"石太岩"的日本人对我们中国人悚然惊畏，也给山东一些昏暗腐败官僚当头一棒。

后来，我们还接受了湖南何键与湖北武汉吴国桢的邀请，去长沙、武昌、汉口等地考察，我被推为团长。我们还在该两地举办国货展览会，到会参观者十分踊跃，非常拥挤，人民对国货热忱爱护，使人感动。生产国货的工业家们，在祖国南北东西各地跑跑，作了实地访问考察，对国货的改进和发展，确实起着一定的作用。亚浦耳厂的电灯泡借此也在消费者中扩大了影响。

八、中国第一个工业同业公会的诞生

在半殖民地的旧中国，商业机构大部分是经营贩卖外国货的。因此，工厂附属在商业团体的组织中，不但得不到推进和发展，反而受庞大的商业势力所束缚。亚浦耳厂在商业公会中，与其他工厂一样，也是受到歧视的。那时，我主张应该根据工商业的不同特点和立场，分别组织团体。

这个建议经过多次提议，总算得到实业部的支持。1932年11月间，上海市中国亚浦耳厂、华而登厂、德和厂、耀明厂、晋丰厂共同发起筹组"上海市电器制造业同业公会"，设筹备处于山东路尚仁里321号。同年12月10日，经过多次交涉后得到国民党上海市党部执字第91号许可证，我被同业推为筹备主任。参加筹备的工厂有精大电筒厂、华一电器厂、东方霓虹公司、亚光电木厂、福安电泡厂、益中磁电厂、公明电泡厂、德余电池厂、新光华电泡厂、华兴厂、竞新厂等十余厂。

筹备完竣，翌年10月6日召集会员大会，上海市电器制造同业公会正式成立，脱离了以商业为主体的上海电器同业公会。此为中国第一个工业同业公会。当时"电器商业同业公会"的部分负责人，颇不满这种做法，因我系工商业分组同业公会的倡议者，若干大电料行曾一度不经销亚浦耳电灯泡，以示抵制。

到了1935年，吴鼎昌任实业部长时，全国工、商业分组同业公会已具体化了。抗战胜利后，1947年，经过工商界不断斗争，国民党政府颁布了工业会法与商会法并行，于是各地都先后组织工业会。1948年11月17日，全国工业总会成立于上海，与全国商会联合会分别领导工业与商业。

文史资料
百部經典 文库

九、刘鸿生卸任，轮船招商局官僚拒用国货

上海是较早遭受帝国主义侵略的一个大商埠，也是帝国主义经济侵略很重要的一个据点。帝国主义分子和买办官僚攫取的财富，反动派向中国人民搜刮来的脂膏，也都在上海挥霍。上海也是中国工业的起点，中国民族工业家也以上海最为集中。上海有几个较大的俱乐部，俱乐部大部分活动都在夜里，自然少不了用电灯泡。对这些场合，我们亚浦耳厂主管营业的人是不会忽视的。一方面我们主动争取，一方面出于消费者的爱国热忱，加之国货亚浦耳电灯泡的质量可以和外国货媲美，价格却便宜三分之一，上海全数俱乐部的电灯泡都用国货亚浦耳牌。梵皇渡俱乐部和正谊社俱乐部是其中较具规模的俱乐部，梵皇渡俱乐部主持人是大中华火柴制造公司刘鸿生。这两个俱乐部不但采用国货亚浦耳电灯泡，而且无代价地允许我厂做广告。

约在1929年间，上海又新组织了一个"上海俱乐部"，装潢得富丽堂皇，宛如"璇宫玉宇"，其间中坚分子都是当时的工商界巨子。我也是其中基本会员之一（每基本会员须纳基金银洋500元），因此，常到上海俱乐部去消遣。刘鸿生也是基本会员，所以也常逗留该处参加娱乐。那时，企业家们还常在该处宴客，新交旧友往往可以不期而遇。当时所谓中国工业家，在三座大山重压之下，实在透不过气来，自己也不知道自己前途如何，郁闷痛苦非言可喻，有这样一个黄连树下弹琴——苦中作乐的地方，自欺欺人来陶醉一下，未始不是暂时止痛的吗啡针。

在刘鸿生继赵铁桥担任官营招商局总经理时期，我们在上海俱乐部碰面。谈到英商太古轮船公司已与我厂签订独家供给电灯泡的合约，我说中国人办的招商局更应该全部采用国货电灯泡。刘鸿生当即允诺回去与招商局主管人员联系后给我回音。隔几天，招商局总务科主管人来我厂接洽。

经过几次协商，参考英商太古轮船公司的合约，我厂与招商局也订立了独家供给电灯泡的合约。经过一时期的使用，我问刘鸿生，招商局使用亚浦耳灯泡后有何意见，刘答说回去问问后告诉我。有一天，刘鸿生在上海俱乐部四处找我，见到我说：亚浦耳电灯泡"呱呱叫"（赞好的习语），确可比得外国货，说罢还摸出一张招商局使用亚浦耳电灯泡后觉得亚浦耳灯泡成绩优良很为满意的书面证明，由招商局具名盖印。这表明刘鸿生的确是提倡国货的爱国者，对国货具有深厚感情。由于招商局采用中国亚浦耳电灯泡效果极佳，影响所及，三北轮船公司、宁绍及其他轮船公司也都乐于采用亚浦耳电灯泡了，后来连川江民生公司也与我厂订立由我厂供给电灯泡的合约。从表面上看来，这只是我厂一家之事，但就中国人发扬爱国心而言，意义就非常重大了。

不久，刘鸿生因故辞去招商局总经理之职，继刘后任的是蔡增基。此后招商局采用各种货物完全以外国货为主，尤其是重点购用美国货，轮船配件及日杂用品也完全购用外国货，电灯泡当然也排斥国货亚浦耳，而购买美国奇异电灯泡。我得悉之后，气愤之极。正在这个时期，在俱乐部碰到一批小报记者，我就顺便与各记者谈谈招商局新接任的总经理媚外可耻的行动事实，记者们听了之后也感到愤愤不平。几天后，有若干小报就以冷嘲热讽的文字，向招商局新总经理调侃，说他是媚外软骨头，忘记自己是中国人，中国轮船招商局不用中国货，而用美国货是什么居心等等。我此时也向国货团体报告情况，各国货团体联合写了一封信给招商局，责问不用国货改用外货的理由。他们的回答是中国货质量抵不上外国货，成绩不好的陈词滥调，我们就拿出招商局关于亚浦耳电灯泡成绩优良不亚于外国货的证明，再派人与他们交涉，舆论界也大加指责，招商局才总算恢复使用亚浦耳电灯泡。在群众监视下，其他各种应用配件材料也不得不重新购用国货了。

十、"中国国货联营公司"总经理的逐鹿

在旧社会，创办国货工厂的人士，大多数都具有爱国心，但也难免会在一切为我的前提下，然后再来谈到爱国，虽然其间未始不有以爱国为前提而后再为自己的工商业者，但这毕竟是少数中的少数。中国国货公司确是以提倡国货、推广国货为出发点而成立的。中国银行总经理张嘉璈于1932年3月邀集国货厂商在上海中国银行四楼，每星期五聚餐一次。这就是以后扩大的星五聚餐会的开始。同年8月，中华国货产销合作协会成立，其目的是要"集中力量"、"打成一片"来发展国货。中华国货产销合作协会参加的会员，规定是一业一家，我们亚浦耳厂也在延揽之列。其核心是方液仙的中国化学工业社、蔡声白的美亚织绸厂、任士刚的五和织造厂、叶友才的华生电器厂、方剑阁的中华珐琅厂等。以这五厂为核心，逐步形成了较大的组织。

1932年9月1～18日，他们以纪念"九·一八"一周年，将各自工厂的产品廉价销售18天，以上述五家为基础，加上胜德织造厂、一心牙刷厂、章华毛呢厂、华福帽厂等四厂，号称九厂联合大减价。①在爱国的口号下，销去了一批存货。方液仙等认为机不可失，以这九厂为重心，发起组织"上海国货公司"，地点在南京路479号（直隶路口）。岂料，螳螂捕蝉，黄雀在后，上海厂商联合会邬志豪先发制人，捷足先登，在南京路479号，迅速把上海国货公司招牌挂了出来。方液仙等看到地址与招牌都被人先下手

---

① 九厂国货临时商场，开始于1932年9月18日，廉卖八天，以纪念"九·一八"。参加的九家厂家为中国化学工业社、美亚织绸厂、五和织造厂、中华珐琅厂、胜德织造厂、中华第一针织厂、三友实业社、一心牙刷厂、华福帽厂。——编者

了，只得将招牌改为"上海中国国货公司"，地址改在大陆商场（后改慈淑大楼）。

上海中国国货公司于1933年2月9日开幕，经理由方液仙亲自出马担任，副经理是方家的私人账房李康年。上海中国国货公司根据产销协会的原则，规定一业一家，每一参加工厂都要以寄卖性质供应一定数量的物资，内分绸缎、布匹、棉织、内衣、针织、化妆、鞋帽、文具、五金、瓷器、钢精、电器等40余柜。每柜的柜长，由方液仙核心集团的工厂派人主持，例如，化妆柜的柜长由中国化学工业社派人充当，针织柜的柜长由五和织造厂派人充当。由于每业只有一家，参加的工厂如果不同意国货公司的办法而想放弃，又怕别家同业插进去，自己反被摈在门外，因此，心虽未甘，但也只得勉强参加。按照规定，各工厂交国货公司出卖的货物，是寄销性质，于卖出后按月计算，付还货款。由于工厂无权查究自己的寄售品到底卖出了多少，由此就不免产生流弊。国货公司付款的经手人，对与他"联络"好的工厂，货款可以付得多一些，否则就十付九不足，如此只苦了工厂，而付款经手人则脑满肠肥了。另一规定，厂方凭国货公司证明，根据寄售货物的数额，可向中国银行商借流动资金，由国货公司在售得款内扣还中国银行。这使银行生意兴隆，但这样层层克扣，厂愈小、牌子愈新、经济愈困难，那就大大吃亏了。

1934年1月，成立了国货联办处。这个组织并非商业性质，而是团体形式，并无资本，由各厂（根据每业一厂）加入为组员，每月缴纳会费，以作开支。工厂既将货物作寄售，又缴钱作费用，所以难免有不平之感。国货联办处，公推方液仙为董事长，蔡声白、方剑阁、叶友才、王志莘为董事，王性尧为主任，陆乾惕为副主任。三年半中，先后筹设中国国货公司11处，计镇江、徐州、济南、温州、郑州、福州、西安、昆明、重庆、广州、长沙等地，方液仙等每年在上述各地的国货公司领取车马费每人总数以数千元计。

1936年12月4日，在南京成立"中国国货联营公司"筹备委员会，我是被指定的筹备委员之一。这个未来的"中国国货联营公司"（以后简称联营公司）的总经理一职，从一开始就被人格外注意。1937年4月11日，联营公司创立会在南京召开。此后，各工厂都瞩目这个总经理之职究竟落在谁手。当时各厂家觊觎这总经理的目的，与其说是为了利，不如说是为了权。一旦权到手，利就滚滚而来，所以"权利"二字，在旧社会里，是拆不开的。如"上海中国国货公司"李康年，各工厂为了要李帮忙推销产品，尽力满足李的要求，因此，李康年挂名董事长、董事、总经理的工厂有十余家之多。如今联营公司的总经理，握有遍布国内外分公司的支配大权，既可以增强自己厂的产品销售量，削弱同业产品在同一市场的竞争，还可以在国货界增加自己的"威望"，以增大政治资本，因此，围绕此职务的明争暗斗十分激烈。在"中国国货联营公司"成立之前，就总经理一职，方液仙"众卿拥戴"、"黄袍加身"之说风传一时，而方本人也大有"这总经理宝座，舍我其谁"之概。但是，在方液仙小集团内部所谓的核心分子中，也未尝没有人对这总经理之职有染指之想，圈外人如吴蕴初、陈小蝶则是反对方液仙当总经理最激烈者。吴与方之间有味精与观音粉的冲突，陈与方之间有家庭工业社与中国化学工业社化妆品的矛盾，而吴蕴初反对方液仙尤为突出，声称如果方液仙果真当了联营公司总经理，天厨厂就退出这个公司。还有若干工厂，因与方的小集团中工厂的同业矛盾，也反对方液仙。这使筹备主任实业部长吴鼎昌感到踌躇。

当时，以吴蕴初、陈小蝶为首的反对方液仙的许多工厂，联合提出由我来当总经理。有一次在南京开会时，吴蕴初特约我去游玄武湖，在游艇中，吴告我有部分工厂推我为总经理，以分散方液仙的小集团操纵，并说这个建议已得到吴鼎昌部长同意。说老实话，我当时并不想争取这个总经理之职，所以始终没有为此而活动过，而今既有人属意于我，如真的到了水到渠成的地步，我是有动于衷的。所以，我没有坚辞，就对吴说："且看事态发展到何等程度，到时真有这样做的需要，再行考虑也不会迟。"

我与吴蕴初游湖这一行动，引起方派对我的侧目，他们认为我已倾向于吴一方去了，以后对我的行动分外注意，并散布流言，以离间我与吴蕴初的合作。随着亚浦耳灯泡行销的数年中，亚浦耳电风扇在市场上崭露头角，华生电风扇厂对此事痛心疾首。华生厂叶友才看到我担任联营公司总经理的可能性越来越大，想到万一真的实现，在联营公司范围之内的市场，华生电风扇的销路必被抑制，取而代之当然是亚浦耳电风扇。叶以为是可忍孰不可忍，于是用最激烈的态度来反对我任总经理。他也效仿吴蕴初反对方液仙的办法，声称"如胡西园当了联营公司总经理，华生厂就退出这个公司"。叶友才到处破坏，并尽力拉拢中立的工厂，增加他反对我当总经理的力量，方派当然也全力予以支持。

吴鼎昌看到方液仙和我这两个棋子已先后被"将"，他当然要一着活棋来解围，在事前稍做一些联系准备工作后，在常务筹备会上，吴鼎昌当众向方液仙提出由美亚织绸厂蔡声白任联营公司总经理。方在无可奈何之中，也只得表示赞同。蔡声白虽属于方液仙一派，但织绸与别厂冲突较少，因此，其他参加联营公司的工厂亦无人反对。这个逐鹿已久的总经理之职，至此总算定局。

"中国国货联营公司"遂于1937年5月17日正式成立。联营公司在当时提倡国货，传播爱用国货的精神，对加速国货工厂的发展起了一定作用，这积极的一面，自不能一笔抹杀。但这个公司浓厚的宗派主义也无法掩盖，由多数工厂的力量而构成的组织，其权利则由少数人享受，极为外界诟病。

第二节　国货之光

一、观光客纷至沓来，"亚浦耳"成参观"胜地"

当亚浦耳电灯泡在市上出现时，一般人都误认为是欧美国家的产品，因为日本灯泡质量没有这样好。但亚浦耳灯泡的价格又只及欧美电灯泡的一半，于是竞相猜测，究竟是怎么一回事？待了解亚浦耳电灯泡是中国自己制造的国货后，始相与惊奇，因为当时大家想不到中国人能自己制造电灯泡，更想不到中国人自己制造的电灯泡可与欧美货相媲美。于是，亚浦耳厂引起了全国学术机构的关注和重视。

1923年冬，上海交通大学电机系师生30余人首先到亚浦耳厂参观，以当时中国的工业水平来衡量，对我厂各种机件设备、技术措施，表示满意。他们本着提倡国货的热忱，在报上发布一则新闻，这更扩大了亚浦耳厂在群众中的影响。次年，又有上海同济大学、复旦大学等高校的师生相继到亚浦耳厂参观。1925年，浙江工学院组织工业参观团来上海参观各大工厂，也到亚浦耳厂参观。以后武汉大学、齐鲁大学、中山大学及中央研究院、中央工业试验所等学术机构也纷纷到亚浦耳厂参观。

这促使国民党各政府机构的仿效。他们把参观亚浦耳厂列为招待外地来宾的节目之一，想以此来掩盖他们对民族工业的摧残。上海在张定璠、黄郛、张群任市长时，虽然表面上他们把亚浦耳厂炫耀为中国新兴工业之一，招待来宾参观，但实际上他们对国货工厂的摧残，包括亚浦耳厂在内，与帝国主义并无二致。及至吴铁城任上海市长时代，来宾参观亚浦耳厂更加频繁。吴铁城自己陪同所谓"国民党元老"及其他"党国要人"来亚浦耳厂参观，前后计有五次之多。其他人则大部分是由市府交际处李大超陪同前来。在此阶段，我厂变成了供人游览的"名刹古寺"，疲于送往迎来。1934年5月31日，西藏班禅喇嘛慕名到我厂观光，陪同前来的有南京"蒙藏委员会"委员。班禅及其随从在我厂各车间参观了一周，对制造电灯泡的机械技术惊为新奇，为中国有这样的工业设备而感到兴奋。我窃喜此于藏族同胞有良好的影响，遂亲自陪同参观，并与全体来宾在厂内草坪上留影纪念。

在参观亚浦耳厂过程中，有两桩趣闻不妨略记述如下：上海来了一个云南某地傣族女土司（少数民族的领袖），叫高玉柱，大约30岁。上海各团体受市府的指使，不问青红皂白，在联络"民族友谊"的口号下，纷纷开会和设宴招待，新闻报章日有记录，确可称轰动一时。我厂当时接到市府交际处通知，要我们设茶点招待参观。高玉柱带几个男随从照例由李大超谨陪如仪到达我厂。高玉柱除头上戴的帽子是少数民族的外，旗袍革履，涂脂抹粉，装束与上海时髦少妇无特异。他们走马看花，究竟有何感想不得而知。之后，仍由李大超陪同回去。正在大闹欢迎云南傣族土司高玉柱之时，有一天，忽然发现昆明专电的新闻栏，有云南省府捉拿高玉柱冒名招摇的消息。上海人竞相惊愕，而当时所谓的傣族土司高玉柱已经逃遁。

另一事件，是南京财政部陪同山东"巨室"梁作友来沪游览一事。据说梁是国内"豪富"，有"梁财神"之称。当时的财政部长宋子文以为梁是"财神"，可以动脑筋榨他点油水。所以，梁作友一到南京，财政部就隆重招待，除派员陪同游览金陵名胜之外，还邀请这位"财神"遍游沪杭各风景胜地。上海为工业基地，"梁财神"既到了此地，哪能不显出关心工业的姿态。参观亚浦耳厂又是市府必备的节目之一，"梁财神"是"中央特客"，上海市府哪敢怠慢，于是照例通知我厂设茶点招待。梁作友到厂"巡视"一周，莫明其妙，说不出什么来。他从上海去杭州再回南京，财政部派大员恭送如仪。后在报上见到梁作友到达济南时被山东省府扣留，其犯案累累，是一个大骗子。鉴于上述两事，可见国民党当局处事是何等昏聩。

二、千挫百折，国货灯泡挤进西湖博览会

1928年，工商部在上海市陆伯鸿主办的天主教新普育堂内，举办中华国货展览会，并把新普育堂前的普育堂路改为国货路。蒋介石以总司令的身份亲自参加这个展览会的开幕升旗典礼。当时，亚浦耳厂的电灯泡是这个全国性展览会中电工器材部门唯一的照明产品，颇引起来自全国各地参观展览会的观众及海外华侨的注意与重视。这对亚浦耳厂的产品后来在国外市场更为广泛地行销，起着极大的推广作用。

张静江以国民党"元老"资格屈就浙江省政府主席，因"大材小用"总想"轰轰烈烈"地"作为一番"，以显示自己毕竟不同凡响，于是标榜首先要电化浙江省。其实，杭州电厂是美国摩根财团电气托拉斯电化江南计划中的一部分，所谓电化江南，不过是一个好听的名词，其实是美国垄断资本家通过国民党买办政府，要榨尽中国人民的膏血。张也是美国的走卒而已。张静江为了要吸引全国的注意力，继工商部在上海市新普育堂举行的全国性展览会之后，举办了一个规模更大的"西湖博览会"。从1928年开始筹备。浙江省建设厅厅长程振钧，为了征集西湖博览会的陈列品，仆仆奔走于沪杭之间。当时承办国货陈列的主要是"中华国货维持会"（该会主席王介安、秘书黄强）。他们为了此事多次召集会议并与其他国货团体联合，征集了不少国货去杭州参加西湖博览会。

西湖博览会面积很大，分了很多馆，有好几个电灯牌楼，还有沿会场的湖边要用彩灯，场内外需用的照明，估计要用不少电灯泡。我通过"中华国货维持会"，建议西湖博览会全场用国货亚浦耳电灯泡，并与建设厅长程振钧面洽。程的态度非常模棱，虽未拒绝，亦不允诺。后来我又写了几封信与程振钧联系，但始终未得要领。我继续托"中华国货维持会"王介安面询程振钧。据说，程担心国货灯泡不耐用，会因电灯熄灭影响整个

西湖博览会。当时不相信中国货的心理是很普遍的，但像程振钧这样提倡国货举办西湖博览会的人，是绝对不该有这样的想法的。难道以提倡国货相号召的西湖博览会，所用的电灯泡却是外国货，那岂不是极大的讽刺。

适有造纸业前辈龙章造纸厂庞赞臣来亚浦耳厂参观。庞与张静江有葭莩关系，我就将西湖博览会应用亚浦耳电灯泡的事，托庞赞臣向张静江打交道。庞以彼此都经营国货生产，表示同情，允为照办。经过了十天光景，庞写信给我说，他在赴杭之便曾与张静江提起亚浦耳电灯泡之事，张允转致主办人用电灯泡尽量采用国货。这一句话确实说得很响亮，但没有实际下文，消息沉沉。隔了一个时期，我听到美国奇异厂为了西湖博览会的电灯也在活动。

日子一天一天过去，西湖博览会开幕日期一天一天接近，我焦急起来。我们不是为了争利，而是为国争光。我去杭州西湖博览会筹备处实地探察以明真相，在该处碰到了姓马的主管人。他告诉我，西湖博览会用的电灯泡原则上是要用外国货的，而且多数是奇异灯泡，如稍采用一些其他牌子的外国灯泡，他们可以做主选择，倘是决定用中国灯泡，非请示上级不可，未便擅专。我只得快快而回。

到沪后，我总感到，西湖博览会若没有中国灯泡，不仅是亚浦耳之耻，也是中国人的不光彩，亚浦耳厂如果不去争取，美国奇异厂也不会放过我们的。亚浦耳电灯泡不亚于奇异灯泡，我们的产品是没有问题的，而问题在于我们努力争取的干劲不够。这时离西湖博览会开幕不过一个月左右，时间是相当紧促，我想到上海总商会（后改组为上海市商会）协助西湖博览会做了很多事，西湖博览会以后还有许多工作需要上海总商会的协助，于是去上海总商会要了一封介绍信，再去访见程振钧。这次程受到各方面的压力允考虑后给我确切的回音。不几天，果然接到西湖博览会的正式通知，嘱我去联系电灯泡供应事宜。

结果是，全场用的大灯泡都由美国奇异厂供应，中国亚浦耳厂供给了三万只左右的牌楼灯及路灯等普通电灯泡。1930年春，西湖博览会开幕了，国货亚浦耳电灯泡，也被运到西湖博览会的所在地。夕阳西沉时，美丽的西子湖畔人流万千，亚浦耳电灯泡大放光明。这次西湖博览会延长了三个月，前后达半年之久。在这半年之间，中国亚浦耳电灯泡的损坏率并不超过美国奇异灯泡，亚浦耳鲜明灿烂的国货之光，为中国人吐了不平之气。

三、"开明"的工业家

亚浦耳厂对制造电灯泡的技术工艺一贯是非常注重的。要生产精良的电灯泡，除机器设备应求其完善之外，首先要有科学的工艺制度。我们有一套玻璃吹制及装配灯泡的工艺规程，从这项规程订出了一套工艺制度，不但制造程序的技工要严格遵守这个制度，而且有关直接生产的科室管理部门也须为这个制度服务，不许轻忽。当时，苦于老工人对执行工艺规程、遵守制度还不很习惯而影响产品质量，为使这一制度得到贯彻，我们培训了一批新生力量。

这批新生力量，分为艺徒、练习生及技术员三种，玻璃部招收艺徒100名，电机部招收艺徒50名，灯泡部招收艺徒100名，另行招收小学毕业的练习生50名，中学毕业实习技术员50名。这批培训生分数期招收受训。我厂把这300多名被培训的青年当作本厂的基本队伍，对他们确是另眼相看，在津贴待遇、起居生活方面均加以优待。为他们专设宿舍，宿舍里都是特制的两层铁床，新被褥、白被单，清洁又整齐；订有宿舍规则，起卧均有定时；辟有运动场，除举办各项运动之外，每晨做早操，在工余之暇还组织文娱活动；并办有业余学校，分文化学习及技术学习两部分。这些为当时工厂中所罕见，也是我厂对外宣传的重要资料之一。另外，我厂还组织他们外出郊游。如1933年春在培训生中选拔成绩优异者，用大卡车直放杭州游览，并考察当地工厂。又如1935年在培训生中对本厂有特殊贡献者，除给以奖金外，还让他们去昆山等地参观，持螯赏菊。为了使职工们安心工作，亚浦耳厂的工资待遇也比别的同业厂高，人们称赞我们为"开明"的工业家。

这批培训生在训练完成之后，原希望他们"知恩感报""效忠"我厂，但少数结业的培训生，有的在我厂工作不久，就到外面去与他人合伙开设新的小型电灯泡厂；有的被同业高价挖去，为他人去生产了；还有一部分人被国民党资源委员会中央电工厂招去，其中还有的人又从中央电工厂出来另开新厂，有的人则流到天南地北别的同业工厂中去了。所以，过去在中国各地绝大部分电灯泡厂的技术部门、管理部门，都免不了有原亚浦耳厂的职工。当时，我想我们辛辛苦苦训练出来一批有制造电灯泡根基的人，却未能让他们全部为本厂竭诚服务，反被别人坐享其成，心中常有不平。但从大局考虑，这对民族灯泡工业的发展是有积极意义的。

四、中国电光源之摇篮

中国亚浦耳厂曾用德国工程师、日本技术人员，又聘用留英、留法、留美的中国专家为顾问。所以，我厂集众多电灯泡技术之长，加上1921年以来在创制中国电灯泡过程中数年摸索出来的经验，我厂的产品确有一定的特点，受到国内外用户的欢迎。我厂人员出外开厂容易吸引别人的合作，全国电灯泡厂没有一家不直接或间接地与亚浦耳厂有渊源。年复一年，新厂陆续出现，电灯泡厂不断增加，便形成了灯泡行业。

我们认为，灯泡厂都麇集在上海，不是好现象，而且我厂当时已有了足够的机件设备，我有意到天津、武汉、广州各地去办分厂，但是技术人员及熟练技工还不够分配，且当时军阀内战，顾虑很多，所以未能及时实现。蹉跎光阴，一直到抗日战起。这时在广州、武汉虽已选定厂址，但因抗战大势所趋也无法实现。抗战胜利后，我厂决定先设天津、武汉两分厂，天津方面托久大精盐厂李烛尘协助筹划，武汉方面托裕华纱厂苏汰余协助筹划。后因蒋介石蓄意挑起内战，我厂开设分厂的计划又成了泡影。

从中国第一家电灯泡厂——亚浦耳厂创建到新中国成立前，先后开设过50家左右的中国电灯泡厂（包括外埠），到新中国成立前夕，只剩有29家（其中外埠四家），到公私合营时，通过合并，只有两家正式的电灯泡厂。此外，在上海还有两家制造电子管及炼制钨丝的工厂兼制电灯泡。新中国成立后的十多年间，全国电灯泡工厂发展到80余家，其中70％的新建工厂的技工艺徒，是由亚浦耳厂培训出来的。

五、"中国人请用中国货"

广告宣传是一种用来联络买卖双方思想、感情和传递信息的好方式，是使产品映入人们思想的先行军，是推销货物的一种手段和武器，所以在资本主义社会里，广告被列为一种专门业务，但广告宣传离开实际太远，反会消失其效力的。在过去虚伪的社会风气中，虽不能要求广告实事求是、说到做到，但宣传要恰如其分，适可而止，这是应当掌握的。还有一些人在广告中贬低别家货物来抬高自己的产品，这更是一种下品行为，不足为训。

我厂的广告，主要是以提倡国货为中心，只攻击舶来品，绝不诋毁中国货。所以，我们在广告中常用的一句口头禅就是"中国人请用中国货"。我们的广告不过分渲染，并力戒夸张，因为国货广告更要符合事实，以显示出国货的真诚朴素。人们通过广告介绍而买到恰如其分的货物，就会感到高兴，从而对这个厂树立信心，并对它的产品产生情感，成为该厂的一个热忱维护者。我厂的广告内容始终不超出"中国首创、省电耐用"这八个字的范围。这是不折不扣的事实，所以，我厂能赢得用户的信任。

我厂办事处专设广告部，其中有设计、绘图、撰文、编排、发布五个方面分工。在大小报刊、电影院、戏院、轮船码头及各风景区的游艇、各线的火车铁路牌等，我厂都不放过做广告的机会。旧时以4月4日为儿童节。每年儿童节，我厂必招待数以千计的小学生来厂参观。每人赠送食品一包，在食品纸包上印"爱国同胞，请用国货"、"中国亚浦耳厂敬赠"字样；还赠送电灯泡一只，并附印就的意见书，托来厂小学生交其家长，希望在用了亚浦耳电灯泡后提提意见，以便我们继续改进，并请他们的家庭经常采用亚浦耳电灯泡。我们的用意当然是为了做广告，但当时我们的确还有一种想法，希望这样做能使儿童从小树立爱用国货的爱国观念。

"九·一八"事变后，蒋介石命令张学良不抵抗而失去了东北大块国土。1932年9月18日，是日军侵略东北的一周年纪念日，中国亚浦耳厂、章华毛纺织厂、家庭工业社、中国窑业公司四厂选定这个纪念日作为上述四厂合办的富星广播电台开幕日，由我厂董事长秦润卿、章华毛纺织厂程年彭、家庭工业社陈小蝶、中国窑业公司胡祖庵和我在富星广播电台设茶会招待上海各界人士，并邀请电影界郑正秋、高梨痕、胡蝶、顾梅君、顾兰君、朱秋痕、郑小秋等，广播爱国歌曲及其他爱国节目。当天上海的所有大小报刊全部以两大全版，就是全张报的一半篇幅登载四厂广告，内容只印斗大的"918"三个阿拉伯字，上面印"毋忘"两字，下面印一句"今日何日！"连贯起来就是"毋忘918今日何日！"当时，蒋介石不但不许别人抗日，也不许人民喊抗日。他不许我们说"抵制日货"，我们就换一句"提倡国货"，不许我们喊"抗日"，我们就谈"救国"。我们这样的举动引起上海市市长吴铁城的嘀咕，说什么我们这样"莽撞"会惹出"大祸"来，以后不要再这样"瞎闹"。

那时"云南王"龙云，不知怎地心血来潮，也提倡起实业来了。云南全省经济委员会主委缪云台来沪时，特邀请我、章华厂程年彭、家庭工业社陈小蝶、中国窑业公司胡祖庵等在金门饭店（现华侨饭店）茶叙。他的动机是秉承龙云意旨，希望我们上海工业家去云南办工厂，而主要目的是盼我们联合上海其他工厂去云南举行一次国货展览会。当时因种种原因，我们未去云南办厂，亦未去举行国货展览会，但后来终于使云南有了一个电灯泡制造厂，厂的领导、技术员都是由我厂派去的。

上海圣约翰大学是美国办的一所教会大学。在抗日战争之前，我也记不起是该校几十年建校纪念，曾举行一次盛大的纪念会，晚上有非常热闹的晚会。娱乐场跳舞厅等地方以及场里场外包括电灯牌楼，需用大小电灯泡三万余只，约计买价要一万元之谱。圣约翰大学校方曾向美国奇异灯泡厂商借电灯泡无偿一用。电灯泡一经几小时燃点，就成为旧货，不能出售。尽管圣约翰大学、奇异厂同属于美国，但帝国主义分子碰到金钱问题，即使对亲生父母也会翻脸不认人，何况一个是学校，一个是工厂。因此，圣约翰大学校方碰了一鼻子灰，借不到电灯泡，快快而回。后由该校同学会出面，托人向我厂商借。我了解情况之后，对圣约翰大学提出一些要求，要在圣约翰大学里面广场冲要路口竖立一块电灯泡广告牌，广告内容是"中国人请用中国货"，中间"国货亚浦耳电灯泡"，下面一行是"中国首创、省电耐用"，还要在各会场显明的地方张贴"本会全场都用国货亚浦耳电灯泡"字样的各色纸条。这批电灯泡用毕由圣约翰大学负责送还到亚浦耳厂。经来人回校磋商，圣约翰大学同学会全部接受照办。到了正式开会时，圣约翰大学校长卜芳济（译音）见此情况，暴跳如雷，深责该校同学会办事不当，大骂奇异厂不识大体，使中国工厂破天荒在他们的高等学府得到宣传中国货的大好机会，但当时木已成舟，来不及撤除。奇异厂闻讯后，也大为懊丧，但已无可奈何。这确实是一件大快人心的事呀！

六、亚浦耳灯泡成为"洋轮"的"走私品"

我厂电灯泡的生产，由于受到国内外同胞的爱护与提倡，得以精益求精，逐步壮大。产品达到了高质低价，在国内外市场与外国电灯泡交锋都立于不败之地。由于亚浦耳灯泡的价廉物美，质量等同欧美，价格仅及于日本，就是外国在华企业也不得不改变中国人制造不出优良国货的不正确观念，收敛了轻视中国货的傲慢态度，为了他们自身的利益而采用中国亚浦耳电灯泡。

1930年7月1日后，旧上海法租界有一部分路灯就长期订用中国亚浦耳电灯泡。1930年9月18日，法商电车公司订用中国亚浦耳电灯泡。1931年1月8日，上海英商电车公司也与我厂签订购买亚浦耳厂灯泡的合约。英商自来水公司、英商亚细亚公司、英商太古轮船公司等，分别于1931年1月16日、

1932年12月29日、1933年1月30日与我厂签订了供应电灯泡的合约。

在国外，经营推销亚浦耳灯泡业务的大多数是华侨，但也有若干外商，如印度孟买"利别脱公司"（Liberty Light Agency）于1932年11月17日与我厂签订经销电灯泡合同，又如荷兰"海奇米耶公司"（Hagemeyer & Co.）、爪哇苏门答腊婆罗洲分公司于1932年12月20日与我厂签订了经销电灯泡合同，还有暹罗（现泰国）曼谷"竺鲁乍拉民公司"（Jaruzerami & Co.），也在1933年2月与我厂签订了经销亚浦耳电灯泡的合约。

我厂有两家五金电器行，作为协助亚浦耳厂的帮手，一方面为调剂经济，另一方面为推销本厂的产品。在我厂产品试制期间，它们经济调剂的作用大一些；到了生产上了轨道，其主要力量就完全放在推广亚浦耳灯泡的销路上。这两家五金电器行，一家是"益丰昌"，经理姓杨，设在北苏州路北山西路，专门联络应付苏州河沿岸、吴淞以及太湖四周小码头的电料经销商店；另一家是"安利"五金食品公司，经理姓陈，设在旧法租界朱葆三路（现溪口路）霞飞路（现淮海路），专注重上海南市及杭、嘉、湖、沪杭铁路线一带的亚浦耳电灯泡的出路。"安利"是食品五金，还经营罐头、洋酒等。因此，外洋各国轮船到沪，海员多向"安利"食品五金商店添购食用品及日用物资。各外轮海员于添货时，不但采购亚浦耳电灯泡在他们船上应用，还顺便带些亚浦耳灯泡，作为私货运到澳、非各地去贩卖。据说，亚浦耳灯泡颇为各地用户所青睐，海员贩运灯泡私货，也有厚利可图。各国海员私贩亚浦耳灯泡，数额虽不很大，但周而复始，相互更迭，经年连续不断，总数也颇可观。可见，亚浦耳电灯泡在海外各处，也是受到当地人民欢迎的。

第4章│西　迁

追忆商海往事前尘·**胡西园**回忆录

ZHUIYISHANGHAIWANGSHIQIANCHEN HUXIYUAN HUIYILU

第一节　战时迁徙

一、陷入战火，"亚浦耳"被迫停产

1937年7月7日，日本侵略军向驻防北平西南卢沟桥地方的中国守军发动攻击，中国守军奋起抵抗，揭开抗日战争的序幕。鉴于当时民心士气，蒋介石政府再也压制不住人民抗日的决心了，上海战事肯定难免。于是，我于7月11日就在上海旧法租界永安街租了一幢大堆栈，7月15日，开始陆续把杨树浦辽阳路亚浦耳总厂部分机件、原材料向永安街搬运，并计划将一部分人力及机件设备迁到内地，在战争的后方开工生产，为抗战提供军需物资，为人民补充生活供应，以增强抗日的持久力。

8月11日，由国民党中央政府经济部主持的上海工厂迁移委员会成立，被动员内迁的工厂以能直接协助战争的机器五金制造企业为主体，也包括一部分生产关乎民生的日用必需品的工厂。我厂的产品与军事民用都有密切关系，我原本就准备将工厂内迁的，但厂行政部门高级职员意见却不一致，有的主张全部内迁，有的主张一部分内迁，也有的主张不迁。当时，全厂资产总值已达银圆260余万元，日产电灯泡二万至三万只，为中国最大的电灯泡厂，它迁至后方对于国防及民生日用，的确起着较大的影响，对当时抗日的支持也是毋庸赘言的。

日寇侵略华北后，并不以占领平津为满足，为了迫使南京国民党政府屈服，达到其灭亡全中国的目的，于1937年8月13日又向上海大举进攻。当日上午清晨，我照常到亚浦耳厂办公，8时余传来消息，上海江湾中、日军队已发生冲突，10时许，闻杨树浦东北方面有枪炮声，旋闻日寇已进入杨树浦租界。此一行动得到美、英帝国主义的默许。

我见形势严重，当即关照停产放工，叫职工有问题可与北京路总发行所联系（北京路总发行所当时作为亚浦耳厂办事处），让单身职工均迁至法租界永安街新宿舍暂住。当时枪声密集，马路上已非常混乱。我于11时许离厂到北京路办事处。12时零几分，提篮桥汇山码头被日寇占领，从杨树浦东北往西南的交通被日寇控制，在短时间内整个虹口的东区都被日寇占领了。由于交通断绝，李新芳等我厂职工只得摆渡到浦东，再由浦东摆渡回十六铺，绕道到北京路办事处。我有很多重要文件未全携出，我厂的大宗存货、原材料及机械设备，均陷入战区。当日下午2时余，我厂有一个"茶房"（勤务员）从总厂到北京路办事处，经过百老汇外白渡桥堍（现大名路天潼路）时，目睹日寇竟向由北往南逃难的大批中国民众用机枪扫射，死伤累累。这个"茶房"回到北京路时惊魂未定，目瞪口呆，待静养半天，神志才得以清醒。日寇的惨无人道、疯狂的兽行，令人发指。

战争不久，日寇便把我厂占为沪东作战指挥部，门禁森严，不许我们进厂。住在东区的职工除调一部分到西厂工作外，其余或回乡暂避，或另迁上海别处，还有一部分随厂西迁。当时情况确是紧张而忙乱，经济相当困难。总厂突然停工，善后解决要钱，西厂开工，又非用钱不行，而迁厂西上，也要钱来开路。我一方面抓紧本厂进行战时生产的计划，另一方面还在上海地方协会任职，协助抗日工作，一天到晚颇为繁忙。幸赖全厂各部门合作和全体职工努力，克服了无数的困难，亚浦耳厂的各项工作才得以按计划逐步实施。

二、联系迁厂，企业家南京之行有惊无险

"八·一三"炮响之后，蒋介石表面上似乎是开始抗日了，但实质是准备后撤到内地。在8月底9月初之间，资源委员会及经济部即组织迁厂委员会，计划将工厂内迁。内迁以机器业为主要对象，其他如纱厂、面粉

厂及生产日用品的工厂也在第二步动员之列，机器公会负责人颜耀秋主其事，官方是林继庸。大约在9月中旬，我和颜耀秋（上海机器厂）、胡厥文（新民机器厂）、马雄冠（顺昌机器厂）、余名钰（大新炼钢厂）、周锦水（华成马达厂）、孙鼎（华通电器厂）、张惠康（亚光胶木厂）以及林继庸等搭了三辆汽车，到南京去联系迁厂事宜。

车抵松江少憩时，对如何去南京有两种主张：第一种主张是其中两车人提出来的，要先到苏州再循着与铁路并行的公路去南京，中午抵无锡，在无锡饭店吃中饭；第二种主张是我们一车人提出来的，要绕道京杭国道避开铁路线去南京，这样到目的地要慢三小时，但比较安全。他们两车的人坚决主张沿与铁路线并行的公路前去，而不愿绕道京杭国道而迟三小时去南京。我们一车人认为此事有关各人生命，不能以少数服从多数的会议方式来解决这两个不同的意见，应该各行其是，各从所愿。于是，我们一车与他们两车就分道扬镳，各奔前程了。正在前进途中，我们忽然发觉有两车疾驶追来。原来他们两车的人开始动摇了，认为为了早三个钟点，用生命来冒险，代价未免太大，所以中途掉头追上我们，真可谓"从善如流，及早回头"。我们一车有孙鼎、张惠康及我，还有一位不是余名钰就是林继庸，我记不清了。

在行车途中有一个有趣的插曲，我们四人嬉笑谈话，讲了一些故事逸闻，而开车的司机也主动参加了我们四人小组漫谈。这个司机曾在四大家族孔祥熙家开过车，所以对孔家的历史言之凿凿。这司机喋喋不休地谈孔祥熙大女儿和二女儿，孔二小姐的服装如何如何，起、居、行如何如何，进而谈她在蒋介石面前如何作态撒娇，宋美龄对她如何宠幸，以及蒋介石如何纵容她违法乱纪，孔祥熙的老婆（妻）宋霭龄如何指使她为非作歹。还谈到孔二小姐在行政院权力之大，在中央银行有小总裁之称。如此这般，不啻一部《官场现形记》的缩影。我们想到公共车辆上写的"请勿与司机谈话"，恐怕是为了使司机专心一意开车，不要因为与人谈话而分心肇祸。而这个司机如此滔滔不绝，我们四人连司机本人在内五条生命随时有遭遇危险的可能，可制止他又怕会惹恼他，于是，我们就采取"无线电干扰"方法。我们说我们的，不去理他，他讲话没有人听，果然他意会不谈而专心开车了。但是到了下午，这司机大概有些疲劳，一边开车一边打瞌睡，这种情形危险性比上午谈话分心更要严重。我们四人计议，为了使司机清醒，公推孙鼎坐在司机旁边，专题与他谈孔二小姐。果然药到病除，司机激动起来，瞌睡虫飞到九霄云外去了。可见，同一事物在不同时期采取不同措施，必可收到不同的效果。

三车由分而合，同道前进，下午一时，余车抵宜兴。大家下车进餐，有长途电话传来消息，当天中午敌机大炸无锡，车站被炸最为严重，两车预定中午到无锡去进餐的无锡饭店，在中午被敌机丢了一颗大炸弹，几乎全部炸毁，死伤惨重。事情果如所料，大家在痛恨日寇残暴的同时，那两车人也为没固执己见而窃感侥幸。

午饭后少憩，即开车前进，傍晚到达南京。资源委员会安排我们住在南京招待所，当晚由资源委员会副主任钱昌照招待我们晚餐，席间谈些迁厂问题，并做出许多具体安排。饭后，我们正在开会座谈，继续讨论迁厂步骤行动等，忽闻敌机夜袭警报。我们即躲入招待所的防空壕，认为安全已得到保障。这次敌机并未投弹，也不闻高射炮轰击，蒋介石依靠美国训练的空军，这时不知到哪里去了，任凭敌机从容而来，扬长而去。次日，我看到昨晚我们躲避的所谓防空壕，真是可笑而又可怜，上下不过十余尺，地面堆积一点泥土，壕上铺了一层木板，上覆尺余砂石，盖上草皮伪装。这种防空壕连手榴弹都可以打垮，哪能经得起炸弹。听说建此防空壕的经费并不便宜，而是一笔巨大的支出。经办此事的人，腰包里又可装进许多从防空经费刮下来的钞票。幸而昨晚敌机来未曾投弹，否则，我们不待迁厂早已完蛋了。

早餐之后，我们全体至经济部与部长翁文灏及其他负责人联系有关迁厂关键性的几项问题，后即作归计。大家认为，从镇江以上的车站大部分已被轰炸，敌机故伎往往是在某一带大炸之后，转移目标另扰他处，估计沪宁线一带可以平静一二日，因此，一致同意按照与去南京时完全相反的走法循铁路回返上海，以便实地考察被炸地区的实际情况。车经之处，见到断墙颓壁，折栋坠梁，极目荒凉，间有无人掩埋的尸骸，被炸得肢体残缺，惨不忍睹。车到苏州，已经黄昏，我们就宿在苏州一家旅馆。苏州车站被炸时起火，大概里面存有大量军火，整夜只听得噼噼啪啪枪弹爆炸声，夹着隆隆炮弹声，一夜神经不安，未曾好睡。次日黎明，即开车返沪，各自分头进行迁厂工作。

三、单骑走马去前线，慰问张发奎所部将士

那时，在上海成立了一个抗敌后援会的组织，主其事者有黄炎培、杨卫玉等各位。后援会分为若干组，我担任供应组主任，我只记得蔡仁抱任收容组主任，徐采丞任征募组主任。抗敌后援会的工作确实很紧张，参加工作者非常忙碌，人民捐献金钱物资也非常踊跃。我曾去过前线两次，第一次是去吴淞蕴藻浜。前线除断续的枪声外，炮声沉寂。上空敌机盘旋，并未扫射和投弹，但曾俯冲低飞三次，我方也没有用高射炮轰击，只听得机关炮声似乎是在向上扫射。第二次是在八字桥，也只见敌机凌空飞扬。身在战地不无惴惴，但未遇惊险之事。大概我这两次到的前线，不是两军激战之处。嗣后，我因忙于迁厂工作，无暇再到前线，抗敌后援会的工作也不能全部担任。

上海地方协会、上海市商会、中华工业总联合会、提倡国货大同盟会、浦东同乡会、宁波同乡会等六团体组织了两个前线慰劳队，一个队慰劳浦西，一个队慰劳浦东，我担任浦东慰劳队的队长。为缩小目标方便行动计，每队只有三个队员。第二天早上出发时，我队有两人临时不来，只得由我这个光杆队长前去。单骑走马虽觉孤零，但行动更为方便。按照预定步骤，到军事重要地点去，为免出岔子，我兢兢业业不敢造次。

车抵闵行，按照规定下车。因汽车过江，恐遭敌机半江袭击，预定我要换小划子过江。渡江之后，对岸丛林中驶出一辆汽车。我给司机及随车士兵验看了文书证件，即乘此车前去。行不多久，车忽停止，另换一辆来接我的汽车前去。达到浦东奉贤，进入一个祠堂模样的屋子，里面出来

一个军事长官。此人是我的熟人张发奎。他曾到亚浦耳厂参观过,在南京及其他地区我们也见过几面。张与我握手表示欢迎,邀我进到里面,把我介绍给另一个军官模样的人。此人就是福建省主席刘建绪。我与刘打了招呼,传达了六团慰劳之意,出递慰劳信及专送军事长官的慰劳品,无非是香烟、饼干、毛巾之类。我告诉张发奎,地方协会还准备照司令部指定地点,送大批的慰劳品给前方将士,张连连称谢。

当时上空有敌机盘旋侦察,我问张发奎:"敌机在上空有何意图?"张说:"在找目标,这个目标就是这里浦东军队的司令部,我们这里倘被敌人发现了,不但敌机投弹,还会遭敌军大炮轰击。"我听了不禁暗中吃惊。我看到墙上挂满了军事地图,幅面很大,江河川渠,各种目标,历历在目,外披巨幅布幕。我以军事秘密避免嫌疑计,不便动问军事具体情况,只问他们胜利有无把握,上海有无问题,他们亦只能答出模棱两可的言辞,而没有肯定的断语。

时已近午,张发奎留我在司令部吃午饭,刘建绪与我们同席,就将办公桌作了餐台。饭后,我拿了张发奎的回执(他说正式谢信,另行寄送),就与刘、张两人道别,仍照原办法回到上海。

我生平从未到达过战时的前线军事司令部,那天如此平静安定,我觉得缺乏战争的气味,这个司令长官太指挥若定了。后来我从解放军战争新闻纪事片中了解到,作为一个司令长官,要运筹帷幄,决胜于千里之外,应该多么忙碌,要根据瞬息万变的战争和前线的实际情况对军队的调遣、攻守、进与退做出及时的决定。回忆那时张发奎的神态及前线司令部的情况,哪有准备死守上海的一丝一毫的征象呢。

四、92天的迁徙之路

我厂作了在内地与上海两处开工生产的计划,并派定内迁亚浦耳厂的工作人员,将机件装箱下船,对沿途接应及安顿也都作了安排。1937年10月

6日，我厂一部分职工以及我的家属乘汽车离沪。由于公路已成为敌机轰炸的目标，车辆只得夜行。我们下午4时才从上海永安街亚浦耳厂宿舍出发，同行还有亚光电木厂张惠康。车抵松江大渡口，等候渡江的汽车衔接相连，大家都存敌机夜袭的恐慌心理，希望早到彼岸。我们等了很久，才得渡江。车到盛泽，果有警报，我一家老少妇孺颇感狼狈，下车到离公路较远的地方稍避。警报通宵达旦，待解除后人已疲惫不堪。车抵镇江，过了一天，次日搭"江和"轮西上赴汉口，同船一行除张惠康之外还有电机同业周锦水、电影导演应云卫。在旅程中遇到熟人，尤其是在国难期间，倍感亲切。当时，德国陶德曼为中、日两国"调停讲和"之事还没有公开，而外面已沸沸扬扬，盛传蒋介石政府要与日本议和。大家对蒋介石究竟有无抗日决心，感到极度怀疑。

我们以为在汉口落脚后，大概不至于再往后退了，并且在汉口建一亚浦耳分厂，这本是我们计划中的事。因此，我将这些意图早已告诉亚浦耳厂汉口发行所的负责人，要他们做好准备，待我等一到汉口，即开始行动。在武汉勘定了厂址，但因经济部在经济上及物资方面的支援问题迟迟未能解决，一时不敢贸然动工。而前方战事不利的消息频频传来，到汉口的上海人络绎不绝，继我们之后抵汉的有黄炎培、江问渔、杨卫玉、蔡声白、潘士浩、金润庠、陈小蝶、柯干臣、冼冠生、杨虎、彭学沛等多人。

到汉口去的上海人有四种动机：一是到汉口经营本职位事业；二是从汉口飞往香港；三是从汉口再进入内地；四是在汉口看看风色再回上海。黄炎培对我说，上海人来汉口越来越多了，应该有一个接应承转的组织，事前为他们做好一些预备工作，并能互通信息。因我在汉口原有机构，地利、人和俱全，黄炎培要我出面来组织，我也乐意为人奔走。于是，我就在汉口阜昌街崇正里12号组织了一个"沪社"。我推黄炎培为社长，黄坚决不允。他说我各方面关系较多，一定要我担任"沪社"社长，并说这是最相宜的，他则自愿担任秘书长之职。江问渔、杨卫玉两位亦相劝，认为此时此地我担任社长较为妥善。张惠康也劝我不要过于固执，有违黄的一番苦心，我这才担任下来，并请张惠康为副秘书长。"沪社"二字由黄炎培亲笔书写，并悬在社门。在汉口期间"沪社"确曾为大家做了一些工作。

在抗日战起之初，就听说重庆将是蒋介石政府的陪都。从当时战事情况来观察，大后方会移到重庆，工厂也只得随之迁川。我从未到过重庆，10月下旬，就飞到重庆先去探察当地情况。我早先托该地亚浦耳厂代理商号华记电器行，为我在重庆白象街新建一座房子，我去时大部分工程已完成，尚有装潢油漆等还未竣工，但不出一月完全可以落成。当时重庆非常安静，不看报纸的人不晓得上海已经炮火连天。短短几天，重庆给我印象最深的是土产价格意外的便宜，一元钱就可以买一大蒲包的橘子；还有在重庆建造房子也很便宜，因为大多数房子都以竹做骨干，四川产竹特多，而又无法下运，当时100元可以买毛竹一万斤。

我住在重庆一家较大的旅馆"沙利文"。第二天，有旅馆"茶房"（服务员）问我要住几天，因为这个旅馆一星期后将全部被"国民政府"包去，重庆其他的大旅馆因为要接待从下江（重庆人称巫山以下的地区叫下江，这些地区的人叫下江人）上来的"政府大员"，也同样全部被包去。

根据上面情况估计，蒋介石已经预备逃到重庆来了，这时距"八·一三"抗日战争不过两月有余，距1938年10月日寇侵占武汉、广州整整还有一年时间。我想如果从上海辛辛苦苦搬到汉口建厂，而汉口立刻就要变成上海一样，放下去一大批资金，将来化为乌有，会弄得归家不成，流落他乡，还是快点断了在汉口建厂的念头吧。

我本预定在重庆逗留十余天，到近郊了解情况，并拟作简单的调查，可是听到"沙利文"旅馆"茶房"告诉我的消息后，想到在汉口的各工厂负责人还蒙在鼓里，他们一心以为蒋介石政府无论如何应该可以守住汉口，如果不久汉口沦陷，他们必会感到措手不及，无路可走。我于到重庆的第三日就急忙飞回汉口，在"沪社"召集一次紧急会议，告诉大家汉口是靠不住了，蒋介石不久就要逃到重庆，为了避免物资资敌，贯彻工厂生产协助抗日的初衷，赶快准备进一步内迁。于是，一批迁汉工厂将已出箱的材料物品重新装箱，已装的机器再拆卸下来，再次内迁。

我厂机器分两路，一路运湘西辰谿，一路运四川重庆，笨重的机件存在德商美最时洋栈，全部迁厂人员于11月初动身入川，先搭小轮到宜昌。在宜昌候船的人满谷满坑，有耽搁一月以上而还没有买到船票的人，在宜昌候船准备运入重庆的机件物资也堆积如山。我听到这种情况，心冷了半截。当时，汉口已常有警报，宜昌人、货这样密集，是一个轰炸的大目标，总有一天敌机会疯狂投弹。我彷徨焦急，派本厂同人四出设法，自己也到处张罗。幸而碰到一个多年不见的熟人，他正在航运界工作，且在同业中很有办法。他为我全家和一部分职员弄到了法商聚福公司"福源"轮船的二等舱船票，并把小件的轻型原材料与行李一同装船上运。很幸运，我们在宜昌不过住了一天就搭轮进入三峡而到四川的巫山，于11月14日踏上目的地——重庆。

从"八·一三"起屈指计算，到11月14日总共是92天，这是抗日战争的重要阶段，我个人在这92天里经过这样多的事情，最终总算迁厂到重庆。

重庆是一个古老雄伟的山城，在没有入川之前，对我们而言，它是一个神秘之地，扬子江、嘉陵江在它脚下滚滚流过。南京沦陷后，日寇势如破竹，从芜湖、安庆溯江而上，马当失守，武汉震动，幸而大部分内迁工厂早作准备，不至手忙脚乱。从成为蒋介石政府的陪都那天起，重庆这座有名的古城也就开始了巨变。贪官、奸商像蝗虫似的飞来，敌机随时凌空狂炸，往来自由，蒋介石的空军销声匿迹，人民毫无保障。蒋介石的祸秧子移植到哪里，哪里就会有灾难。从蒋介石到重庆后，我们在内忧外患的苦海中挣扎了八年。回忆过去，真是余痛犹在。

五、亚浦耳沪厂陷入困境

1937年10月，我厂迁运一部分机器设备及原材料西上，并调去一批职员和技工，准备在湘鄂两地较为适宜的地方开厂生产。当时，上海亚浦耳总厂因其所在地辽阳路已被日寇占领而无法开工，唯一可以开工生产的，只有在公共租界小沙渡路（现西康路）的亚浦耳第二分厂，但厂的规模不大，容纳员工不多。

我原计划，在我厂西迁之后，留总工程师於崇仁在沪全权处理生产技术及产品质量问题，委厂部经理暂管一般行政。在各地形势不稳定的情况下，亚浦耳厂将广州、宁波、青岛、南京、天津等地直辖的发行所如数撤销，所有人员集合上海以便分调各地，独留武汉发行所，因武汉发行所已预先被安排为重庆与上海的中间站。在宜昌我厂存有物资，并派人留守。我以湘西辰谿地较偏僻，或可暂存机件设备，如可能的话，在辰谿办一小型灯泡厂，不但可以生产战时物品，还可以安插一部分员工。

后来，战事愈来愈糟，传来消息，国民党政府也很快要退到重庆，这是我们在迁厂之初所没有预料到的，只得将以前的步骤、规划全部推翻重订。

由于重庆成为全国重心，亚浦耳厂总管理处必然要设在重庆，而亚浦耳主厂当然也同样设在重庆。重庆厂开工之初，工程技术管理由我自己负责，内部事务另由苏某和陈某主持，等到具备了可以大量生产的条件，再由沪厂调专家来渝负责进行。

亚浦耳厂各地发行所人员集中沪厂，而沪厂的生产无法应付这么多人的开支，非扩大不可。在此种错综复杂的环境中，只有具有丰富工作经验的人方能胜任。而我委派的暂管行政的人显然不具备这个能力。因其管理不当，厂里各部之间矛盾重重，工人反对他，职员不服他，若干有能力和技术的员工都离厂他去，亚浦耳沪厂几乎被搞得支离破碎，不成局面。沪厂人员群情激昂，纷纷向重庆亚浦耳厂总管理处告知他的劣迹，要求重庆总管处迅速派人纠正，杜塞漏洞。

那人在寄我私函中，常常劝我多做贩运买卖可获巨利。他还在信上说，除少数特种工业外，其余工业都是不容易赚钱的。尤其在战事紧张期间，工厂生产更有许多困难，不如把集中在上海的亚浦耳厂各地的发行所人员派赴外地去搞贩运贸易，并在上海、昆明、仰光、河内、香港设立贩运机构，将亚浦耳厂的工业资金暂时挪用转作商业资本，待大局平静后再开工生产，绝无弊害；还劝我"一个人要为自身日后着想，工不如商已有许多铁证，识时务者为俊杰……"等语。要晓得没有国家，就没有一切。当时我们办实业是战时工作的一个重要环节，因此，我不同意他这些看法，并赶快调因战事去汉口的上海亚浦耳厂总发行所经理李新芳返回上海。

六、国民党军队的"三只手"和"四条腿"

写到这里，我要回过头来追述我厂南京发行所用帆船迁往汉口时的约略情况。

"八·一三"抗日战事起后，南京情形混乱，人心惶惶。亚浦耳厂南京发行所经营年数倒也不少，除专售本厂亚浦耳电灯泡外，还为其他电工器材的兄弟工厂代销产品，这也是发扬国货工厂互相协助的精神，颇为电工器材同业工厂所称许。亚浦耳厂南京发行所实际上等于批发国货电器的一家大型电料行，各种电料存货确也不少。在南京大屠杀之前，亚浦耳厂南京发行所接到上海总厂通知，为了配合内迁抗日全部撤退至汉口。南京发行所的存货除本厂电灯泡之外，还有国货电筒、电池、电珠、皮线、花线等各种电线、小马达、电风扇及其他电器上应用的瓷料、开关、灯头等，搬运起来也不是一桩轻而易举之事。除将过分笨重的东西暂封存在南京外，其余全部存货分装三艘大帆船，每船派押船员一人，溯江西上。

离开南京的当天晚上，三艘船泊在江边，突有十余名国民党士兵来势汹汹地上船来"检查"，翻箱倒箧，凡可以拿走的东西都被抢走，临行时还持枪恫吓不许声张，而后呼啸而去。统计这次损失将及全部货物价值的百分之二三十。三艘船将到芜湖时，天尚未黑，船家想多赶一程路再歇息，谁知又碰到一批国民党军队。他们在岸上开枪喝令我们停船接受"检查"。这次除被抢去货物之外，连押船员王、寿、陈三人的衣箱铺盖也被一齐抬去。

经过国民党军队两次抢劫，一路上大家如惊弓之鸟，提心吊胆，好在一天平安无事。晚上泊在偏僻之处，以芦苇为障，也不敢举火，总算度过了这恐惧的夜晚。第二天清晨，船照常西行，未及晌午，忽闻岸上又有枪声，并闻军队在大声呼喝停船。船上人向他们喊话，说明已受"检查"多次，没有什么可以"检查"了，为了赶路请老总们免于检查。蛮横的国民党军队竟实弹向船上射击，并大骂"船不停岸老子要全部把你们打死"。船被迫傍岸，一群匪兵冲跃上船，将较为值钱的货物搬在一艘船上，并将该船姓陈的押运员驱逐登岸，他们劫持这艘大货船扬长而去。

亚浦耳厂南京发行所货船沿江西上被国民党匪兵抢劫达七次之多。最后那一次在一无所有的境况下，匪兵捆绑了三个押运员威胁要枪毙他们。看到确实吓不出东西来，遂将三人全身衣服剥光，每人只留一条短裤。时值隆冬严寒，王、寿、陈和船家只得以麻袋草包裹身。待这只船到汉口，船上只有几箱簿据账册而已，亚浦耳厂南京发行所的全部财产，被国民党军洗劫一空。国民党军是多么的贪婪残暴啊！

我厂的机件在从汉口运赴湖南途中，也受到匪兵的拦劫。在将要达到目的地辰豀时，我厂机件为当地所谓"湖南保安总队湘西指挥部""正式军事机关"扣留。他们说我厂运湘的机件中夹有战时违禁品，要扣留加以仔细检查。姓周的押运员一再与他们交涉，并表示愿花一点香烟钱，请他们早日放行。但这个"军事机关"口口声声要公事公办，无可通融。周姓押运员与同去四人相商，只得发电到汉口亚浦耳厂办事处求援。

我想此事如要有效迅速地解决，非亲自去交涉不可。我遂与一个姓陈职员星夜动身，先到了湘西辰豀了解情况，方始弄明白这"军事机关"实是匪徒。亚浦耳厂是全国有名的一个大电器厂，这样一桩有大油水的买卖，匪徒们怎肯放过，所以，他们扣我厂一个夹带战时违禁品的大帽子，然后可以敲一下竹杠。我通过当地一个有名的姓曾的土豪，与姓何的匪兵头领交涉，花了500元银洋，他们始将亚浦耳厂运机件的船和车放行。

不仅在天高皇帝远的边区，匪军肆无忌惮胡作非为，就是在上海、南京附近，迁厂的货船或车辆要通过国民党军队的防区，要想免遭麻烦和留难也非贿赂不可。在旧时代形容文官贪钱、武官怕死的两句俗话叫"文官三只手，武官四条腿"。国民党政府的文官有贪钱的三只手当然名副其实，而国民党军队则两者兼而有之，他们在后方时是三只手（贪钱），开到前线作战时是四条腿（怕死逃跑）。用这两句话为他们写照，一丝不差。当时，有一首歌谣："少将满街走，少校多如狗，将校尉士兵，个个三只手。"这样描写后方的国民党军队，真是惟妙惟肖了。

七、"迁川工厂联合会"的是是非非

继"七·七"卢沟桥事变之后，1937年8月13日，日寇又在上海发动大规模侵华战争。上海工业界为了配合持久抗战，于当年九十月间就发动工厂内迁。内迁的目的地大约分为湘、桂、川三处，其中大部分内迁工厂是经过汉口再迁到重庆的。从10月到当年年底，迁川工厂的机件、人员多数滞留在汉口、宜昌，有部分已抵达重庆。那时，被动员内迁的工厂全国各地都有，不仅限于上海一地，但上海工厂所占比重较大。

到了1938年，迁川工厂数目逐渐增加。我到重庆较早，所以内迁厂初到重庆，有许多事情都来找我解决。上海冠生园食品公司迁川，该公司总经理冼冠生托我协助他们找房屋，我在重庆督邮街为他们找到了房屋。该地热闹适中，各项代价不高，冼冠生大为满意。冼以我在重庆人头熟识，戏说我是驻重庆的上海总领事（意思是上海人要联系重庆各事，我是最恰当的人）。

那时，迁川工厂有些负责人经常到重庆白象街中国亚浦耳厂办事处与我商谈开厂事宜，或借白象街我厂办事处为他们聚会之地。大家在谈话之间都希望组织一个团体，使各迁川工厂相互间能有更多的联系和更好地团结。我也极为同意，遂与颜耀秋、余名钰、马雄冠等商谈组织迁川工厂联合会之事。我们这几个人先组织迁川工厂联合会筹备委员会，同时与经济部取得联系。该部表示愿加以支持。在筹备期间，迁川工厂不过二十几家，随着内迁工厂的增加，向筹备委员会登记要求加入为会员的也日有增加。当时，迁川工厂联合会虽尚在筹备时期，但已开始为会员工厂服务，尽力协助他们解决厂址及其他问题。

1938年4月17日，"迁川工厂联合会"在重庆官井巷正式成立了，到会的会员代表有庞赞臣、颜耀秋、余名钰、马雄冠、黄佑川、薛鸣剑、尹致中和我等42人，选颜耀秋、余名钰、马雄冠和我等为委员，公推颜耀秋为主席。迁川工厂联合会成立之初，工厂确得到不少的方便，迁川工厂联合会本身也具有朝气，会员们对自己的团体大都具有好感。

平心而论，在迁川工厂联合会成立之初，颜耀秋是具有一定劳绩的。但经过一段时间后，颜耀秋产生了歇一歇的思想，对繁杂的会务更表现出厌倦情绪。他过分相信"迁川工厂联合会"总干事沈某，事事任沈所为，太阿倒持致使沈某擅专会务，越俎代庖，以致尾大不掉。后来"迁川工厂联合会"变得既怕群众又怕官，不愿多开会，更不愿为了会员的事向政府去交涉，事事奉命办理，照章执行，以免另生枝节，多惹是非。沈某是一巧言令色阿谀逢迎之流，对国民党政府的官僚过分恭维与捧拍。他在"迁川工厂联合会"开会向群众报告会务时，提到蒋委员长总是并足立正，表示对蒋介石的"忠诚崇敬"。凡是政府方面派来的人即使是一个科长，甚至一个科员，在公开讲话时他也一律称之为长官，并对之鞠躬。在此期间，"迁川工厂联合会"不但把经济部负责人的言辞奉为玉旨圣谕，还把工矿调整处张滋闿的话也当作大将军的命令，不敢说一个不字。以沈某为首的一群办事员，办理会务拖拖沓沓，妨碍会员们的利益，影响会员工厂日常工作的进展，引起大家的强烈不满。

在战时后方办工厂的艰苦困难，确非身历其境者可以了解的。我们各工厂在内地受到反动政府苛捐杂税的层层剥削和蒋、宋、孔、陈四大家族的残酷掠夺，大多数经济困难，因此经常向金融业借款度日。但借到了款还不济事，在当时的后方并不是有了款就万事大吉，有款不一定买得到原材料，不一定买得到燃料，不一定买得到粮食和副食品，有款还必须派专人去产煤、产米的地区采办自己厂里所需要的东西。各厂自己派人去采办米、煤运来时，常会碰到匪兵拦路留难索诈金钱，除非有机关凭证，他们才稍有顾忌。因此，大家主张燃料、原料等由"迁川工厂联合会"统一办理。

这是一个好办法，但流弊也由此而生。迁川工厂联合会总干事沈某与副总干事戴某就乘此机会，利用组织把该会的全体办事员变成贩运商货的伙计。他们分派多人到长江上游江安买米，到嘉陵江上游二岩煤矿买煤，每次都满载东下，到了重庆全部以黑市价格卖给别人，从中牟利，而对会员工厂却推说货源不多，不能够按期交货。如此一来，弄得各厂反不如自己采办，托迁川工厂联合会代办反而延期妨碍生产、影响生活。

那时，迁川工厂已有200余家，群起向迁川工厂联合会责难。我向颜耀秋提出要整顿会务，澄清不良分子，以恢复迁川工厂联合会过去的声誉。但颜耀秋被群小包围，处处受蒙蔽，不但不接受我的意见，反把我的一番善意误会。待湘、桂沦陷，迁川工厂数额大增，有机器制造业180家、化学工业57家、纺织工业37家、电工器材业33家、冶炼工业20家、印刷出版业18家、综合工业15家、建筑工程业9家、皮骨毛骨橡皮制造业7家、服务用品制造业5家、饰物文具仪器制造业4家，共计390家，大多数会员对迁川工厂联合会的腐败深感愤慨。

1943年5月，迁川工厂联合会由官井巷迁至临江门新会所，一切要重新部署，会员们纷纷要求彻底整顿会务，肃清贪污。于是，在1943年8月由会员大会改选负责人。通过全体会员票选，选出胡厥文、吴羹梅、刘鸿生、吴蕴初、周茂柏、马雄冠、徐佩容、庄茂如、余名钰、李烛尘、潘仰三、颜耀秋、荣尔仁（章剑慧代）、厉无咎和我等为委员，公推胡厥文为主席。改选出来的新委员会接事后，撤换了总、副干事沈某、戴某，对内部进行彻底整顿，清除积弊。新委员会为会员工厂向工矿调整处争取原材料并要求公平配给；收通运输车辆，使工厂产品货畅其流；向金融机构建议简化对工厂贷款的贴放手续。迁川工厂联合会又恢复了初期的蓬勃气象，颇为会员们所赞许。

1945年8月抗日胜利后，颜耀秋较早回沪，我们委员会就委颜耀秋为迁川工厂联合会驻沪代表。1946年初，迁川工厂联合会在上海东长治路设立驻沪办事处，以料理会员战后复员的种种工作。沪川两地函电往返频繁，我们也经常在长治路驻沪办事处开会商谈各事，这引起了国民党政府的注意。他们认为迁川工厂联合会是一个亲共产党的"左"倾分子的组织，处处对我们监视防范。有一次，警备司令部司令宣铁吾曾电话向我了解情况。还有一次，我在上海市府开会，遇到警察总局局长俞叔平，他也问我迁川工厂已经回沪，何以还要设立驻沪办事处。我答以尚有很多未了之事，会员工厂需要迁川工厂联合会帮助解决。再有一次，我们正在长治路驻沪办事处开会，突有便衣探员闯入索阅开会议程，盘问许久而去。后来，接到国民党政府有关部门通知，竟勒令我们将悬挂在长治路的迁川工厂联合会驻沪办事处会牌撤除。我与上海市长吴国桢当面交涉，他们始同意我们于两个月内将迁川会员工厂的未了事宜办理完竣后，再解散迁川工厂联合会。迁川工厂联合会就此宣告结束。

第二节 开发西部

一、孔二小姐相中灯泡，"亚浦耳"步步难行

抗日战争时期，以四大家族为首的官僚资本不断膨胀。即以孔祥熙系统的企业而言，就屈指难数，有重庆祥记公司、中国兴业公司、祥华公司、大元公司、扬子公司、长江公司等。孔祥熙是一贪得无厌之辈，整日仰天打哈哈，所以大家叫他"哈哈孔"。孔祥熙的二女儿叫孔令俊，号称孔二小姐，不但操纵许多企业大权，而且可以代行孔祥熙所担任的行政院院长职权。所以，当时提起孔二小姐，大家都知道她是蒋家王朝的幕后人物之一。

不知孔令俊怎样想到在他们的企业中也要搞一个制造电灯泡的工厂，于是先拉走了我们一部分技工（内有一个充当他们的工程师），继而只轻松地发一电报到纽约，就偷天换日把我们费尽九牛二虎之力弄到的一批订单（在美国订购一大批钨丝、钼丝等制造电灯泡的重要原料）中的第一批订货转移到他们的企业户名下（当时美国订灯泡原料无现货，从订单到拿到货要有相当的时间，而且要排队挨号的），并且得到优先空运权，提早运到重庆。

从此，我厂在中央银行结不到法定价格的外汇，在美国得不到优先空运权，在四联总处也借不到大数额的信贷（大数额的信贷必须中央银行总裁批准），只有小额短期借款主管人还可以通融帮忙。这些都是战时我在重庆开灯泡厂的主要障碍，不解决这些问题简直无法开工生产。

我在苦思焦虑之下，想到王正廷系孔祥熙的老教友（基督教），且

孔祥熙与宋霭龄结婚，也是王正廷撮合的。王正廷曾任国民党政府驻美大使，在美国有一部分熟人，如果能得到王的帮忙，一定会对解决亚浦耳厂的困难起很大的作用。于是，我就赴重庆郊区歌乐山王的别墅去拜访王正廷。与王商谈之后，王允愿为协助。为了使王对外名正言顺计，我就商请王正廷担任亚浦耳厂董事长，王亦首肯。王嘱我先去联系一下陈光甫（上海银行总经理，与王颇莫逆），请陈在他的美国机构帮忙先购办一批灯泡原料，火速飞运重庆。开始倒是天从人愿，我厂果然又弄到了一大批钨丝、钼丝等。岂料好事多磨，由于国民党反动派经手人的腐败，这批重要的制造灯泡原料经印度加尔各答转运时被窃去一大部分，运到重庆的不过百分之二三十，我厂只得再急电美国迅速补购。

王正廷为亚浦耳厂之事去见孔祥熙，据说孔对此事并不怎么清楚。第二次王又约我一同去见孔祥熙，孔还没有摸过底，仍然不很了解，当场嘱我摘录一点经过情况给他。孔对王说，这些小事，自己人总可以商量的。由于我的敦促，王正廷对此事始终未曾松懈。不多久，王到重庆白象街中国亚浦耳厂办事处，告诉我们说，事情大概可以谈妥，但附有一些条件：一是我厂生产电灯泡不要使用亚浦耳商标（孔方怕亚浦耳牌子老，他们难以与我们竞争）；二是我厂电灯泡价格不要低于孔厂所出电灯泡的价格（也是为了他们易于廉价竞销）；三是孔厂如出新产品，亚浦耳厂在抗战期间不要生产与他们同样的产品（就是限制亚浦耳厂产品品种的发展）。

在万般无奈的情况下，我们除第一条修改为我厂使用亚浦耳商标的产品不超过50%，其余都做新牌子外，二、三两条照办。双方总算达成协议。孔还假惺惺亲自批给我厂一笔较大的信贷，作为"和解"了结。

后来，为在日本飞机空袭时免遭损毁，孔的企业将钨丝、钼丝等制造灯泡的主要原料如数藏在山洞深处。但山洞内空气长年潮湿，这批灯丝原料全部成为废品（制灯泡的钨丝最怕潮湿，所以钨、钼丝存库均须有干燥空气的设备）。孔令俊这才了解制造电灯泡是一件烦琐的工业，不但捞不到大钱，开始的时候还要下重本赔钱，不如驾轻就熟贩卖美国货可以获得暴利，他们遂终止了制造电灯泡的计划，糊里糊涂开的灯泡厂就这样糊里糊涂结束了。

接下来在另一方面又起了个小小波澜，重庆市社会局局长戴经尘"长袖善舞"，不知从哪里获得了钨丝、钼丝等一大批制造电灯泡的重要原料，以管理工厂的"长官"身份，也做起电灯泡厂老板来了。他在重庆弹子石开了一家小型的"建华"电灯泡厂，向亚浦耳厂拉工人、抢燃料，在工矿调整处与亚浦耳厂争夺五金器材，利用官官相护的有利条件，给亚浦耳厂带来了不少麻烦。

不久，官办的制造电灯泡的南京电工器材厂也搬到重庆来了。它利用官场势力，向亚浦耳厂夺取空运优先权、原料分配额及燃料等，还以高工资挖人，并削价竞销。亚浦耳厂有一部分人员被拉到这个厂工作去了，因此两厂人常有往来。有一次，南京电工器材厂失窃了大批钨丝、钼丝，硬说是亚浦耳厂人做的事。他们利用官办势力，派大批探员，到亚浦耳厂侦查盘问，气势汹汹，实令人难堪，并故意作不负责任的宣扬，恶意中伤，破坏亚浦耳厂的声誉，以达到其不可告人的目的。

二、"公平合理的患难生活"，两个大企业家分吃一个鸡蛋

我们迁厂到重庆的时候，上海已打得稀里哗啦，长江下游的各城市也已烽火连天。但在重庆每日除在报纸上有战事消息之外，似乎感觉不到中国与日本正在交战，依然是平时景象。军阀官僚们以为四川是天府之国，无忧冻馁，兼有三峡天险，敌人是难以进来的，甚至认为中日战事，四川可以隔岸观火，无虞波及，于是浑浑噩噩，高枕无忧。待战事逐步西移，日寇越来越深入中国内地。1938年1月，重庆防空机构发出敌机入川的第一次警报，惊醒了吸饱民脂民膏的老爷们的好梦，从此，敌机入川的警报与日俱增。

每次敌机空袭重庆都似南京的情况，敌机从容而来，扬长而去，既无中国飞机半途阻截，也没有高射炮对敌机轰击，大家互问中国的空防防在哪里？其实蒋介石的飞机大炮不是打日寇的，而是留着打人民与中国共产党的。1940年雾季过后的3月，日寇飞机开始肆虐重庆，每次入川常在四郊投弹数枚而去，间亦在市区较冷僻地段落弹，但都是轻磅小型炸弹。于是，有的人说，日本人虽然蛮横，但打仗也讲"国际公法"和"人道主义"，也有的人则说，日本在世界舆论的压力下，受到一定程度的"约束"，不能不有所"顾忌"。这种流言致使一般人产生错觉，凡遇空袭警报，处在闹市反而比处在荒僻之地安全。帝国主义是不是菩萨心肠慈悲为本，真的会发善心呢？事实教育了这批抱着幻想的痴人。

3月下旬的一天，上午，敌机侵入重庆上空。我厂总管理处在太平门，与重庆海关一阶之隔（我厂总管理处在上坡，重庆海关在下坡），凡有报警，我们是躲在海关防空洞（我们还有一部分同仁是躲在望龙门防空洞）。当时，我正在防空洞内与人谈话（现邮电部长朱学范当时也常在重庆海关防空洞躲警报），突然听到洞的上面有雷轰般的爆炸声，在洞内感觉到剧烈震动，同时有一阵急风，夹着树叶沙土，从外激冲入洞。近洞口的人都被冲倒，洞内的人在空气骤然激荡之间，几乎透不过气来。待警报解除，人人都灰土满面，枝叶沾身。防空洞上面的房屋已削为平地，海关房子也被炸去一半。这次，重庆闹市多处落弹，南岸马鞍山也被炸。

当晚又发警报，敌机仍在重庆闹市投弹，大梁子街被炸，鱼市口被炸。白象街近望龙门地段及朝天门一带，敌机投下了燃烧弹，两处遂引起火灾。我等在警报未解除前，到自己办事地方（亚浦耳厂总管理处）去协同抢搬重要文件单据，等等。当时大火烛天，断续的轰炸声隆隆四起，居民扶老携幼号啕之声惨不忍闻。待警报解除，火患尚未扑灭，反动政府的消防工作，实使人丧气。当我经过白象街背面林森路时，碰到《大公报》主编王芸生。因为大公报馆就在白象街后面，敌机燃烧弹所引起的大火极有可能延及该馆，所以，王芸生也在准备抢搬文件和物品。我们在仓促紧张的环境中相遇，彼此也无心绪长谈，王只对我说："中国空军和高射炮全在哪里？"我说："保护大老爷们睡觉去了。"这次轰炸的惨烈虽比不上以后"五三"、"五四"（5月3日、4日）重庆大轰炸，但百姓已是死伤累累，无数房屋被炸被烧变成瓦砾。

1938年10月武汉沦陷后，所谓战时陪都重庆就处在日寇日夜轰炸的威胁中。国民党政府的空军销声匿迹，寇机更肆无忌惮，致使川东南一带无一日安宁。日寇轰炸，有许多名目，有夜袭、偷袭、迂回轰炸、疲劳轰炸等。1939年5月3日、4日两天，重庆受到最惨烈的大轰炸。1940年七八月间，重庆也遭到几次大轰炸，整个市区成为一片瓦砾场，死伤惨重。

大中华火柴公司刘鸿生从香港到重庆，尚未定居，寓在商业场中山公园附近"沙利文"大饭店。刘曾到白象街来访过我，两天后的早晨我去沙利文回访他。进门未久，忽然拉响警报，接着就是紧急警报，我与刘一同进入防空洞。时间一小时一小时过去了，半天过去了，又是半天过去了，警报始终不解除。可想而知，在防空洞的人是多么气闷心焦。到了晚上10点左右，紧急警报才解除，但挂休息球（警报还未完全解除）。

我与刘鸿生两人从早到晚没有进过午膳、晚餐，由饥肠辘辘已到枵腹无声。一闻紧急警报解除，两人急急忙忙奔到沙利文饭店的餐室，四处找来一个服务员，要他快快来两客大菜（西餐）。服务员对我们说，今早没有生火，也无熟食可吃。刘说拿几只面包或饼干来充饥也可以，回说这些东西早已卖光了。我们要求他无论如何弄一点可吃的东西来，什么都好。服务员从厨房里搜得了仅有的七只生鸡蛋。我们托他去弄弄熟，但因没有火，毫无办法。我们只好打开热水瓶，每人用开水冲吃了三只。还剩一只生鸡蛋，刘与我再三推让，不得解决。刘鸿生遂说，好吧，我们在战时后方，来度一次公平合理的患难生活。结果，我吃蛋黄，他吃蛋白，总算两个肚子里充实了一点蛋白质和少许脂肪（蛋黄）以及大量的氢氧化合物（水）。我们两人度过了国难中值得纪念的一天。

抗战时凡是在重庆的人们，上午第一件事是探看警报球。警报球有三种：第一种表示敌机入川，第二种是空袭警报，第三种是紧急警报。一有警报大家就躲入防空洞，在南岸的人如非有紧要事，否则就不过江来了，各行各业处于半休息状态。空袭警报数日不止一次，甚至一日数次，有时则一连几日不解除。这样，生产就无法按照计划进行，产品也难以纳入轨道，一切都越出正常经营规律，工厂的经济无法协调。

当时的战时后方生产，如巧妇做无米之炊，确实难办。而经营商业则不然，只要弄得到货，就不怕没人要，囤货还可以涨价，获得大利。因此，有人就产生"工不如商，商不如囤"的思想。同时也确有一些小商小贩，跑了几次昆明、仰光或加尔各答，不久就成面团团的大腹贾了。我的亲友中也不乏此种人。我厂同仁鉴于工厂生产无把握，认为不如改工经商暂图生存，说不定还可发财致富。

这种想法与我迁厂生产协助抗日的宗旨不相符合，如光为经商发财，我何必劳师动众千辛万苦离开上海。有一天，陈蔼士（其采）约我在重庆小洞天（菜馆）叙谈，CC系王延松也在。原来陈蔼士也想劝我与他们合伙投资经商。他们当时有两个组织：一是宏丰公司，经商兼营工厂；二是华华，专营百货。我当时以情面难却，投资有工厂的宏丰公司，并担任常务董事，但拒绝参加纯商业的华华公司。我不但不愿改工经商，还在电业本行之外，另外经营了炼油、化工、制革、热水瓶、植物油等八个工厂，工作虽然艰苦，但对战时后方确有微薄的贡献。特别是价廉物美的电灯泡，在当时的大后方需要孔殷，连一向轻视中国的美国驻渝机关，至此也改颜采用中国亚浦耳电灯泡。

有一天，我正在"国际联欢社"与两三位朋友吃茶点，忽觉背后有人拍我肩膀。回头一看，是曾仲鸣（此人是大汉奸汪精卫手下的二流角色，曾在国民党政府当过次长等职，是一个为非作歹的"大专家"，后随汪精卫去南京卖身投靠日寇，路过河内时，被人开枪击毙）。他问我什么时候在厂办公，我告他除警报外我每日上午在白象街亚浦耳厂总管理处办公。

曾仲鸣果然在一天上午到白象街来找我，他怂恿我弃工经商，或者以商养工。他认为，怎样做都比单纯办工厂来得省力，曾还说亚浦耳过去广告做得很多，产品销路也很广，国内外有一些名气，用亚浦耳这块招牌来帮助经营贩运事业，在各方面都会占到便宜；在河内或仰光挂一块亚浦耳厂驻某地办事处的牌子，再在成都与香港各设一处联络机构，进行贩运工作一定可以得心应手。言下之意他极愿与我合作经商。

其实，曾仲鸣是最能利用职权营私舞弊的人，早有大规模的经商贩运组织，但因与孔、宋及CC系发生尖锐矛盾，为了暂避与四大家族正面冲突，想把他的贩运机构化整为零。那天曾在"国际联欢社"见到我，触动了他的灵机。他以为，贩运机构挂上了亚浦耳厂招牌，局外人就会以为是我厂驻外地采购原材料的机构，这样，可以掩人耳目，并减去许多阻力，所以他才"屈驾"要求与我合作。

我对曾表示，我对经商不但不内行，而且一向不感兴趣，遂一口谢绝。曾说我有钱不要赚，何必为了电灯泡自己去做苦人儿。但我始终坚持自己的主张，曾仲鸣失望而去。

三、"亚浦耳"迁川生产，难如过"鬼门关"

当四大家族之一孔祥熙系统的企业与亚浦耳厂为难的时候，重庆还没有电灯泡厂，有一个从汉口来的姓乐的电料商，先下手为强，在亚浦耳厂开工之前，抢先开出一家永川电灯泡厂。

他以为从事电灯泡工业，只要有工业界头面人物撑腰，就可以无往而不胜。岂知天下事没有这样简单，电灯泡是复杂的产品，非亲身经历过的人，往往会因为轻蔑而陷入困境。因战事影响，在重庆，电灯泡确系缺货，因此，该厂电灯泡一经出厂也大有供不应求之势。但这种灯泡质量异常低劣，一经通电，不是爆炸，就是断丝，最长的寿命也不会超过24小时，于是，用户大兴问罪之师。该厂每日亏损，无奈，再增加资本改善设备，但功效仍等于零。

全力支持该厂的实业巨子为此大伤脑筋。办电灯泡厂如失败了，成为他一生善办工业的"盛名"之累，因此，想尽办法要把该灯泡厂办好。他雄心未死，决定与亚浦耳厂合作，不惜代价，一定要我设计一套美国模式的机器装备重整旗鼓，以恢复他因此而受损的名誉。当时第二次世界大战正酣，新机件无法订购，即有现货可买也因来华尤其是到重庆的运输困难而大成问题。同时，制造灯泡的熟练工人异常缺乏，特别是制造玻壳玻梗的技工，更难罗致，永川电灯泡厂最后还是因过不了技术关而宣告结束。

事后，这位实业巨子对我说，他办过许许多多工厂，都没被困难挡住过，而办电灯泡厂却弄得赔钱不讨好，终至关门。他对灯泡工业的结语是：电灯泡这东西，是细微复杂综合很多科学的产物，电灯泡工业是似易而实难，没有专门技术和富有生产经验之人，是不可以率尔操觚的。

当时在四川内地建厂困难很多，尤其是原来在上海的工厂迁到内地去生产，确是一件艰巨的工作。在当时的重庆，铁管、钢板等五金器材是建厂之宝，要争取到这些材料，真的要费九牛二虎之力。抗战期间，重庆经济部设有工矿调整处，表面上是专为工矿企业开方便之门，但内部黑幕重重。要想从该处得到五金材料，不得其门者，真如荒山觅宝毫无把握。

经济部工矿调整处原材料的供应对象，大概可以分为四种，一是不能不给的（与战事有直接关系的工厂），二是不可不给的（与工矿调整处主管人或经手人有勾结的工厂），三是不得不给的（有代表性的工厂），四是不急不给的（一般可有可无的工厂）。我们亚浦耳厂属于第三类，既不能像第二类与他们有勾结的工厂那样，申请原材料又多，又不能像第一类直接与战争有关的工厂那样，工矿调整处非发原材料不可，我们是要受工矿调整处留难或拖延的。因此，我想自力更生尽量减少与他们交手。

重庆没有煤气公司，而制造电灯泡，水、电、煤气缺一不可，没有公用煤气，势必要自制煤气发生炉，而钢板铁管是制造煤气发生炉的主要原材料。工矿调整处对未达成默契的工厂，都以来源缺乏为借口，迟迟不肯发给。四川自贡有天然瓦斯，可以代替煤气，我拟去自贡建立亚浦耳电灯泡厂，利用瓦斯来生产。

1938年春，我从重庆搭公共汽车，经荣昌、隆昌，通过内江，而达自贡。事前委托重庆宝元通（重庆较有规模的百货批发行，各地均有分支机构）为我介绍了当地一个周姓的"绅士"，由他陪我去参观各个盐井、火井。盐井是开采地下盐水的，火井是开采地下瓦斯的，他们用瓦斯燃干盐水成块，因此，盐井一定要配有火井。四川因海盐运输太远，就食用自贡的井盐。我问周，可不可以只要火井，不要盐井。他说现成的都是两井配合的，除非重新开掘，但新开时间没有把握，开掘火井之前要进行勘测，有时花了很长的时间，从地上打下去，却没有什么东西，有时在短时间内就有结果。他还给我讲了用旧法看火井的迷信故事，并阐述火井来龙去脉的道理，煞有介事。他说，过去火井的来龙，都是从北而南，而今来龙转为从东南方向而西入四川，因为王气转到了东南所以有此象征。我听了，初以为他是在逢迎我们从东南方入川的人，其实这姓周的家伙是一个大地主，他是在阿谀蒋介石，说他是王气所垂。

经三日调查研究，我发现利用自贡的天然瓦斯，不但经济上不合算，而且其质地、浓度对制造电灯泡都有影响，遂于第四天去成都考察。但成都开灯泡厂的条件还不如重庆，我遂决计在重庆开厂。

由成都飞回重庆后，我就在南岸大渡口、小龙坎等处物色厂址。后厂址设在重庆沙坪坝，名谓"西亚电器厂"。接下来，裕华纱厂苏汰余将该厂纱管厂卖给我。

建厂需装置大量设备，需用的五金器材也为数不少，为此，我费尽心机，但工矿调整处还是迟迟不发货。我在焦急万分中，想打急电到上海去购办，但到货也是遥遥无期。我探听到工矿调整处确是有货不发，它们想留给上述与它们有勾结的二类工厂，我就直接去找翁文灏，向他说明情况，并告翁说，如再不生产电灯泡，不久的将来，重庆及内地晚上将成"黑市"。翁闻言颇有所动，即嘱我稍待，急忙打电话叫工矿调整处负责人张兹闿到经济部，与我当面言明，并嘱张一星期内将我所需的五金器材及其他原料如数发齐，不得迟延。张兹闿唯唯而退。

果于限期内，我厂领到了申请的所有原材料，但张兹闿从此与我大有疙瘩。我不能事事与翁文灏缠扰不清，以后我再有与工矿调整处交手之事，常常受张兹闿之气。直到内地电灯泡真的供应紧张，国民党政府把电灯泡列入为战争重要物资之后，张兹闿对我厂始不敢为难。

　　重庆冬季重雾，夏季酷热，空气又长年潮湿，这对制造电灯泡是极不相宜的，兼之当时运输困难，电力不正常，尤其煤供应紧张，更是极大的威胁。那里所产的煤有大河煤、小河煤之分，沿扬子江上游所产的煤叫大河煤。大河煤火力差、热度低，不适宜于烧电灯泡的玻璃。沿嘉陵江上游所产的煤叫小河煤，小河煤火力强、热度高，为需要高温操作的工业所必争的。我厂就在嘉陵江上游，设立几处堆煤栈，先由煤矿将煤自运到栈，再派专人运到厂里应用。这样一桩平常工作，在那时那地却常常枝节横生，变成一件棘手事情。

　　有一天深夜，我已就寝，我厂嘉陵江煤栈来一长途电话，告诉我，我厂姓周的运煤员被国民党某一兵工厂绑去，将要被枪毙。情况紧急，要我迅速设法营救。我莫名究竟，但救人要紧，就行筹划救人办法。到了清晨，另一运煤员逃回厂来，我才明白情况。原来，我厂五艘运煤船从上游下运，船过兵工厂前，岸上哨兵放枪喝令停船，运煤员不理，岸上就实弹射击，打得水花乱飞。煤船被迫靠岸，兵工厂内出来一批军警，不问青红皂白，把我们的煤扛到兵工厂去了。姓周的运输员据理力争，并加阻拦。兵工厂出来一个军官似的人，强指周抢他们的煤。周与他分辩，那军官喝令将周绑捆，要立即枪毙。

　　我立刻赶到军事委员会，找到我一个中学时的同学（司长职），由同学再找一个师长急电该兵工厂说情，他们才把周释放。但有四船煤已被扛运上兵工厂，我们只得自认晦气了，剩下一船他们总算放行。后来，煤矿主管人教我，煤船经过兵工厂要"孝敬"这批"丘八"相当数目的金钱。于是，我们通过煤矿方面介绍，与兵工厂方面说妥，每船煤纳费若干。缴了买路钱，以后总算免去了麻烦和惊险。

　　战时电灯泡工厂面临一特种困难。当时，重庆及四川其他各地遭到日寇飞机频繁轰炸，防空委员会就施行灯火管制令，电灯泡的销路因此大受影响。我厂在重庆开工之初，制造电灯泡的工厂在大后方只此一家（后来有两家民营、一家官营，但那时两家民营的还在筹备之中，一家官营尚未迁川）。待我厂生产产品后，各地争先恐后纷纷到厂抢购现货，订购期货。民生公司卢作孚为了要和我厂订立直接供应电灯泡的合约，亲自到白象街与我交涉谈判。重庆林森路一家较大的百货店"少成美"愿付相当于50万只普通电灯泡金额的定银，要求我厂每月供应该店足够数量的电灯泡。其他如华记电料行、裕生五金店都要争夺外销亚浦耳电灯泡的经理权。重庆有一家在各地有分支机构的规模很大的宝元通百货批发商号，其主持人熊氏兄弟坚持要购买我厂大量股票，想以股东资格取得在各地的亚浦耳灯泡的经销权。于是，我厂开始逐步扩充，并去电上海调聘技师、技工入川工作，厂的规模日益庞大。后来日寇飞机大肆轰炸，被炸毁的地方电灯灭绝，未被炸的大城镇如成都等处都受到灯火管制，各地对电灯泡的需求都缩小了，电灯泡的销路受到极大的打击。大厂最怕产品不多或产品多而销不出去。亚浦耳千里迢迢搬到重庆，陷入这种境地，真使人大伤脑筋。

在警报期间，工厂必须停工，大家躲入防空洞。生产电灯泡有玻璃制造工场，一熄工，坩埚里的玻料过了一定时间就成为废品，要挖鬉重新加料再烧；等到几小时或十几小时后玻料刚可制品时，敌机又来，警报又响，玻料只好再次成为废品；警报一解除再重新挖鬉加料。如此周而复始往往有千次之多，不但浪费原材料而且大大影响电灯泡的产量。为了在轰炸时隐蔽目标，不许烟囱冒烟，而我厂玻璃炉子不能停火，一停火炉砖就会圮垮。因此，只得在警报期间改用无烟白煤，但大后方燃料紧张，白煤不一定能够采购到，这又是电灯泡工厂的棘手之事。

还有，由于各地用电负荷超过发电厂供电能力，电灯光度黯淡不明，用户争购轻磅及小支光灯泡，重磅及大支光电灯泡变成呆滞货物。制轻磅及小支光灯泡的原材料供不应求，且在工程安排上有很大的困难，这又连带影响到产品的供与销，牵涉到工厂的经济问题。

四、建新亚热水瓶厂，首创竹壳热水瓶

自1937年11月14日到达重庆后，经历了种种磨难和艰辛，我在重庆期间办了八个不同性质的工厂，不仅增强了当地的工业生产实力，同时也推进了当地经济事业的发展，使原来经济薄弱的后方，能够依靠自力更生，开发资源，发展生产，增强抗日力量，为取得抗日战争的最后胜利，创造条件。其中新亚热水瓶厂与电灯泡厂的玻璃工艺有牵连关系，且在大西南属首创，因此，是值得记述一下的。为了使人们了解我们当时用四川地方资源来振兴工业的苦心，并倡导炼制植物油，也拟在下文对开远松香厂加以叙述。

大西南从未有过热水瓶厂，所有热水瓶都是从下江主要是上海运上来的，既耗运费且长途转运，需时久又损坏多。况且，一到长江浅水期间，热水瓶和其他货物一样来源减少，贩卖商因而抬价居奇，普通的日用货物变成高级的奢侈品，价格之高使一般人民望物兴叹。改变这种状况最根本的办法，是在人众地大的西南地区开办热水瓶制造厂。在重庆创设热水瓶厂，是我在抗战后方建厂计划中的一部分，不但可以配合环境的需要，而且可以在玻料上和电灯泡厂相互调剂，这样既可以降低玻壳的成本，同时也降低了热水瓶瓶胆的成本。这就是在大西南创设新亚热水瓶厂的缘起。

我冒了别人所不敢冒的险，作了大胆尝试。但是，制造热水瓶确有许多困难，首先是熟练技工难以罗致，瓶胆配料的经验缺乏。那时全国制造热水瓶的工人不多，瓶胆配方各厂都保密，因此，一般人无法开设新的热水瓶厂。我从上海聘到技术员陈氏兄弟两人，他们经昆明到重庆，又在沦陷区招请了一批技工，但没有制造瓶胆的玻璃配方，仍然无法生产。我对有关硅酸盐方面的化学知识相当缺乏，遂与制造电灯泡玻壳的技术员相商，大家到书本上去找热水瓶胆的配方，经多次试验总难合格。经手的技术员知

难而退，不愿再搞，我再三劝他不要灰心，并与他共同试验。穷数星期的时间，经数十次的改方，热水瓶最后总算合格可以应用，遂开始大量生产。

抗日期间，长江航运中断，在西南地区，热水瓶早已断货，新亚热水瓶一经出货，就被抢购一空，订单雪片似飞来，要货的电话频频，各方面几难应付。但因制造热水瓶外壳的金属材料供应困难及设备关系，瓶壳的生产速度跟不上瓶胆的生产速度，致仓库里积存的大小热水瓶胆数以万计。我们就设法以木料代替金属制造瓶壳，设计制造出形似亭子的木壳热水瓶，取名为"高亭式"。经使用后，觉得不够理想，于是我建议利用四川盛产竹子的有利条件，加上当地又有许多能编竹器的能工巧匠，从竹子上面去动脑筋。后来，我们生产了一种"高亭式"的竹壳热水瓶，形如鸟笼，银色的瓶胆在各种颜色的竹梗衬映下熠熠闪光，煞是悦目动人，在市场上极受欢迎。后来，热水瓶壳又改用篾编制而成，并分本色与彩色两种价格。这种热水瓶价格低廉，合于实际，极为一般消费者所乐用。新亚热水瓶厂开了不用金属材料制热水瓶外壳的先例。

那时，上海益丰金钱牌热水瓶厂董伯英与我通信时，偶然提及热水瓶外壳的金属材料问题。他认为如战事延长，金属品材料的供应，即使在上海也有中断的一日，他深以为虑。我在复信中，告以重庆新亚热水瓶厂已改用竹壳，销路很畅，并附寄图样前去。董伯英在以后通信中告诉我，他有一部分热水瓶试用了竹壳，效果很好，上海有的同业在重庆见到了新亚竹壳热水瓶后，也在改用竹壳，但上海热水瓶生产者与消费者仍不习惯于竹壳。待1941年12月7日珍珠港事发，整个上海沦陷于日寇之手，日本帝国主义完全控制了五金材料，热水瓶外壳的金属供应不像以前那样容易，大部分热水瓶不得不改用竹壳。现在，竹壳热水瓶已遍及全国，根据过去引证而言，这个热水瓶的"竹壳"滥觞于重庆新亚热水瓶厂，为不争之事实。

新亚厂在制造热水瓶的过程中，并不是一帆风顺，在瓶胆玻料上是有惨痛教训的。当时，新亚热水瓶普遍发生定期性的爆炸，有的用了三四小时，有的用了十余小时，都会自动爆炸，因此引起种种纠纷。要求赔偿的顾客目不暇接，投函责难的信件纷纷而来，我个人也接到不少诘问之信。

虽再三不断改方，但愈改愈没有把握，长此下去，泥足会越陷越深，必有一天会弄到身陷泥坑而无法自拔。我遂决定将仓库里的数万只大小热水瓶胆如数捣毁作废，计损失银圆三万元左右。此时的新亚热水瓶厂已到了一蹶不振的境地。

这一重大挫折，对我所辖的各企业也影响很大。唯一的办法只有继续奋斗，我决心重整旗鼓，一定要把这个热水瓶厂建成。我总结了经验，吸取了教训，但是还有一个关键问题，瓶胆玻璃料的配方，再摸索不但时间不允许，而且坏瓶胆在消费者手中，新亚厂已无瓶胆可以调换，若非迅速生产出好瓶胆就无法使这场纠纷平息下来。我想到老友硅酸盐专家赖其芳博士，就到中央研究院访见了他。赖博士允为协助，并接受我的要求，当了新亚热水瓶厂的顾问。他曾多次下厂，改正了瓶胆配料成分，果然爆炸大减。再经他几次改善，定期性的爆炸情况基本消灭，热水瓶的质量也显著提高。

如此，新亚厂具备了生存的条件，我们全体工作人员都有了信心，银行也肯贷款了。我向中国、交通、农工等银行借到了流动资金。新亚厂有了再生产的活力，稳步前进，逐渐弥补了以前的损失，由亏负转入盈余。当时四川各地对热水瓶需求很大，新亚厂虽不断扩充，但热水瓶仍供不应求。我想尽方法在各地招请技工，但还是不敷安排。

当此正需用技工之际，忽有数名新亚厂工人要辞职他去。原来重庆基督教青年会总干事黄次咸看到热水瓶这样吃香，以为有大利可图，眼红了，也办起了一家青年热水瓶厂（生产青年牌热水瓶），并从新亚厂高薪挖工人。

黄次咸还到白象街亚浦耳厂办事处来会我，装腔作势地说，在青年会基金项下，拨出一笔款来做资本办热水瓶厂，目的是为了增加青年会经费来源。"青年会是为中国服务的"，要求新亚热水瓶厂以前辈的资格，来帮助他开办热水瓶厂。他来会我的目的，是要新亚厂与他的热水瓶厂"团结合作"。实际上，黄次咸对制造热水瓶的技术配方一无所知，办工厂不过是投机。时间是最严酷的考验。黄次咸开办的青年热水瓶厂，不到六个月就关了门。在大西南属首创的新亚热水瓶厂，在重庆生了根。

五、设立开远松香厂，"地头蛇"黑心下辣手

四川除满山的竹子外，松林也极其繁盛。在四川与贵州、湖南接壤的南川县及其附近，到处都是苍翠的松林，蔚为大观。从南川到重庆，一路行过，其间松针交织障天，绿影映地，使人心旷神怡。估计在南川一带，松树有数千万棵，每年生成的松脂数量真可谓惊人。怎奈当地农民不了解松脂的利用价值，把这种天然富源，仅作为燃料及照明或制爆竹之用，货弃于地，洵可惜也。在抗日战争期间，后方工业原料异常缺乏，而松香、松节油来源断绝，使需要这些原材料的工厂受到极大威胁。

我经过调查后觉得，在四川省南川设立炼油厂，不但必要，而且应该，遂于南川县附近的南平镇建立开远松香厂，用科学方法提炼松脂成为松香、松节油。这种工艺较为简易，只要方法对头无多大困难，设备安装后做几次试验即正式出货。开远厂提炼出来的高级透明松香，与美国进口的双W松香比较，有过之无不及。松节油也很清净，不亚于舶来品，极为当时西南各地的制漆、制药、制皂等各种化工厂所欢迎。新亚热水瓶厂的瓶壳也采用开远松节油做喷漆之用，用后觉得满意。

为减少固定资产的呆滞，节约成本，我就在南平镇租了整个财神庙，作为"开远"的工场。当地农民见到漫山遍野的松脂有厂收购，采取松脂的积极性很高，"开远"从每日可收松脂数百斤，逐渐增加到数千斤至万斤以上之多。小小一个南平镇从开远厂设立之后，邮汇活跃了，车运也频繁了，一小部分农民在经济上也宽裕一些了。后来，松脂来源越来越多，开远厂虽然不断扩大，整个财神庙已经到被"充分利用"的地步，而环境迫使非再扩充不可。

在这种情况下，首先感到眼红的，厥唯当地的地主。他们对我们开远厂，有的表面上表示赞助，但内心实不愿开远厂立足；有的根本是持反对

态度，不愿我们这些外乡人在南平镇设厂。其中最狡猾的地主采取阳奉阴违的态度另搞阴谋。他们首先把松林分区划归己有，使松脂收入归他们所有，继之计划向开远厂窃取技术工艺，自己开厂炼油制松香、松节油，以图利益独饱私囊，但限于技术知识，一时不易遂愿，只得暂时忍耐，静待时机。万事创始艰苦，效尤不难。开远厂在南平开设不到半年，半官半私的中国植物油料厂也在南川设立分厂，同时炼制松香、松节油，农本局也在南平开设焙酸厂，形成了收料售货的竞争状态。这是官僚资本对民族工业的排挤。

开远厂的生产由张、胡两人负责，而销售及财务筹划均由设在重庆白象街中国亚浦耳厂办事处的总管理处处理。因此，平时以长途电话及电报联系是不足为奇的。有一天，突然来了一个快电，引起大家惊异。原来，开远厂所在的南平财神庙失火被毁，当地地主和狗腿子把张、胡两人捆绑去囚押，并扬言要等开远厂负责人来解决后方可释放，否则对张、胡两人的生命不负保护责任。电报简略，亦未细述经过详情，亦未谈到损失多少，只要我火速前去。虽知四川山林中有时会遇到土匪和猛兽，但南平方面如此气势汹汹，而事情又这样迫切，确非我亲自去解决不可，我遂于接电后次日立即动身。

重庆到南平大约280华里，搭汽车当天可以到达，坐滑竿（就是变相的轿子，内地交通工具）走小路大约220华里非两天不可。我急于要早到南平，但在两三天内无车可搭，唯一的办法只有坐长途滑竿。我一早从重庆过江至南岸海棠溪，经过"老厂"、"鹿角场"、"界石"、"彭家场"等大站。沿途大站必停，小站亦息。我们到"接龙场"时已是下午五六点。在平常是应该歇脚了，但三个轿夫因为我有急事自告奋勇，要翻过大山后再休息，估计一个余钟点可以过山。他们告我说，有一条平时行人所不常走的捷径，如走这条路可以缩短更多时间。我一心想要早到南平，愿听他们的主张。他们向我预支了五元钱，说买点零食吃点点心。等了很多时光，等到夕阳西垂，三人才兴冲冲回来。其中一人向我拿钱去买了一束火把，才动身上山。

　　山路曲曲弯弯，确是人迹罕到的草径崎途。这时候我像坐飞机的人相信飞机师般信任他们。入山越深，天色越黑，后来一团漆黑，终于非点火把不可了。在这黑夜荒山之中，行了很久才觉枝叶拂面，荆草刺人，我开始感到凄凉起来了。但想到他们说的一小时就可以过山，我想忍受一下，便可走到康庄大道。正在胡思乱想之际，抬头远望，忽见黑暗中远远有两道像手电筒似的电光一闪，随后又摇摇晃晃左右移动。我很快想到这绿幽幽的电光，正像我家里的猫在黑暗中发射出来的眼光。这莫不是真的碰到了野兽吗？我正这样想，他们三人也不约而同地说前面有东西，再看这两只绿幽幽的电光忽隐忽现，正在迂回冉冉向我们方向而来。我惊问他们前面究竟是什么东西？他们仔细看一看，惊慌地说，这不是虎便是豹。

　　我们立刻停下来。我问他们应付之策，他们回答只有爬树，我说虎不会爬树，豹是会爬树的，我们爬树不妥当。另一个人说野兽怕见火，我们现在只有两只火把，再燃两只，共有四只，可以吓它。我认为，野兽既然怕火，我们何不每人执两只火把，八只火把不更可以壮威了吗，于是，我们燃起八只火把高擎过头。当时前面两道电光离我们不到半个华里，看情形还在过来，但速度并不快，大概也在疑惧我们。它停停走走，息息后又徐徐过来。我估计，此乃在试探我们究竟怕不怕它。在这谁怕谁的关键时刻，我们如一后退，这野兽必然会追扑过来。

　　看光景我们屹立不动，还不足以杀它威风，我就对他们说，我们擎着火把冲过去，装着要捕捉它的声势，但不要离它过近使它认清我们的真相，这样也许可以吓退它。但他们三人齐口同声说"要不得"，这不是送到它的嘴边，供它饱餐一顿吗？再看那两只电眼对准我们不动了，听说饿虎在捕食之前，必须要暂蹲一时的。

　　情形刻不容缓，气氛愈来愈紧张，他们要扶我上树，自己也准备爬树。我说先试试我的办法看看，若不行再爬树还来得及。我们四人遂高举八只火把鼓噪前进，两个人抬一顶空滑竿很像四只脚的怪兽，我和另一个轿夫躲躲闪闪跟在后面，隐蔽我们是人的真相。最后这两只电眼就不见了。我们随吼随走，不多久火把已烧尽，只余一只。幸好初更时薄云中映出月光，依稀辨出路径，我们踉跄向前摸到了下坡大道。

行行重行行，远见点点灯光，原来山腰中有十几家山农，叩门乞茶，互相庆幸。据说这山近巅之处，确常有虎豹豺狼出没其间，我们四人碰到猛兽无一受伤，真是侥幸。由于我一心牵挂着开远松香厂，因此在黑夜与猛兽对峙的紧张气氛中只是稍感惊异，而并没有产生恐怖情绪。待出险之后，冷静下来，想到当时间不容发的危机，反而心有余悸。他们三人也说，这场经过确实惊心。

我们四人在山农家中休息少时，称谢而出。因紧张乏力，行到"凉水井"时已三更时分了。叫开一家小旅店，让店家先弄一点吃的，胡乱将就过了一宵。次日动身稍迟，经过若干小站，又过了"神童坝"、"陈家场"等大站，傍晚到达南平。

我先了解了一些失火经过和情形，方知中间有当地地主在阴谋捣乱。幸财神庙烧毁前一天，有大批松香、松节油已运赴重庆，这使我们减轻不少损失。这些贪婪的地主要弄得开远厂从此一蹶不振，用买珠还椟的方法，把开远技术人员、技工留下来自己来开炼油厂，所以他们煽动南平的民众说，财神庙被烧毁，南平人从此将永不发财，一辈子要苦不出头了，造成群众汹汹之势。但是，群众是有公道的，他们了解开远厂开发土产对他们是有利的，事后逐渐趋于采取原谅态度。

我到南平之后，形势更加缓和。我首先向大家表示抱歉，保证将财神庙修复原状，并祭神为大众祈福，同时宣布开远厂另行建造厂房，继续在南平开工生产。这样解决，大家认为非常满意，地主的阴谋也被粉碎了。但是，南平地主对开远厂始终耿耿于怀，终于把开远厂的工程师挖出去，另开一家同样的工厂，蓄意与我们对垒，引起以后许多摩擦。

财神庙被烧毁后，开远松香厂一方面付款给南平镇公所作为重新修建财神庙之需，一方面在南平中学对面叫"下场"的地方租地30余亩建造新厂继续生产。新建的开远厂技术设备更为新型，产品数量更多，质量更高。在抗战胜利之后，四川各地兴起了松脂炼油潮流，南平开远松香厂确是起了带头作用的。

创办开远松香厂和新亚热水瓶厂，是我办中国亚浦耳厂经过中，附带做的两件有重要意义的工作，特借此记录，作为抗日战争中我们内迁工厂留给后人的一个历史性的回忆。

六、敌伪期间秘密回沪的惊险一幕

为了了解留在上海小沙渡路（现西康路）、康脑脱路（现康定路）亚浦耳分厂的生产情况，1940年7月，我由重庆飞香港搭轮船回上海。只见黄浦江上的外国兵舰，星罗棋布，令人愤慨。其中多数是日本兵舰，它们耀武扬威，使人分外痛恨。尤其触目惊心的是，黄浦江中所有的中国小舢板（三四人可搭的小划子）的船艄都插上了日本国旗。一眼望去，满江红心膏药的"招魂幡"，使人感到无比的憎恶。

在这样的环境下，我不愿住在有规模的大饭店，一人悄悄登岸，住进了中级的汉口路扬子饭店（现长江饭店）。夜上海的景色仍然是灯火辉煌，而混乱嘈杂超过了从前，会乐里等地区的妓院歌声"嘹亮"，真是"商女不知亡国恨，隔江犹唱后庭花"。马路上行人熙熙攘攘，酒楼舞场，人山人海，这批浑浑噩噩的人们，真不知日寇的铁蹄已经踏进了祖国的心脏。我在旅馆四周巡礼一瞥，叹了一口气，回到旅馆，预备安息。不料这家旅馆几乎每个房间的人都在聚赌打牌，噼啪之声通宵不绝。我在床上辗转翻覆不能成寐，想想借国难而发财的一部分上海人，在灯红酒绿纸醉金迷中，早已忘记自己是中国人了，一夜未得安睡。

次日，我就电话告知亚浦耳上海厂的经理李新芳、厂长兼工程师於崇仁（香港大学电机系毕业）。他们两人立即到扬子饭店，第一件事就是要我马上迁出这个旅馆。李新芳告诉我，扬子饭店是日本特务机关所在地（那时上海租界还是属英、美、法等权力范围，日本兵不能进入租界，只能搞特务活动），一个"重庆分子"自己去投入他们的虎口，这不是飞蛾扑火吗？我听了他们的话，不禁惊愕。当时的上海表面上似乎很"繁荣"，实际却是遍地荆棘，随时可以使人堕入陷阱。于是，我就改住较为清静的八仙桥青年会招待所。在适当的时候，我也经常到厂去办公，并和李新芳、於崇仁及留沪其他高级职员讨论各项生产问题。

两星期后，华通电机厂（现公私合营华通开关厂）姚德甫（阿敏）到青年会来访我。姚说他因为供给重庆军用发报机，曾被日本军部逮捕，现虽释放，还受着日本宪兵司令部的管制，每隔几天，要去汇报自己的行动及外面有关的所见所闻。姚嘱我不要大意，少露面，因为我是敌伪方面所注意的人，日本军部以前亦曾向他问起"亚浦耳厂胡西园到哪里去了……"他回说："不清楚在重庆还是在香港。"其实，我当时正准备到汉口沦陷区去抢救西迁时存放在德国"美最时"洋栈的大批钨丝、钼丝及其他重要物资，准备带回重庆。

1940年，我从重庆回沪时，刚到上海，一知名人士就通过亚浦耳厂北京路总发行所邀我在他的住宅吃饭，为我洗尘。我所熟悉的几个工商界朋友也在座。席间大家不过谈些上海的市面，都是一般性应酬话。

待酒闲席散，他留我少坐，重作茶叙。他说，我们两人阔别三年，来细细谈谈真心话，接着开始了他所要说的正文。他说："西园兄，你辛辛苦苦迁厂到重庆，热忱爱国拥护抗战，是值得敬佩的。但是，重庆不是战时乐土，天下事变化多端，日本是近世纪的强国，欧美列强尚且忌它三分，中国怎能与日本打仗。听说你要将存在汉口德商'美最时'洋行的较精贵的原材料，转沪再由港运入重庆。我想，已运入四川的机器原材料就不谈了，希望你将汉口的机件设备全部运回上海。"（当时，由汉入川的沿途要道都被日寇控制，汉口物资要直接运入四川，是困难重重，而由汉运沪则阻碍较少，因此，我打算将汉口亚浦耳厂的物资运到上海，再经过香港空运到重庆）

我暂不表示意见，继续听他说下去。他似乎以极坦率真挚的态度对我说："西园兄，我希望你常驻在上海，亚浦耳厂应该以上海为重心，亚浦耳厂在重庆及湘西的一批产业一旦遭牺牲，届时上海的亚浦耳厂还可以大大发展。我劝你这样做完全是善意。"接着他又对我说："你是中国工业界中的佼佼者，在上海人心中有很好的印象，如听我的忠言，改变你的宗旨，我可以担保，将来，不但你的企业能大大发展，而且你也一定能成为中国的大财翁。"

我听他这么说，若不是强力克制自己，真会拂袖而去。我就对他说："战争的胜败，我不敢预测，但中国人是绝对不能征服的，更不至于亡国。"

我正说到此，他即拦住我说："西园兄，你不要以为我完全是从铜钱眼上来拉你回上海，实在是为你的大才可惜。"我干脆回答说："你的想法与我的是有分歧的。"但他并无表示出不愉快之色，并说："我们多年老友，争论是无所谓的，最后，你总会明白我的好意而大家趋于一致的。"

我从那天晚上与他分别后，以后就再没有和他碰过面。

隔不多久，华通姚德甫又来看我，说外面知道我回上海的朋友逐渐多了，日本宪兵司令部要他探查我的住所及每日行踪，限短期内去报告。姚还告诉我，日本人要他关照我，只要我能与他们合作，可以大大发展事业，前途无量，若我要资本和原料，一切都可以商量，绝无问题。我想我是一个中国人，若为了做官发财而出卖祖国，那么，三年前我就不会千辛万苦迁厂到重庆去吃苦。

对日本人的威胁利诱，我置若罔闻。那时，我住在青年会已成为不少亲友中公开的秘密，亚光电木厂张惠康嘱我为安全计，赶快迁居为良，我就又改住在西爱咸斯路（现永嘉路）张惠康家中。因张的关系，丁佐臣（大华仪表厂）、方液仙（中国化学工业社）、蔡声白（美亚织绸厂）、王性尧（中国国货联营公司）都得悉我已来沪，约我叙谈。方液仙于叙晤后一星期被匪绑架。

在迁居张宅后不久，亚浦耳厂北京路发行所转给我由南京陈、周两个不相识的人具名的一封信，他们以大利高官相勾引，要我与他们合作。后来北京路发行所李新芳又告知我说，有称从南京来的高、马两人连续几天在北京路找我，说有要事与我面谈，并称有我极要好的朋友要我去叙叙。李新芳追问他们，我的这个好朋友究竟是谁？回说，我去见了面自然会知道的。他们常常以电话催问，并说："我们是善意的，你们不放心可由胡先生约定他方便的地点，胡先生的朋友可到指定地点去会面……"等等，最后几次他们要李新芳迅即告我，再拖延我的朋友要见怪的，语气非常坚定，大有我非去不可之势。

我看各方面的形势相当严重，遂于当晚（8月14日）从西爱咸斯路迁居威海卫路"中社"过宿，次日黎明登"泰山轮"起碇赴港。其经过事实，与当时沪、港、渝各地连续盛传及发表的消息大致相符。兹特选录上述各地的主要报刊消息的原文引证如下：

（一）《新闻报》（上海）（八月十八日本报讯）（1940年民国29年）

胡西园失踪

事前接得来函一封

未隔数日形影俱无

北京路四九二号华商亚浦耳电器厂总经理胡西园，镇海人，四十三岁，于本月十一日晨起，突告失踪。在沪亲友，四出探问，杳无着落，即该厂中人，亦不知其何去。胡首创亚浦耳电器厂，于民国十年，瘁精竭力，营业似甚发达。民国二十六年九月间，胡由沪挈眷迁至汉口，拟发展厂务，及武汉沦陷，胡乃又往重庆。迨今年七月中旬，孑身来沪视察沪厂业务近况，抵沪竭力料理厂务，每隔二三天必亲自赴厂办公。至本月七日突接到来函一封，请其出资创办银行或任职等语，胡启阅之余，颇为惊异。孰知自十七日起，胡即行踪俱无，在沪亲友以事前并未接得离沪消息，莫不为之焦急云。

（二）《星岛日报》（香港）（上海十七日下午十一时四十九分发专电）：

〔胡西园被绑之前〕内容与上述新闻大同小异，惟有附载上海七八月间被绑票的人数统计。原文如下：

上海绑票平均二日一宗

七月二十四日　朱鹤皋（已逃出）

七月二十五日　方液仙

七月二十七日　童世亨

八月一日　王振基

八月二日　沈锦洲

八月六日　莫如德

八月八日　黄胜白　何慎之　周柱　罗达义

八月九日　王渠基

八月十一日　胡西园

八月十八日　陈炎林

（三）《申报》（上海）（八月二十日）

胡西园安抵香港

北京路四九二号华商亚浦耳电器厂总经理胡西园自本月七日接得怪函后，于十一日起忽告失踪，在沪亲友，咸疑其或生意外，至为关注。昨据该方面语平明社记者，胡君于接得怪函后，深恐发生意外，即秘密潜赴香港，现该厂已接胡君来电，谓已安全抵港。

（四）《大公报》（香港）（八月二十一日）

胡西园平安抵港

上海××要求合办银行

临行未通知家人故传失踪

一度盛传在沪失踪之亚浦耳电灯泡厂总经理胡西园君，昨午出现于本港某大酒店宴席上，当时在座者有前日由沪来港之林康侯君，及沪商界闻人王晓籁等。胡君两月前为料理厂务由渝赴沪……据胡君谈此次离沪之经过云"本人此次留沪一月余，初以沪地环境恶劣，故绝少外出，惟以熟友甚多，不无酬酢往来……旋接某某两人具名之函件要求出资，合办银行或赴宁就某职，我认为毫无意识，一笑置之，本人至此认为事态严重……处境益为恶劣。原有在沪事务，未及结束，忽遽离沪，临行竟未通知家人，致外界疑为失踪，刻已电沪报告行踪。以释亲友注念。"胡君并表示在港稍事休息，即行飞渝，以后战事不获胜利决不赴沪云。

（五）《大公报》（重庆）（"中央社"香港十八日电）（沪讯）

胡西园在沪被绑

华商亚浦耳电器厂总经理胡西园，镇海人，四十三岁，于本年七月中旬，方由重庆返沪，八月十三日起突告失踪，众料已被敌伪绑架。事前胡曾接南京伪方来函，由陈某、周某两人署名，略称请先生出资十万元来宁创办银行，或前来任某部次长等语。胡置之不理，不料竟被掳架。

我到香港码头时，碰到《大公报》总经理胡政之，他正在接他的顾家妻舅和小姨。据胡政之所说，我才知道这几天港、沪各报为我的突然离沪作了种种猜测。

我在香港寓"六国饭店"，第一个请我吃饭的是撤退在香港的上海市长俞鸿钧。俞在香港英京酒家请我午宴。后来，杜月笙也在九龙寓所请我吃饭。我对他们以普通酬酢应付，并无主题可谈。张嘉铸（禹九，张嘉璈之弟）与其妻张肖梅也请我在他们家吃饭谈天。张等认为重庆就是不被日本占领，也必被日机轰炸成为断壁残垣、瓦砾焦土，在瓦砾场中有什么可干，他们希望我在香港开设一家中国亚浦耳厂分厂并说资金不成问题，有人愿意投资。张肖梅还劝我把在重庆年龄较长的子女送到香港读书，并说在香港学校毕业的学生，将来去英国留学较为方便。她是留英的经济博士，所以醉心英国。

到香港的第三天晚上，我从外面回到旅馆，茶房（服务员）告诉我，有一姓何的客人来过，嘱我回来后稍待，他还要再来。晚上近10时，这姓何的客人果然又来了。此人虽非是我极熟的，但也不是陌生人，他就是大汉奸陈公博的至亲。陈公博在国民党政府任实业部长时，何某以裙带关系当上了实业部商标局的局长。陈公博是卖国贼汪精卫手下第一号的帮凶，何大约是大汉奸魔窟里派出来港的鹰犬。我心里明白了来人之意。何先问我在上海受惊了吗？后又一派胡言诱我不必去重庆，说我在上海已有很好的基础，不怕会没有人帮忙，何必再去烽火连天的内地飘荡，生命财产一无保障。我不屑与他长谈，就说我在上海迁厂之先早已下定决心，我们中国人是不会屈服的，我如专为自己发财，决不会把一只电灯泡作为自己的终身事业并为此受尽磨难。士各有志，请勿多言。两人话不投机，不欢而散。

何辞出后，当夜我就离开六国饭店，移居九龙亲戚家，于8月23日早晨搭飞机返渝。在飞机场，我又碰到《大公报》总经理胡政之。他送小姨顾女士（当时国民党政府驻美大使顾维钧之女）上飞机，并托我多为照料。因顾女士初次到重庆，人地生疏，我允为效劳。当日下午抵达重庆，我就陪顾女士到目的地。次日《中央日报》关于我到渝发表一则新闻如下：

（六）《中央日报》（八月二十三日重庆讯）

胡西园由港转桂，于今天飞机抵行都，拟日内转赴川南等地视察其所办各工厂的业务。

我由沪搭"泰山轮"到港转飞重庆，踏上了当时所谓的行都。昔日繁华的重庆被日寇炸得东坍西倒，不辨方向，原来最热闹的督邮街以及大梁子、小梁子等街道都已被毁成断墙颓壁的瓦砾场。满目疮痍，一片荒凉。我在视察所辖工厂时，顺道至合江县回家探亲。我家住在合江县南关街。那时，合江城内也遭日寇轰炸，部分房屋被炸弹震得东坍西倒，有的已成一片焦土。我到家时已人去屋空，全家人不知去向。幸蒙当地邻居指引，我始到离城30余里的蔡石坝与家人团聚，并悉同乡周姓一家人都已惨死在日寇炸弹之下，与家人相与唏嘘，痛恨日寇的残暴。这个不设防的小小城市，也未幸免日寇的狂轰滥炸，真使人发指眦裂。

七、一官一商，两个展览会迥然不同

1942年元旦，迁川工厂出品展览会在重庆牛角沱生生花园开幕，至14日闭幕；展览时间为每天上午8时至下午4时。由经济部主持举办，会长为经济部长翁文灏，副会长为重庆市长吴国桢，主任委员是我，委员有刘鸿生、吴蕴初、颜耀秋、李烛尘、胡厥文等。这次展览展示了内迁工厂迁至重庆后，克服重重困难，经过四五年的努力所取得的成绩，也是对迁川工厂生产能力的一次大检阅。参展工厂有100多家，展品达万件左右，历时14天，参观者逾12万人，可谓极一时之盛。

迁川工厂出品展览会的举行深得民众的热烈支持，并为各地到渝的进步人士所重视。每日观众络绎不绝，如遇假期及休息日，更是人山人海，非常拥挤。民主人士如张澜、沈钧儒、黄炎培、史良、沙千里等都几次到会参观。冯玉祥也到会参观。冯曾到上海中国亚浦耳总厂参观过，以后我与他在别处亦曾接触过几次。此次，冯玉祥与我在迁川工厂出品展览会相遇，特题赠亚浦耳厂"为国增光"四字，并与我合影留念。当时，驻重庆的中共代表周恩来、董必武、邓颖超等也不止一次莅临参观。翁文灏以展览会会长的身份，于牛角沱会场大厅举行茶会，招待各国驻华使节。外宾都应邀出席，独有美国大使高思（译音）不到，亦不派代表参加，露骨地表示出对中国工业的轻视。由于一度盛传蒋介石将要到迁川工厂出品展览会来参观，国民党官僚军阀，如吴鼎昌、陈立夫、张嘉璈、朱家骅、白崇禧、陈诚、陈济棠（陈虽已下野，那时适来渝有所活动）等纷纷抢先前来参观，连一向不常在外露面的陈布雷也大驾亲临展览会。这些人都来凑热闹，他们善伺蒋意，并冀博得蒋介石的喜悦。

在战时困难条件下，迁川工厂以简陋的机器设备居然能生产出精美的重工业产品及琳琅满目的轻工业产品，赢得观众一致好评。有人曰："看了此次展览，才知中国还有办法。"

大家同时也批评国民党老爷们所主管的工厂矿场，耗费了国家大量资金，却看不到制造出来的东西。这些企业大部分是衙门化，不像生产机构。看起来熙熙攘攘，尽是人员，其实是拿钱吃饭的人多，动脑筋做事的人少，都是反动官僚安插私人的组织，所以人民要痛骂他们。人民的责骂声，吹入国民党政府几个主管头儿的耳朵里，他们感到刺戟难受。于是，他们被迫在重庆曾家岩也举办一次官营企业生产展览会。

粗一看，展览会上一些近代化的产品，倒也不能不算有一点成绩。但仔细检查就会发现，其中高级产品都是用外国货改装的伪品，如2000瓦特以上的电灯泡大部分都是外国货改头换面的；其他新型的特种电灯泡完全是以外国货冒充，甚至连外国商标还隐约可见。因为外国商标深深烙在产品上，确是不易被消除。其余产品如高级收音机、仪器等亦都是用整套的外国配件拼装而成。整个展览会都是弄虚作假，自欺欺人。他们一方面是在欺骗民众，另一方面是为大买办、大官僚们撑撑门面。

这个官营企业生产展览会，蒋介石却是亲自出马去参观过一次。那天，展览会对群众暂停开放，附近临时戒严，五步一哨，十步一岗，大有"御驾降幸"的气概。蒋介石只是在形式上做出似乎关心国家生产，对展览品的真假当然不会去细细研究，即使某一产品引起他的注意，也不过在走马观花中间停马一瞅而已。群众的眼睛是雪亮的，看到他们用欺骗手段愚弄民众，大家对这些官营企业负责人更感可恶。这种做法与蒋介石政府的政治伎俩如出一辙，蒋介石满口和平、民主、爱国、爱民，不正与他专制独裁、卖国求荣、挑起内战、屠杀人民的行为相反吗？

八、拒绝诱惑，只做事不做官

　　早在何丰林任"淞沪护军使"时期，曾任汉口电报局局长的高恩洪到上海来接任"交通部驻沪电料转运处"处长之职，高恩洪以山东同乡的关系，去见何丰林。何有一个姓尹的秘书（士杰）得悉高恩洪因对电料一门是外行，要物色一个具有适当条件而熟识上海情况的内行人为顾问。尹秘书是我的朋友，认为我恰合高的要求，担任这个顾问十分相宜。由尹介绍，我结识了高恩洪。嗣后，我就经常到上海麦根路（现淮安路）27号"交通部驻沪电料转运处"与高恩洪联系。接触日久，我与高搞得很熟。交通部电料转运处在上海文极司脱路（现文昌路）设有一家制造"莫尔斯"（译音）发报机的工厂。由于高恩洪的关系，这个厂全部用亚浦耳厂电灯泡。待我厂产量增加后，我就向高扩大兜销我厂产品，要他将我厂电灯泡转运到外埠去应用（当时这个交通部电料转运处供应全国电报局、电话局等类似机构各种电料用品及器材）。

　　1920年，直系军阀打败了皖系段祺瑞，1922年，直奉战争爆发，直系又打败了奉系张作霖，北京中央政权就完全落到直系军阀曹锟、吴佩孚手里，直系军阀一时气焰万丈。高恩洪是吴佩孚山东蓬莱小同乡，且系同学莫逆之交，当吴任师长驻节豫、鲁一带时，高恩洪是吴在东南地区的耳目；待吴佩孚升为直、鲁、豫副巡阅使时，高恩洪就担任吴佩孚的正式政治代表，成为吴的嫡系心腹。在直系军阀连续打败皖系、奉系之后，吴佩孚的势力炙手可热。高恩洪原是驻沪电料转运处处长，由于吴的保举，一跃而为北京交通总长（即交通部长）。1923年，高恩洪要我放弃亚浦耳电灯泡行业，去北京做官。我想，宦海浮沉，非我所愿。电灯泡对国计民生确是一项重要产品，在当时虽遭遇种种艰难险阻，但将来一定会有前途。在我还是学生时，就抱定终身不做官的志愿，而愿意当一个工业家或工程师。高恩洪要我丢掉制造电灯泡的事业，去堕入官僚行伍中是不合我的志向的，我遂辞谢高恩洪的邀请。

战争时期，国民党内部更加复杂，派系分歧，党内有党，派中有派，其中最显著的为政学系、CC系、黄埔系。各派系中，不但政学系及CC系尽力拉拢国内著名工业家，以增加他们的政治资本，就连黄埔系蒋介石"侍从室"的一个小分支，也想网罗工业家作为他们可利用的工具。他们由毛庆祥出面，组织了一个生产促进会（抗战后改为战时生产促进会），其中被拉进理监事的都是当时中国工业界的中坚分子。这个会在各项运动中相当活跃。

政学系侧重范旭东，政学系的骨干如吴鼎昌、翁文灏、张公权等与我都系久识，其首领张群在任上海市长时期也是我的熟人，因此与我也不时有所接触。抗日战争时期在由张群支持的西南实业协会，我被推选为该会常务理事，经常与张群、张公权等在该会碰面。

当张群被任命为四川省省主席时，在张由重庆赴成都就职之前，特约我在国防最高委员会单独面谈。我们谈些当时的中国电工器材及电灯泡境况，张要我对西南实业协会多负一些责任，说胡先生热心奔走国货，而本身又是中国电灯泡创制者，政府不会抹杀一个为国家努力过的人的劳绩的，以后要多多借重，请你对政府的各项政策措施尽量参与意见等语。

不久，《时事新报》经理崔唯吾告诉我说，本届参政员内定人员名单有我的一份，我的履历籍贯都已被详细列入下届参政员名册中，报馆已将这作为待发表的资料，时机一到，即可照单发表。有一次，在经济部召开会议之后，翁文灏私下对我说，"岳军先生（张群）在国防最高委员会秘书长任内为你安排一个参政员可无问题了"。那时，张群已就任四川省政府主席之职。

在此之前，翁文灏担任全国公债劝募委员会工商界分会主任时，我为副主任。抗战胜利之后，翁文灏推我为经济部工业复员协进委员会主任委员，同时，要我担任全国工商界缉奸委员会主任委员（揭发工商界在沦陷区的汉奸）。1947年，翁任行政院院长时，曾来沪延揽人才，据说他想罗致一批没有从过政的民间人物。翁也托人向我探询有无出任兴趣。我对来人表示，我是抱定宗旨要把一生奉献给我国民族工业的。以上几个例子说明，政学系对我是有拉拢之意的。

九、蒋介石参加的两次全国生产会议

抗战期间，蒋介石的两面手法，在当时很是迷惑了一部分人。他们没有看清蒋消极抗日、积极反共的真面目，却相信他口头上大言不惭的所谓"以空间换取时间，抗战到底，必达到最后胜利"的鬼话。蒋介石还号召我们工业界一面抗日，一面生产。

1939年和1942年，行政院先后两次召集了全国生产会议，地点在重庆菜园坝国民党军委大会堂。第一次会议的秘书长是穆湘玥（藕初），第二次的秘书长是沈鸿烈（成章）。两次大会均由行政院长孔祥熙、国防委员会秘书长张群主持。蒋介石亲自出席致开幕词，并在嘉陵宾馆设宴招待我们有代表性的工业家，还在军事委员会与我们全体代表合影。在会议上进步工业家发表了工业界真正抗日爱国的意见和主张，并指出了国民党政府错误的工业政策。因我在发言中有这样一句话："内忧外患未能消除，谈生产只是海底捞月。"第二天，张群约我到临江门军委办事处见面，他以威胁的口吻对我说："你不要走到'邪路'上去了。"

第一次生产会议宴会在励志社，第二次生产会议宴会在嘉陵宾馆，两次都是西餐，均无特殊事情可记，但在嘉陵宾馆宴会上有类似洋太监的黄仁霖随侍蒋介石左右，有一点丑剧笑柄可谈。

蒋介石宴客，照例是客等主人。我们正在大餐厅闲谈，忽见洋太监黄仁霖冲进来，大家理会蒋委员长到了。黄仁霖在餐厅门口作半鞠躬状态恭候蒋介石进来，客人们也参参差差起来，表示客迎主人。黄仁霖随在蒋介石背后，用小步伐趋行，这姿势是脚动身不动，活像京戏里青衣花旦"跑圆场"。当蒋介石走近座位时，黄仁霖抢步上前把蒋座拂拭干净侍蒋入

座。餐席作U字形，中间是蒋介石，两旁分坐行政院长孔祥熙、立法院院长
孙科、司法院院长居正、监察院院长于右任、考试院院长戴季陶、经济部
长翁文灏、农林部长沈鸿烈，转弯两直条是我们工业界代表人物的座位。
我坐左排，在刘鸿生、吴蕴初之间，对面是苏汰余。

　　1946年春，蒋介石来上海在东平路（上海旧法租界贾尔业爱路）蒋的
私邸门口约见个别上海工业家，我也是被约见人之一，那次我又碰见了黄
仁霖。蒋介石这种虚伪的做法，无非是表白他是关心生产、爱护工业的，
是真的在执行一面抗战、一面生产的政策。其实，经过这两次全国生产会
议后，四大家族对民族工业的摧残更是变本加厉。

十、美国人说：中国自己开厂制造电灯泡太不合算

　　帝国主义在殖民地奴役人民，掠夺财富，绝对不许殖民地有自己的工
业。美国对国民党政府统治下的中国又何尝不是这样。这在美帝国主义分
子的言行中是随时可以暴露出来的。

　　1944年9月6日，美国战时生产局局长纳尔逊（译音）到重庆，兼中国
战时生产局局长的翁文灏设宴招待他，我被邀为陪客之一。当我们谈起从
美国购买钨丝及空运优先权等问题时，纳尔逊说："电灯泡是美国工厂数
以亿计大量生产的货物，成本较低，在国际市场上够条件与人竞争。中国
现在还不能自己制造电灯泡的各种原材料，特别是中国的炼钨技术还很落
后。在这种情况下，中国自己开厂制造电灯泡太不合算，现在的电灯泡厂
将来应不应该再扩展，也需要作一个妥善计划。美国与中国在历史上一向
是友好的，愿意为中国朋友服务，将来在电灯泡方面也可以为中国朋友服
务的，你们无须着急。"

　　我就对纳尔逊说："倘若没有中国电灯泡，美国电灯泡又无法运到
关山远隔的中国大西南，那不是一片漆黑吗？一切晚间活动非停不可了，
如此怎能达到战事胜利的目的呢？幸有中国自制的电灯泡以供给大后方需

用，在这里不但我们使用自己生产的电灯泡，就是你们美军驻渝各机关用的也是中国电灯泡。"

说到这里，中国战时生产局副局长彭学沛接着说，在西南后方，电灯泡需求很紧张，在一般电料行及杂货商店难以买得，重庆及其他各地的美军机关用的电灯泡都是我厂直接供应的。纳尔逊无言接谈，东道主翁文灏只好把话题拉到别处去了。纳尔逊于9月22日飞返美国。

1944年10月7日，美国工业代表哈里孚（译音）、马聂迩（译音）两人到重庆来考察，并到中国全国工业协会总会来拜访我们。我们以中国全国工业协会总会的名义，假座重庆国际联欢社茶会招待他们。茶会由吴蕴初、刘鸿生和我主持，全体常务理事一同参加，王正廷、陈光甫、张兹闿、庄智焕等也被邀作陪，席间彼此随便漫谈。

综合哈里孚、马聂迩两代表谈话，大意是说：美国与中国同盟抗日，是站在一条战线上的，休戚相关，要进一步合作。美国非常热诚帮助中国建设工业，希望中国成为一个工业国。但是，由于重工业及其他复杂精致的工业，建厂资金大、时间久，中国不必急于自己来办，这些产品完全可由美国来供应。至于轻工产品，中国如果开厂生产，成本必然较高，在过渡期间也是由美国供给为合算。中国目前只要开发矿藏，改进农业，然后由美国协助按计划来发展工业。中国现有工业基础太薄弱，机器设备太陈旧，要发展工业必须依靠美国的自动化机器，美国工业界极愿为中国朋友效劳。

从纳尔逊和哈里孚、马聂迩等人的主张可以看出，美国官方与垄断资本家秉承美国一贯的掠夺殖民地的政策，都不愿意中国有自己的工业。他们转弯抹角讲的话，说穿了就是要中国供给美国原料，经美国加工后，再倾销到中国市场，来吮吸中国人民的脂膏。这与当时日本帝国主义提出的"工业日本，农业中国"的口号并没有丝毫区别。帝国主义是一丘之貉，而美帝国主义更加阴险狡猾，企图通过控制蒋介石政府，把中国变成它的附庸国。

第三节　渴望民主

一、"星五聚餐会"——一个声气相通的朋友聚会

抗日战争时期，大批的工厂纷纷迁川，顿使重庆成为当时工业的重要基地。然而，内迁工厂途中历尽艰辛，损失惨重，一到目的地就更是成了一个苦命儿。厂基、原料、建筑材料、交通运输、燃料等都成问题。要经济部工矿调整处协助，又得看这个厂负责人与工矿调整处主管的交情如何。说得彻底一些，他们对你够不够朋友，要看你舍不舍得花钱。对亚浦耳厂等这类较有影响的工厂，工矿调整处表面上似乎不会也不敢怠慢，但心中非常忌恨，暗地里常以排挤阴损的手段加倍加重我们这些厂的困难。1941年12月，日本发动珍珠港战争后，日寇逞一时的气焰，席卷东南亚，把中国通到国外的海口全部封锁起来，致工业原料供应倍加困难，内地工厂的苦难更为深重。

在这样的形势下，我们几位志同道合的朋友形成了一个小组织，经常谈谈时事，并策划如何维持工业。残酷的现实使我们愈来愈清楚地认识到，只有团结起来，走向联合，发挥集体的力量，才能得以生存。这个小组织以"中华职业教育社"黄炎培、新民机器厂胡厥文、中国标准铅笔厂吴羹梅、上川企业公司章乃器和我为核心，后又有久大精盐厂李烛尘和天原化工厂吴蕴初加入。我们经常集合座谈之处，就是重庆白象街116号中国亚浦耳厂办事处会议室。

我们每星期五举行一次聚餐，这就是当时后方工业界所熟知的"星五聚餐会"。通过聚餐会的形式，交流各厂的情况和信息，组织各种专题性讲

演、座谈，分析国内外政治、经济形势，分析工业、金融界的现状和问题，讨论解决困难的办法，以及探讨如何改善企业的经营管理、协助推动经济建设等等。大家边吃边谈，气氛融洽而活跃。聚餐会地点基本上固定在重庆督邮街冠生园，因此，冠生园经理徐佩容亦加入聚餐会。有时为讨论某种问题方便起见，我们偶亦在亚浦耳办事处、新民、上川等处聚餐。沈钧儒、沙千里（当时任亚浦耳厂法律顾问）等亦被邀请参加我们的座谈。

我们这个小组在工业界方面确尽了一些绵薄之力，如组成了迁川工厂联合会，策动组成了中国全国工业协会总会及其重庆市分会，还策动组成了中国民主建国会。抗日期间，为了解决战时工厂器材物资的流动兵险问题（就是工厂在迁运途中被敌人飞机、炮弹炸毁及押运员生命保兵险问题），我们这个小组策划由我代表中华工业总联合会去见蒋介石面谈。经过再三交涉，这一问题总算得到了解决。为了修改"战时工业税则暂行条例"，各工业团体推我等为代表，向经济、财政两部部长及主管人折冲，结果达到目的。抗日胜利后，为工业善后贷款一事，我和胡厥文、吴羹梅三人代表全体内迁工厂一起去见蒋介石，当面与之交涉，蒋不得已被迫批准。我们这个小组还为工业界争取权利，协助各工厂与国民党政府斗争，使之改善工业政策，并团结工业界群策群力，克服困难，共渡难关。

1945年，抗日胜利后，工业界以我们这个小组织为核心，揭露蒋介石卖国独裁、内战的阴谋。在当年九十月国、共和谈时期，我们这个小组的成员，在任何场合都不为国民党所利用，并随时随地揭露国民党政府对中国共产党的造谣诬蔑。同年11月，我们这个小组促成重庆各界"反对内战联合会"，呼吁各界人民以行动来反对国民党的内战政策，反对美帝国主义干涉中国内政。至于我们这个小组为群众服务的其他事项亦复不少，有另文补述，这里不再一一列举。总之，我们这个小组在当时的后方工业界中，是有微弱的热力作用的，成绩虽然渺小，似亦值一提。

二、与徐恩曾、谷正纲等 CC分子阴谋的抗争

工业界有了中华工业总联合会，但是它还不能完全满足工业界的希望和要求。因此，我们要政府"实行"工业会法，一如"法定"的"商会法"，从根本上改革工业、商业，分别组织同业公会。工业同业公会由各级工业会来领导，如此，工业方面的集体力量才得以发挥。

那时，各地各级商会及其所属的各同业公会，都是受陈果夫、陈立夫的CC系所控制。如果工业、商业分开组织，形成多头领导，他们就会难以指挥。因此，他们希望安于现状，不要多事更张，对我们工商业分组的申请，始终暗中作梗，使之难以实现。

政学系吴鼎昌（达铨）任实业部长后，想把全国工业团体置于政学系掌握之中，以增强他们的政治资本，遂积极促成此事。1936年初，吴鼎昌屡邀我到南京去商谈"工业会法"之事，后来又要我代约工业界有代表性的人物与他当面商谈。他每两三星期来沪一次，在上海西藏路晋隆饭店三楼与这些工业界中人聚餐，交换关于组织工业会的意见。如此者数月之久，中间虽间息一个时期，但从1936年底到1937年初，吴鼎昌始终未忘情于工业会事。后实业部改组为经济部，担任部长的翁文灏（咏霓）仍属于政学系，翁想继续抓工业会事，他仍像吴鼎昌一样，要我与几个主要工业家做联络工作。

CC系看到政学系的动作，怎肯让可以据为己有的政治资本落到别人手里去呢？于是，社会部部长谷正纲便名正言顺地将工业会事揽到自己手中去了。谷继吴、翁之后，继续与我们原班工业家商谈如何组织工业会事，而我仍为工业家方面的召集人。我倒成了协议工业会时期的一个三朝元老了。

"八·一三"抗日战起，我迁厂内地，若干会员工厂希望"中华工业总联合会"在抗战期间仍能为内地工厂做一些服务工作，于是，理事会决

议公推我为中华工业总联合会驻渝总代表，并由郭顺代表全体理事举行授权仪式。我们到重庆后，国民党政府官员纷纷接踵而来，重庆成了国民党政府的"陪都"。国民党伪装重视工矿农业，于1939年及1942年由行政院主持举办了两次全国生产会议。在这两次生产会议筹备期间，中华工业总联合会担任了很多重要工作。从1942年开始，国土不断沦陷，中华工业总联合会在沪的负责人离沪星散各地，渝沪联系中断，中华工业总联合会在重庆的工作也只得暂时停止。

工业界失去全国性工业团体的领导又重感彷徨，我们不禁想到以前要求实行工业会法，"法定"组织工业团体已是迫在眉睫之事。

1942年9月间，正当我们工业界筹议另组全国性的工业团体之时，CC系借口重庆的工业团体组织分散，要把它联合统一起来。CC系中统头目徐恩曾派庄智焕（庄与徐系交通大学同学，庄智焕曾为我的助理人，在亚浦耳厂担任过经理，我由庄的介绍认识了徐恩曾）邀我去重庆曾家岩，商谈一些工业团体事。徐的意图是要组织一个全国工业团体联合会，当时各自独立的各工业团体，须接受全国工业团体联合会的统一领导。当时我几乎愤然作色，当然绝不愿干，但表面上只得虚与委蛇，而内心抱定宗旨，绝不给他搞这个勾当。我们搞全国性工业团体事及徐恩曾邀我商谈的消息，为CC系另一小派系谷正纲所悉，他急邀我去继续谈过去曾着手进行过的"工业会法"之事。但在战事紧张的环境中，国民党政府其他部门哪里会有心思注意工业会法呢！因而，我们转为在工业会法未颁布之前，在过渡时期搞一个社团组织的全国性的工业团体。

在国民党派系中，派中有系、系中有派是习见之事。所以CC系徐恩曾与谷正纲为了同一目的，双方明争暗夺也不足为怪。谷正纲的打算固然是要使工业界受其控制利用，但他是社会部的部长，来管理团体组织较为"名正言顺"，我们也不能不与他接触。谷正纲派社会部司长陆京士"协助"我们组织这个工业团体，这个团体定名为中国全国工业协会，由潘仰山、吴羹梅、余名钰、马雄冠和我等为筹备委员，我为主任委员。

在筹备期间，徐恩曾还想插手进来，要派庄智焕为中国全国工业协会总干事。团体尚未成立，CC系忙不迭要埋下操纵这个团体的种子。如果这样，那我们工业界何必多此一举呢。我在愤慨之下，遂向社会部辞去中国全国工业协会筹备委员之职，不愿为他们作嫁衣裳而反来危害我们工业界自身。社会部对我除力加慰勉外，还派陆京士再三挽留。我表示坚决不干，如此就把这个筹备工作停顿了两个月之久。

到了次年1943年初，谷正纲邀我在重庆"小洞天"吃晚餐，席间再三劝我重搞中国全国工业协会筹备组织工作，并主动表示，关于理监事人选准许都由会员"民主自由"选举决定之，上级绝不加以干预。

抗日战争期间，重庆的工业团体，除迁川工厂联合会之外，还有重庆厂商联合会及中小工厂联合会，后来又有战时生产促进会与西南实业协进会等。为使工业团体不各行其是，做到事半功倍，必须进一步联合。工业界认为，必须有一个统一的领导机构。我也认为中国全国工业协会这样的团体，我们工业界是需要的，我所反对者是CC系预备操纵利用这个团体，而今谷正纲既有放弃干预的表示，为民族工业，也为自己的工厂，我当然还是愿意再把"中国全国工业协会"筹备组织工作搞起来。

筹备委员会办事处就设在重庆白象街116号中国亚浦耳厂办事处总管理处。有一天，吴蕴初来白象街访我，表示愿参加中国全国工业协会筹备组织工作。这种对工作的热忱，我们当然表示欢迎。吴对筹备工作确很认真，有会必到，极少请假缺席。当时刘鸿生在重庆办有几个工厂，他的火柴原料公司的办事处就在重庆林森路太平门上去不到望龙门，与白象街亚浦耳厂总管理处背面斜角，相距不远，因此刘鸿生与我常相互往来走动。

有一次，刘鸿生到白象街我处谈起中国全国工业协会的理监事人选及理事长问题。他问我是不是要当一个主要领导人（就是理事长的意思）。我摇头说："我搞公众事业，从来没有领袖欲。中国全国工业协会理事长之职，你刘鸿生、苏汰余及年富力强的当地人胡子昂都很够资格。待这个工业团体成立，我倒愿意担任一个做实际工作的常务理事。"刘鸿生对我说："吴蕴初很有意当中国全国工业协会理事长，我们都是上海人，你帮帮吴的忙好了。"我对刘笑笑而未表示意见。刘临走时还要我对吴蕴初担任理事长之事加以考虑，我允与大家相商一下。

一次筹备委员会之后，吴蕴初留在白象街办事处与我同进晚膳，饭后吴与我同到我的私人休息室促膝谈心。吴蕴初很诚恳地对我说明，他不久将要出国一行，极盼能获一个有代表性工业团体的荣誉头衔，如能得到"中国全国工业协会"理事长之职，不但在国际上获得一种体面，而且在国外行动也可以得到许多方便。吴蕴初言后深深托我这次帮他的忙。

我想吴蕴初是位有工厂的工业家，不是靠一张嘴自我吹嘘、两条腿东荡西钻的政客。隔日，我与接近的几位工业家谈起此事，大家认为吴蕴初既托了刘鸿生，刘亦专程与我说过，最后吴蕴初还亲自向我说了真心话，还是同意吴出任理事长之职为好。为了顾全各方面，经过几次座谈商讨，大家一致推吴蕴初为未来的"中国全国工业协会"理事长。

又经过几个月筹备工作，由于后方工业界的热忱协助，工作进行尚称顺利。1943年3月18日，假迁川工厂联合会的会场召开了中国全国工业协会成立大会，社会部长谷正纲、经济部长翁文灏出席致辞。大会票选刘鸿生、苏汰余、潘仰山、潘昌猷、胡光镳、吴蕴初、李烛尘、吴羹梅、余名钰、章剑慧、厉无咎、薛惠麟、胡厥文、马雄冠、周茂柏、李祖绅、张剑鸣、李允成、颜耀秋、王佐才和我等为理事。3月25日，假座林森路国际联欢社召开第一次理事会，选出苏汰余、刘鸿生、潘仰山、潘昌猷、吴蕴初、吴羹梅、李烛尘、胡厥文、荣尔仁和我等为常务理事，公推吴蕴初为理事长。吴蕴初又名葆元，抗日战争前与上海张崇新酱园老板张逸云合办天厨味精厂。抗日战争时迁厂到重庆牛角沱，分设天厨味精厂、天原化工厂。

之后不久，永利碱厂范旭东赴美，到美国后发来一电报，由张公权转交给我。范旭东需要一中国全国性工业团体会员的名义，为他在美进行工作提供便利。范非工协会总会会员，有人不同意给范以任何名义，但我认为，中国工业家在国外是一体的，我们在顾全国家体面，从大局着想，对范旭东不应有所歧视。我邀集全体常务理事开会讨论，绝大多数允诺范的要求，于是就急电美国纽约，给范旭东中国全国工业协会总会代表名义，并给予名誉理事一职。

同年10月，中国全国工业协会重庆市分会筹备成立。在筹备期间，CC系又要插手进来。他们硬要推官营中央造纸厂负责人张剑鸣（张系国民党政府张静江之侄）为工业协会重庆市分会理事长。我们以为"中国工业协会"大多数会员都是民营工厂，而重庆市分会的会员几乎绝大部分都是民营的，倘来一个官营的官僚来领导，怎能代表整个会员工厂的利益呢？张剑鸣本人资格也根本不配担任中国全国工业协会重庆市分会的理事长。故我们提久大精盐公司的李烛尘为理事长候选人。李系范旭东企业系统的人，CC系决难同意。我与大部分工业家都反对CC系的支配。最后唯有取决于会员代表的意见。选举结果，李烛尘当选为中国工业协会重庆市分会理事长。

三、迁川只为图利？看曾琦、左舜生的拙劣表演

1941年5月，民主党派张澜、沈钧儒、黄炎培等邀集其他民主人士与有代表性的民族工业家，在重庆郊区特园举行座谈会，我与刘鸿生、李烛尘、吴蕴初、苏汰余等十余人均被邀出席，青年党曾琦、左舜生亦在座。大家所谈的大致是当时形势，如战争、经济、工业、农业以及后方人民的生活问题等，重点是经济与生产问题。

出席者从各自岗位出发，都提出了一些意见。我们工业界表示，一本抗日初衷，不管有任何艰难，对抗战绝不动摇，并提出了几个问题有待政府解决，还吁请在座各位予以协助。首先是工业原材料、燃料等问题，其次是工厂经济周转问题及交通运输问题，虽有先后之分，但又有相互连带关系，缺一就会影响全部。大家对我们提出的问题和请求都表示同情，愿意协助我们督促政府主管部门迅速予以解决，以利后方生产。

正当大家热烈发言间，曾琦不甘寂寞，也起立凑趣。他说的大意是，生产确是战时的重要问题之一，大家都很注意，是应该的。开工厂的人到后方来无非是为图利，在座各党派代表要使开工厂的人有利可图，他们才会心定，才肯在后方安居乐业。

曾琦的话有侮辱性，激起在座工业家的不满，有人起立驳斥。左舜生看到这样形势，即为曾琦辩护。他说："工厂图利是合法的，谁开厂不为图利呢？所以图利是开工厂的人的目的，大家可以不必讳言。"

我忍不住起立发言，说明我们工厂内迁的主要目的，是协助政府抗战，完全出于爱国热忱，后方国防、民生少不了我们这批工厂，如果我们专为图利，不知爱国，何必千里迢迢，历尽艰辛，来这个不具备创办工业条件的地方，过战时生活呢？如果根据曾、左他们的逻辑，二位到后方来，莫法图利就只好图名喽。倘若从事政治工作的人，日惟热衷于追求名利，国家何堪设想。曾、左两人至此始赧然语塞。这些青年党代表，太低看我们民族工业家了。

四、白象街116号，组建民主建国会

抗战期间，特别是中、后期，蒋介石政府媚外卖国，贪污无能，消极抗日，积极反共，对民族工商业横加摧残。面对国民党官僚资本日益膨胀，民族资本企业处境危殆、朝不保夕，民族工业家强烈不满，要求民主、自由的呼声日益高涨。

为了维护民族工商业者的利益，我们曾经联合组成迁川工厂联合会、中国工业协会、西南实业协会、国货厂商联合会、中国生产促进会、中国中小工厂联合会等，我们在为争取生存而提出经济要求的同时，也不断提出自己政治上的主张和要求。1945年5月20日，在重庆《宪政》月刊社召开的座谈会上，黄炎培质问国民党当局："那些天天在呼号求救的工业家们，为什么还得不到应有的保护？"我更直截了当地指出："要解救工业，扶持生产，第一个课题就是先要取消统制政策。"

在这一新的形势下，中国共产党及时采取各种方式，进一步加强同工商界的联系。当时，除了通过参加工商界集会和私人接触联系外，共产党还邀请工商界知名人士座谈。1944年冬天，由周恩来、王若飞共同出面，邀

请在渝的工业家刘鸿生、吴蕴初、李烛尘、章乃器、胡西园、余名钰、吴羹梅、颜耀秋、陶桂林等40多人出席座谈会，会上周恩来强调爱国主义，强调抗战要坚持到底，民族要独立，国家要富强，工业家要为国家做出贡献。这种语重心长的箴言，深深地铭刻在后方工业家的心中。

在中国共产党的影响下，在国民党政府的压迫下，民族工商业者迫切需要建立一个在民主团结、和平建国中发挥作用和维护切身利益的政治组织。一天上午（大约在抗战后期），胡厥文来找我，他对我说有重要事情商量，并说过一会儿黄炎培也要来的。黄炎培和胡厥文对我说：工商业民间团体虽多，但力量分散，必须组织一个统一的党派，才能更有力地和蒋政府折冲。我听了黄炎培和胡厥文的分析，完全同意他们的主张。

不久，由黄炎培、胡厥文、吴羹梅、章乃器和我等在重庆白象街116号发起组织民主建国会，办事处设在重庆白象街116号。同年3月3日，第一次会议就是在那里举行的（当时五人中不知哪一位说，时间很容易记，3月3日，巧得很）。据我记忆，当选理事的有胡厥文、黄炎培、章乃器、胡西园、吴羹梅、李烛尘、杨卫玉、孙起孟、胡子婴、鄢云鹤、俞寰澄、张澍霖、庄茂如、章元善、王载非、徐崇林、张雪澄；当选为监事的有李组绅、冷遹、董幼娴、姚维钧、杨美真。次日，在同一地点举行理监事会议，黄炎培、胡厥文、吴羹梅、胡西园、章乃器被选为常务理事，轮流担任执行主席；被选为常务监事的好像有姚维钧、冷遹。每星期召集常务理事会一次，由常务理事和有关人员参加。

常务理事分工如下：

黄炎培：政务组

胡厥文：总务组

吴羹梅：计划组

胡西园：联络组

章乃器：宣传组

在民建成立初期，由于蒋政府的压迫，未能公开，只得暗地领导民族工商业团体多做实际工作。有一次，我在重庆见到周恩来副主席，向他口头呈报了民建会的情况，极蒙周恩来副主席的赞许和教育，周恩来副主席说："前途光明，好自为之。"令我终生难忘！

在重庆白象街116号召开了好几次民建常务委员会后，环境渐渐恶劣起来。首先由沈钧儒老先生告知，有特务注意我们的行动，随时可能发生危险，要我们谨慎小心；继又有《时事新报》崔唯吾告诉我们说：你们酝酿组织，已引起蒋政府的关注，谨防发生意外，要注意安全；隔不多久，《大公报》王芸生碰见我说：你们组织党派，为蒋政府大忌，要注意环境，不要轻忽；此后，黄炎培也对我说：白象街116号我们不要再聚集了，要避免意外，需机密谨慎，行动要镇定稳健，一切少留痕迹。以后民建会就在别处，以聚餐会作为民建常务会，不签名，不记录。民建小组活动开会多次，有时借胡厥文家，有时借章乃器家。有一次，章乃器本人有病，还是要借他家聚会。民建对外不公开，行动以"迁川工厂联合会"名义进行。

初期民建会不公开，以聚餐会代常务会，但蒋政府对白象街116号的监视仍未放松，该处附近还是常有形迹可疑的人蹀躞往来。在这种恶劣环境中，民生公司经理张澍霖匆匆跑来我处，他得悉外面风声对我很不利，要我暂时收敛，立即离开白象街116号，方算较为安全。因当时民主人士及进步分子惨遭杀害，时有所闻。于是，我就到重庆乡下沙坪坝自己家里躲息一短暂时期。

抗战胜利后，条件逐渐成熟，1945年12月16日，终于在重庆白象街西南实业大厦举行大会，公开宣布民建会成立。大会选举了理事37人，监事19人。1945年12月19日，民建在迁川工厂联合会召开第一次理事、监事联席会议，选出常务理事11人：胡厥文、章乃器、黄炎培、胡西园、施复亮、吴羹梅、李烛尘、杨卫玉、孙起孟、章元善、黄墨涵；选出常务监事5人：李组绅、冷遹、彭一湖、张雪澄、刘丙吉。1945年12月20日，民建会召开了第一次常务理事会，通过设立各办事处、组等办事机构，并推定各处、组负责人：

秘书处：主任　孙起孟，副主任　何萼梅、范尧峰；

财务组：主任　黄墨涵，副主任　鄢公复；

会员组：主任　章乃器（后又选副主任　赵懿明）；

分支会组：主任　杨卫玉，副主任　温仲六；

言论出版组：主任　施复亮，副主任　毕相辉、伍丹戈；

技术研究组：主任　胡厥文，副主任　鄠云鹤、魏如；

事业推广组：主任　章元善；

对外联络组：主任　胡西园，副主任　徐崇林。

从此，民建会就进入了公开活动的历史时期。

第四节　抗战胜利

一、毛泽东的三次接见和吴铁城、陈立夫几次三番的宴请

1945年8月，毛泽东主席不顾蒋介石的政治阴谋，为国为民毅然来到重庆。这一英明举动使全国人民极为振奋，并使世界进步人士极为感动。在这期间，我几次谒见毛主席，幸福光荣地面聆主席的谆谆教诲。主席赐给我明训，真如大雾迷漫中忽然出现太阳，使我开始认识到中国共产党的伟大以及人生新的意义。

1945年8月，抗战胜利了。八年战乱，备尝艰辛，创深痛巨，人民渴望抗战胜利会带来和平、民主和发展。而蒋介石采取假和平真备战的方针，三电毛泽东主席来重庆和平谈判。1945年8月28日，毛泽东主席来到重庆。我与当时的进步人士和有识之士，欢欣鼓舞。虽在蒋介石政府暴力的压迫之下，但我们不顾一切，积极地为群众进行各项工作。毛主席在重庆期间除与国民党政府和平谈判之外，还经常与群众接触，深受群众热烈拥戴。我们工业界亦成为毛主席邀见咨询的对象，我等也常在我们工业界及所接触的各行各业一般群众中大力宣扬共产党的政治主张。

1945年9月一个碧空朗日、天宇澄清的日子，30余位有代表性的工业家（胡厥文、颜耀秋、李烛尘、吴蕴初、潘仰山、刘鸿生、黄师让、章乃器、周茂柏、庄茂如、章剑慧、王佐才、支秉渊、余名钰、周锦水、冼冠生、厉无咎、鲜特生和我等）应毛泽东主席之邀，到重庆郊外"特园"出席茶话会。毛泽东主席、周恩来副主席和王若飞参谋长与我们亲切交谈，

历时三小时余。毛泽东主席分析了国内外形势及和平建国方针，并阐明了共产党对民族工商业者的基本政策。毛主席及党中央领导人和蔼可亲，我们衷心敬爱，大家愉快地畅所欲言。

隔了几天，1945年9月17日下午，毛主席在30余人中特邀了七人在重庆城外"桂园"聚餐。被邀参加的有刘鸿生、吴蕴初、范旭东、吴羹梅、章乃器、潘昌猷和我。大家围坐一席，同席进餐的除毛主席之外，还有周恩来副主席、王若飞参谋长。当时，周恩来副主席对我说了亚浦耳灯泡厂战时后迁对战区照明出了大力，帮助抗战不小等语。毛主席在席间作亲切的教导，详细询问了工商界的情况和要求，赞扬我们为发展民族工商业所作出的贡献。大家感到非常幸运和兴奋。

又隔了几天，毛主席再次会见我们（刘鸿生、吴蕴初、范旭东、章乃器、吴羹梅、潘昌猷和我）这一席人，在重庆曾家岩中共驻渝办事处聚餐。我庆幸多次坐在毛主席的身旁，承主席谆谆教诲、殷殷勖勉，这是我有生以来最最不平凡的际遇。这不但是我生平难得的光辉灿烂的一页，而且激励着我为事业奋斗一生。1949年春，毛主席在北平召见少数上海去北平的工业家时，垂询及我的情况。我在上海闻悉之后，万分感动。我经常回忆过去几次见到毛主席的情景，当年主席平易近人的笑容、挥洒风趣的谈吐、和蔼恳挚的丰仪及亲切谆谆的教导，我一辈子铭刻在心中，成为我前进的动力。

在我等拜谒毛主席之后，蒋介石政府对我等有不少危言恫吓，不愿我等向中国共产党靠拢。讲实在话，我蒙毛主席教导后，对中国共产党的看法确实大大有了改变，并恍然明白了国民党政府对中国共产党的反宣传是诬蔑性的，为我在解放前夕决定不跟国民党去台湾打下了基础。

在重庆，毛主席对人民的影响越来越大，人民对毛主席拥护爱戴的热忱也越来越高涨，这使国民党政府感到莫大的惊恐与惶惧。在这种局促情况下，蒋介石也非常注意此事。在当年九十月间，国民党中央党部秘书长吴铁城频频要我到他处去谈话，因为我是当时中国全国工业协会总会代理事长。第一次，吴铁城约我到国民党中央党部去进午膳，他要我发动召集以工业协会总会为首的在渝的各工业团体联合会，宣传他们所谓的"和平诚意"，还要求工业界不要轻信"中共一面之词"等等。我不愿这样做，但表面上只得对吴铁城说，我们工业界领导人没有具体资料，经不起群众的几次盘问，即使有资料亦得不到群众的充分信任，因此，开会的功效不大。吴铁城以我为工业团体负责人，希望能多与他们合作。我想如果当场直接拒绝，一定会使他们恼羞成怒，于我们以后的工作不利。我就虚与委蛇，佯说回去与工业界其他中坚分子研究办法，暂作脱身之计，以后拖它一个时期，过了热潮，或可不了了之。

时隔不久，大约在10月初，吴铁城又第二次约我到中央党部。我到时，潘仰山（豫丰纱厂经理、重庆市厂商联合会主席）已先在。吴铁城准备召集有代表性的工业家举行一次宴会，要我们提供应邀请的工业界人选。我主张人选应该由他们来决定，我们只供给各工业团体工业家的名册，潘仰山也赞成这种做法。吴铁城还要我回去后尽快将名册送到中央党部，并说他还有事与我商谈。到了第三天，吴铁城亲自打电话到亚浦耳厂办事处找我，要我送工业家的名单给他。吴铁城平时办事总是拖拖拉拉，这次主动由他来催我还是破天荒第一次。可见，慑于中国共产党的威力，国民党政府是多么焦急恐慌。

我于当天下午将中国全国工业协会总会会员名册、迁川工厂联合会会员名册以及重庆市厂商联合会会员名册一并送到中央党部并交吴铁城。吴要我在这三个工业团体中圈出50个左右的工业家，以便他们发柬邀请。我对吴说："以我个人看法为依据必有厚此薄彼之处，若这样做，反会失却联络工业界的原来意义，不如由中央党部征询有关工业部门的意见，可以顾到全面，较为妥善。"当时我想，吴铁城要我提名是另有阴谋的，我如果上他的钩，真的圈定名单，就一定会推选出志同道合的进步人士，他们从而可以更了解哪几个是"左倾"的工业家，以便于他们对这些人进行摆布。吴虽再三"嘱咐"，但我总以不敢一人包办为借口，坚持不肯。吴亦未便强制。后来，听说吴铁城真的会同经济部、社会部选出来40余名工业家，而且这些名单还要经过蒋介石过目，方可确定。

约在10月10日前后，陈立夫假座"新生活"俱乐部，邀请20余家较大工厂的负责人，举行茶会座谈，我亦为被邀者之一，谷正纲、潘公展也在座。他们谈来谈去无非是对中国共产党进行种种诬蔑，以离间中共与工业界的感情。到了10月中旬，我接到吴铁城、陈立夫、谷正纲三人具名的请柬，约在中央党部招待室"菲酌候光"，有40余名工业家参加了这个宴会。向来不在一般会议露面的CC系首领陈果夫居然也来了，还袖来了小痰盂罐，佝偻出现在众客中。首先由吴铁城说了一段开场白，大致是说，这次的招待宴会原定由蒋介石亲自来主持的，因蒋介石抽不出时间，只得由吴铁城等三人来主持。表示国民党对在座工业家的"尊敬"和"推崇"的"诚意"，并对"整个工业界的重视"。继由谷正纲、潘公展大叫大嚷，也不过仍是歪曲事实，对中国共产党造谣诬蔑。工业界中有若干糊涂人也起立和调帮腔。当时，几个国民党头目频频注视我们这几个他们所认为的"左倾"分子，似乎要求我们发言。我推说咳嗽，不能发言，其余与我们接近的几个工业家看到我们几个人都默不作声，也都不声不响了。最后，潘仰山起立说了一阵，在零零落落的掌声中，这幕活剧就此告终。

隔了五六天时间，吴铁城又在国民党中央党部他的办公室外套房摆了一桌中菜，邀请了刘鸿生、苏汰余、张剑鸣、潘仰山、潘昌猷和我及重庆市商会的几个负责人等。席间，吴铁城仍强调，大家不要轻信共产党的片面宣传，国民党是一心一意"追求和平"的，但真正和平能否达到目的，关键还是在于共产党方面等等。吴还要求工商界从拥护"政府"出发，大力宣传这种"真相"。其实，国民党政府玩的是做贼心虚的把戏，妄图以此掩盖他们背信弃义、撕毁"双十协定"的罪行。纸是包不住火的。国民党政府滔天罪恶终于暴露无遗，遭到了广大人民的反对。

二、我主持的"星五聚餐会"上，周恩来发表对工商界的历史性讲演

在迁川工厂出品展览会上，我招待了周恩来副主席到会场参观。周副主席对中国民族工业一向非常重视和关怀，对展览会形形色色的中国工业产品非常赞许，对我们用简陋机器做出这样的成绩更为嘉许。周副主席还在接待室与我长谈，并给予我宝贵的教导，还在纪念册上题词，为中国民族工业的发展指明了方向，使我们得到莫大的鼓舞。后来，周恩来副主席在重庆郊外特园、曾家岩、桂园及中共驻渝办事处等地，又多次与我亲切谈话。周恩来副主席从展览会回去后，又派人持字条来找我。原来，周副主席在展览会纪念册留词时漏了一个字，他在字条中指出第几行第几字后漏了一个"某"字，嘱我代他注入。我们惊叹周恩来副主席记忆力之强，实非一般常人所能及，更敬佩周副主席做事的严正和一丝不苟。周恩来副主席连续去参观了两次展览会，董必武、邓颖超同志也曾光临，显示出他们对民族工业的亲切关怀。

1945年，周恩来副主席应西南实业协会之邀，赴重庆白象街该会演讲。在周恩来副主席演讲会的前一天，西南实业协会特召集一次常务理事会（西南实业协会是常务理事制，不设理事长，每次开会由常务理事轮流主持），目的是要在本会常务理事中公推一位富有资望声誉而又进步的工业家来担任演讲会的主席。经过讨论，全体常务理事推我为次日大会的主席。我想，我是一个力薄德鲜之人，恐怕难以担负这一重任，但周副主席惠然光临指导，是一件非常荣幸之事，我被推为主席，更是一件具有历史意义的光荣任务，也是大家对我的信任。我遂亦当仁不让，欣然承诺。

10月9日，周恩来副主席应西南实业协会之邀请，出席星五聚餐会演讲，演讲的题目是"当前经济大势"。这次出席的人数是空前的多，除了

会员之外还有许多是特地来旁听的。座位不够，大家只得站着。站不下了，只好到窗外、门外去。因为大家尤其是大后方的民营工商业人士对这个问题是太关心了，急切需要寻求一个答案。

周恩来副主席莅临开会之日，首先我在主席位上站起来，郑重作简要的开幕词，周副主席在雷鸣似的掌声中起立讲演，谆谆施教，大家屏息静听。恭聆周副主席演讲的都是各地来渝的金融界、实业界有代表性的负责人。周恩来副主席首先讲的是政治环境问题。他认为，工业界关心政治是个很好的现象。工业团体曾经有信写给国、共两党，要求派代表参加政治协商会议，代表工业界讲话，我们认为合情合理，而且是十分必要的。为了战后工业建设，首先就要安定政治环境，而安定政治环境，又不外和平、民主两件事。但和平需要从实际出发中求得，民主不但政治上要民主，经济上也要民主。中国今天却是管制得太多，统制得太过分。实际上其内容就是新民主主义，理真义精，令大家如在黑暗中见到了曙光，万分振奋，这对中国工商企业家抉择自己以后所走的道路起着决定性的作用。次日，各报均有消息发表，《新华日报》有较详细的记载。及今回忆，倍感荣幸。

对当时周恩来副主席的演讲，除反动的《中央日报》及《扫荡报》之外，所有各进步报刊都表示拥护，各报刊都将周副主席的讲词发表在引人注目的头版显著位置。我这个演讲会的执行主席，在周恩来副主席威望影响下，附弱骥荣叨光辉，得露名在此具有文史价值的重要特讯中。

这则新闻传播非常广泛，国民党反动派对我非常忌恨。国民党中央党部秘书长吴铁城和组织部部长潘公展多次找我麻烦，用威吓欺骗的伎俩对我施加压力，责难我不应该与共产党接近，更不应该和共产党一起做宣传工作。他们实在是怕我们工商界逐渐明了中国共产党确是大公无私、为国为民的政党，解放人类的救星，从而增强对中国共产党的信心，而使他们自己陷于不利。在反动派黑暗统治的虐政暴力下，我表面上只得与他们虚与委蛇，而内心却越加敬仰中国共产党。

三、抗日胜利了，内迁工厂老板的前途却一片黑暗

在抗日战争时期，在四大家族统治下，民族工业受到官僚资本的排挤和美国商品倾销的打击，在这双重的压迫下，民穷财尽，经济处于总崩溃的边缘。当时，我对国民党祸国殃民的反动统治极度愤恨，与来访的新闻记者谈话时，曾说过中国不亡于日本，如今却要亡于经济总崩溃等语。当时，中国形势之严重危急，如果没有中国共产党和毛主席，全国人民真会堕入万丈深渊，前途何堪设想！

抗日战争后期，国民党政府的经济情况愈来愈糟，通货不断膨胀，物价上涨转剧。在当时所谓的行都重庆，工商业呈现出衰落气象。大部分内迁工厂在四大家族经济掠夺之下，奄奄一息，大有朝不保暮之势。1945年8月6日以后，日本准备无条件投降的消息传来，重庆到处狂欢。美帝兽兵在大街上看到年轻妇女，不问青红皂白就把她们拉上吉普车，去参加所谓普天同庆的狂欢，吓得当时在重庆的妇女们不敢外出，如迫不得已要外出都从小街小巷转，大街上年轻妇女几乎绝迹。

这个时期内迁工厂的苦难更加深重，各行各业停止进货，商人慌忙把货物削价抛售。解决因取消定货而引起的纠纷，成为工厂每天的例行公事。到了8月15日，日本宣布正式投降时，内迁工厂除少数经济稳固资力雄厚的企业外，大部分已到了瘫痪状态，职工生活无着落，老板前途一片黑暗。

在八年抗战的苦难历程中，工业界发挥了应有的作用，尤其是经过长途跋涉、历尽千辛万苦的迁川工厂。但是抗战胜利后，国民党政府不顾内迁工厂的困难，弃之如敝屣，引起舆论的正义指责。如当年8月19日《大公报》社评中，有"迁川工厂在战期负起大后方工业支撑抗战的作用，功绩甚著。抗战末期，因政府工业政策未尽适当，各工厂陷入进退两难的境地。胜利以后，遭遇到意外的困难，交通运输完全停滞，复员东归既不可

能，继续开工也绌于资源，更加洋货侵入内地，感受威胁更大，内迁工厂真到了岌岌不可终日的状况"等语。

当时重庆市社会局统计室对迁川工厂作了统计：机器制造业迁川厂数185家，停业98家，留川87家；化学工业迁川57家，停业3家，留川54家；纺织工业迁川37家，停业1家，留川36家；电工器材制造业迁川33家，停业15家，留川18家；冶炼工业迁川20家，停业3家，留川17家；印刷出版业迁川18家，停业1家，留川17家；综合工业迁川15家，停业1家，留川14家；建筑业迁川9家，停业0家，留川9家；皮骨、毛骨及橡胶制造业迁川7家，停业0家，留川7家；服装用品制造业迁川5家，停业0家，留川5家；饰物文具食品制造业迁川4家，停业0家，留川4家。以上390家工厂中，停业122家，不过三分之一。据我们所知，其实大半厂家都已停业，只是还未正式报称停业。根据当年7月17日重庆《商务日报》所载，停业而未正式向社会局登记的迁川工厂至少还有三分之一。这是事实，并非虚构。以迁川工厂停业的情形，就足以说明当时工业凋敝的一斑。中国全国工业协会重庆分会的会员工厂共有470余家，其中二分之一停工；中国中小工厂联合会会员工厂共有1151家，其中竟有80%以上停工。

从这些统计数字中可知当时工业危机的严重，尤其是中小企业处境更为悲惨。当初战事一起，这些工厂即热心跟着政府到后方生产救国，协助抗战，而今留在重庆寸步难移，成了无人一顾的伶仃孤儿。这批工厂若停工，就会坐吃山空；若要开工又没有原料，出货也没有销路；想要搬回老家又没有盘费，真是走投无路，一筹莫展。

那批平时以爱护工业、提倡生产为口头禅的主管工业的老爷们，争先恐后纷纷东下到全国各大城市、通商巨埠，特别是油水最足的上海。"劫收"大员吃得脑满肠肥大腹便便，成了巨万富翁，哪里还听得到内迁工厂苦难的呼声。我们身任工业团体的负责人，不能让这种情况继续发展下去。抗战胜利后内迁工厂善后工作的重担，就落在重庆工业团体的肩膀上了。

当时，中国全国工业协会总会还留在重庆，该会理事长职务由理事会全体理事公推我以常务理事代理。迁川工厂联合会前任主任颜耀秋回了上海，现任主席胡厥文、常务委员吴羹梅和我，委员刘鸿生、李烛尘等都还在重庆。我们这几位工业家当时受了共产党直接或间接的影响，思想颇有进步。

我们会同迁川、湘、桂各厂负责人，在重庆道门口银行俱乐部召开了迁川工厂联合会会员大会，商讨各工厂应付困难的办法。大会通过了四项决议：一是充分供给开工工厂的原材料，并贷给其所需的流动资金；二是收购各厂滞销的工业品；三是收买已关工厂的机件设备；四是贷款或资助内迁工厂回乡，并协助其开工。要求主管机关立即办理。大会并推出胡厥文、吴羹梅、刘鸿生、李烛尘和我等为代表，全国工业协会总会复推上述五人为代表，以双重身份同国民党政府交涉有关贷款的各项事务。因刘、李两位年高，具体工作由胡厥文、吴羹梅和我三人担任。

我们先到经济部与部长翁文灏磋商办法，因厂多费巨，翁认为经济部无法单独负责，非与财政部合作不可。于是，我们又去上清寺（地名）财政部，并邀同刘鸿生、李烛尘二老一同前去，适财长俞鸿钧赴行政院开会，由该部次长顾翊群代为接待。顾以电话与俞鸿钧联系后向我们说道，行政院会议即将结束，俞部长当赶回部来。当时正值8月，天气非常闷热，刘、李二老已有不支神态，我们不等俞鸿钧回来就离开了财政部。次日，先与俞鸿钧约定后，胡厥文、吴羹梅和我三人前去与俞面谈贷款之事。我们给俞看了大会四项决议及各项贷款分配计划，需款数额大约法币100亿元左右。俞装腔作势地表示，对这批工贷是同情的，但数目过于庞大颇感为难，大有爱莫能助之意。

四、面见宋子文，为内迁工厂请愿

1945年8月下旬，各地内迁工厂已到了山穷水尽、罗掘俱穷的地步，贷款之事实在不能再拖下去了。于是，在新川大戏院又召开了第二次迁川工厂联合会会员大会，并请经济部翁文灏出席答话。翁在大会上强调贷款数字太大，一时难以即办，政府并不是不顾内迁工厂，正在设法，请大家再忍耐一下。在国民党官僚中，翁是一般人心目中印象比较好的一个，但是这次他的发言，嘘声四起，这是他在后方破天荒第一次碰到的，使他大为难堪。当时内迁工厂的困难严重恶化，身当其境者，其郁怒的情绪已到了不能自抑的地步。

1945年10月31日，三大工业团体——全国工业协会、迁川工厂联合会、全国工业协会重庆区分会召开三团体会员紧急联合大会，到会约300人，由吴蕴初、胡厥文、潘仰山任主席团。大会当场通过《后方工业界对目前紧急情势宣言》，宣言中具体说明了关于经济、生产和营业三方面的危机。既经、财两部若无法解决这个困难，大会一致通过组织请愿团，向行政院院长宋子文请愿交涉，以实现第一次大会的四项决议。

散会后，分组编队，请愿代表106人于下午3点半在上清寺（地名）集合，冒着霏霏细雨，浩浩荡荡步行到了曾家岩行政院，整整齐齐站在半环形石阶的两旁走廊等候，气氛非常严肃，大家都守约不吸烟。宋子文恰巧从楼上办公室下来预备出去，刚走到扶梯一半，瞥见这一大群的请愿代表，吓得马上掉头跑回楼上。请愿团递上去一份请愿书后，大约过了半小时光景，一个秘书模样的人下楼来，向请愿团高声说道："宋院长请你们推出代表去谈话，其他人可以先行回去。"请愿大众不同意，表示问题不解决绝不回去。

大家推出吴蕴初、胡厥文、潘仰山、吴羹梅、酆云鹤（女）、马雄冠、余名钰、周茂柏、徐崇林、尹致中和我等12人为代表。我们上楼进入院长办公室，见宋子文着米色西装，戴着黑框眼镜，面色很不自然。

他与代表们握手后，劈头第一句话就是，"侬（沪音上海话"你们"之意）勿要'三吓头'（上海旧语，大概是虚张声势唬人之意）。"

我对宋说："我们这100余人到这里来，事前没有与院长联系，使院长受惊了，但我们并没有吓人的意图，而是要院长为我们解决迫在眉睫的紧急问题。这整个请愿团的成员，都是工厂的经理和老板，我们是遵守秩序的，也懂得纪律，唯一的要求是我们要生产，并无其他恶意，请不要多心。"

接着，胡厥文把第一次内迁工厂会员大会的四项决议申述了一遍，并补充理由，说得头头是道，非常详尽。

宋听了后说："你们讲的许多道理，我听了莫名其妙，这等于对牛弹琴。"

酆云鹤就说："院长太客气了，中国人才无论怎样缺乏，不至于要牛来当院长。"

继而宋强笑说："老实讲，中国以后的工业，希望寄托在美国的自动化机器上，你们这批破破烂烂的废铜烂铁，济得什么事呢？你们要办工业，也要跟上时代，才不至于被外国所淘汰。"

我们听了宋的话，大为愤慨，于是列举各地内迁工厂对抗战的贡献，并指出战后这批工厂仍有很大的发展潜力，对国民经济将起积极的作用。宋终以理屈词穷，勉强答应接受请愿书，允为考虑后核办。但强调数额巨大，要我们去国民党政府找蒋介石，后又以代表人数太多加以阻挠。在这种情况下，大家推胡厥文、吴羹梅和我三人为代表，直接与蒋介石当面谈判交涉。

五、与蒋介石交涉，申请工业贷款50亿

次日，由胡厥文、吴羹梅和我三人将请愿经过情况向翁文灏汇报。翁说：看情况，这个问题要迅速解决，唯一的希望是蒋主席做出最后决定。翁意我等先与"国府文官长"吴鼎昌接洽，让吴请蒋先容，并安排见蒋的日期。翁本人允为联系陈布雷，让陈从旁协助，促使蒋早日接见我等。但蒋介石本人并不重视此事，借故推三挡四。

当时，请愿团向行政院请愿的事震惊中外，《泰晤士报》《纽约时报》的驻渝记者都纷纷发电报道了实况。重庆有一家外国人所办的英文报刊《自由西报》把那天请愿的情形原原本本都登出来了，且加以按语。大意说，一个资本主义国家的最高行政机关行政院而被本国的资本家所包

围，一个国家最高长官行政院长为群众所窘，弄得被迫屈服，这倒真是一桩世界新闻等的俏皮话。这不平常的消息惊动了驻渝各外国使节，引起了外交界对此事的纷纷议论。

当时外面纷纷传说继行政院请愿之后，全部内迁工厂将赴国民政府请愿。蒋介石深恐工业界再闹下去，在外国人眼里会有损他的尊严，于他会有不利影响，他这才开始有所顾忌。但是，迫使蒋就范的最主要因素，还是进步力量的严正指责和各界舆论的巨大压力。如《新华日报》《大公报》及重庆当地各报，对蒋政府漠视工业，尤其是抗战胜利后，对内迁工厂置之不顾，使其颠沛流离、陷入困境的大违人心的做法，都有极严正的指责。全国进步人士也对蒋介石对待内迁工厂有事有人、无事无人的态度，表示非常愤怒。

蒋介石无法躲避他的责任，在无可推诿的情势下，在我们到行政院请愿后的第五天，无可奈何接见了我等三代表。

话分两头，在我等三代表去见蒋介石的前夕，中国全国工业总会召集工业界核心开了座谈会，除我和胡厥文、吴羹梅三人之外，还有刘鸿生、李烛尘、黄炎培（黄老在新中国成立前长期参加国货运动，经常与工业界为伍）等十余人参加。召开这个座谈会的目的，是要做好见蒋的各项准备工作。由于我是中国全国工业总会代理事长，并且以前曾与蒋介石见过几次面，因此，大家推我为首席代表，由我先向蒋陈述来意，并提一提要求总纲；次由胡厥文谈具体问题；再由吴羹梅作最后补充。

次日上午，我等三人赴国民政府主席官邸，侍从官领我们到了大客厅，白崇禧、吴国桢、陈立夫三人已在，吴鼎昌到大客厅向我等招呼，嘱稍等一息（吴曾任实业部长，与工业界向有渊源）。待白、吴、陈先后分别见蒋出来后，侍从官即陪我等三人进入里面接待室。着浅灰色中山装的蒋介石装作彬彬有礼的样子，应酬着与代表们一一握手，并说"好久不见，好么"？双方坐定后，我先说明来意，强调内迁工厂在这次抗战中的贡献和以后在国民经济中所能起的重大作用，最后谈到内迁工厂陷于困境迫切需要贷款等情况，希望蒋迅予解决，并递给蒋节略一份。继由胡厥文将要政府贷款100亿元的用途和分配办法作扼要说明。唯恐蒋借口巨额贷款会影响通货膨胀，拒绝这次工贷，为了妥善起见，我们按照见蒋前一天座谈会的布置，由吴羹梅先加以说明，吴历述通货用在生产，而不是用在消费，不会起刺激物价的作用，并引证一些经济原理，再由胡厥文略作补充。

蒋介石拿一支红芯铅笔于日记簿上画画写写，写了几笔，说了几个"好，好"。在蒋介石对客谈话时，经常以"好"字来代替听到对方讲话的语助字，仅仅相当于一般人和别人对话时的"唔"、"哦"等字眼而已。所以在蒋说好字的时候，不一定表示你的话说得对，也并不表示他同意你讲的话。这次谈话蒋介石始终没有明确表态，这次交涉就算暂作结束。

次日，迁川工厂联合会召集请愿团全体代表开会，我等向大家报告见蒋经过情形。又过四天，财政部通知全国工业协会总会，所提的工业贷款批准50亿元。同时"四联总处"（中央银行、中国银行、交通银行、农民银行联合办事处）负责人刘攻芸也电话告知我说，50亿元贷款已批准，嘱来办好手续，即可发放。

我等即与刘攻芸商妥贷款办法及手续，一是贷款以承兑汇票方式发放之，二是贷款者为当然出票人，三是以迁川工厂联合会为承兑人，四是全国工业协会总会为担保人。这种史无前例的贷款办法，是我们依据当时实际情况而提出的，如果按照银行过去的惯例，承兑人、担保人非殷实的工商业不可，但在这样的穷困环境中，哪一家肯做承兑人、担保人呢？那时，国民党政府认为迁川工厂联合会、全国工业总会都是一个空的团体，这样的机构来做承兑担保人不符合银行规定的手续。我们工业团体代表们与国民党政府据理力争后，他们才被迫勉强照办。

在9月上旬末，各需款工厂根据议定的原则和贷款标准，在迁川工厂联合会会所办理贷款手续。得到贷款的工厂近300家，共计发放贷款约38亿元左右，代表们自己的工厂却没有得到工贷。除极少数工厂贷款后仍在重庆继续开工，大约有90%以上工厂贷款后迁回原籍。这批贷款从发放及至款到工厂，不到五个星期。有关贷款过程以及我们与宋、蒋交涉的经过，重庆各报刊都有详细的记载，可见这桩事情在当时很引人注意。

第5章｜东　归

追忆商海往事前尘·**胡西园**回忆录

ZHUIYISHANGHAIWANGSHIQIANCHEN　HUXIYUAN　HUIYILU

第一节 束装东下

一、厂事与国事，后者为先

1937年8月13日，日寇进攻上海时，上海虹口的亚浦耳总厂即遭沦陷，八年多来，全厂被践踏得支离破碎，凄惨万分，复工非常困难，千头万绪，百废待举，必须我亲去料理。当时我本要东回上海去筹划亚浦耳总厂的复工，但想到国民党反动政府的罪行，国事蜩螗，民不聊生，厂事与国事相较，当然以国事为先，厂事在后，重庆还有许多有意义的进步工作，需要我们共同去干，我遂留在重庆参加救国活动。

"双十协定"签订后，中国共产党忠实地执行这个协定，而国民党政府却把谈判和协定当作掩护部署战争的烟幕，蒋介石早在谈判之时就秘密发送了罪恶昭彰的"剿匪手册"。"双十协定"公布的第二天，国民党政府军队就在平汉、平绥铁路沿线向解放军大举进攻。"双十协定"被国民党政府破坏。中国共产党事前作了自卫准备，解放军给了进攻的国民党军队以沉重的打击。

国民党政府不顾信义发动内战，遭到广大人民的坚决反对。当时在重庆的进步人士义愤填膺，纷纷行动起来强烈反对国民党政府。沈钧儒、黄炎培、冷遹诸位及我，在重庆白象街116号中国亚浦耳厂办公大楼四楼作了数次会谈，商谈对策，交换外面各种消息，并在工业家座谈会上作扼要的报道，以使大家更加认清国民党残暴阴险的反动本质。大家都对国民党政府有无限愤恨，决心投身到反美反蒋的革命浪潮中去，并推我负责发动进步的工业家及中小工厂联合会成员中的积极分子，参加当年11月成立的重庆各界人士反对内战联合会（后改称为"重庆各界人民反对内战协会"），呼吁各界人民以行动来反对国民党政府的内战政策，反对美帝国主义干涉中国内政。昆明、成都立即响应，反内战运动很快扩大到全国各大城市。在昆明，12月1日，国民党反动军警闯入学校杀人，造成"昆明惨案"。人民反对内战、反对美帝干涉中国内政的怒火愈燃愈烈。我为中国共产党大公无私、为国为民的伟大精神所感动，并受到进步人士思想行动的影响，更加努力多做一些有意义的工作。到1945年12月30日去上海之日为止，我无一次不追随诸位进步人士参加各项会议。

二、重庆山城无所不在的"美"灾

国民党反动政府以美援为续命汤，以美军为护身符，把美帝国主义奉为太上皇。对驻重庆美军头目魏德迈手下的美军，国民党政府是无权、无法而又不敢管束的。因此，美帝兽兵在重庆横行不法，无所不为。他们每日酗酒滋事不一而足，有时还开枪杀伤人命；侮辱妇女，殴打行人，是经常的事；白吃强买，打店毁物，也不足为奇；坐了黄包车不给钱，还要痛殴车夫。有一天，我在重庆七星岗亲眼看到一群美帝兽兵，打走了车夫劫去一辆黄包车，互相拖奔追逐以为嬉乐，最后将黄包车从高坡推堕数十丈深处，车子轮折档断，车身跌成数块，兽兵就一哄而去。在美帝心目中，中国人的人格、中国的主权还存一丝一毫吗？这就是蒋介石政府卖国政策所造成灾殃的缩影。

除美帝兽兵为灾之外，美国货排山倒海倾销到内地，给重庆的工业带来无穷的灾害。国民党政府对美货泛滥熟视无睹，四大家族依靠美国货来发财。美国货由美国军舰包运，美国军人到处走私，中国海关对美货而言等于虚设。当时，由重庆到上海的轮船，人货都满，而从上海到重庆的轮船则满载美国货，重庆各工厂的产品销路因此大受影响。

美国奇异灯泡厂对中国工厂的摧残又死灰复燃，他们把大量奇异电灯泡装运到重庆倾销。由于重庆气候不适宜制造大烛光的电灯泡（重庆空气潮湿，有空气调节设备的车间方能制出优质的大烛光电灯泡），奇异厂就采取将销往重庆的大烛光灯泡涨价、普通电灯泡跌价的办法，与经销亚浦耳电灯泡的电料商店展开竞争。

当时重庆的爱国人士不愿用奇异灯泡。奇异厂姓傅的买办奉了美国奇异厂的旨意，开设一家小型的电灯泡厂，充当奇异厂的卫星厂，伪装国货工厂，加入同业公会，作为美国奇异厂的情报机构。这个厂生产的大烛光电灯泡及特种灯泡，都是由奇异灯泡改装的，冒充国货来欺骗人民。受愚弄的人虽有爱国心，结果还是买了改装的美国货。

当时，重庆所生产的充气泡质量是有一些问题，亟待改进，而亚浦耳上海厂因复工筹备尚未完竣，还未能出货。美国奇异厂故态复萌，又以大烛光电灯泡为奇货可居，抬价出售，奇异买办所开的厂也以假冒国产大烛光电灯泡在市场上助纣为虐。他们造谣说，亚浦耳厂制造充气泡的机械设备在内地已被炸毁，现在外国制造厂定货忙，一时不能供应这项机器，所以亚浦耳厂在短期内不可能生产出大烛光充气泡。还有谣言说，亚浦耳厂制造充气泡的工程师已被国营灯泡厂挖去，现在厂里没有能制造充气泡的工程师。种种蜚语谰言，不一而足。

事实胜于雄辩，亚浦耳总厂很快就复工了，不但恢复生产一般电灯泡，而且还生产2000瓦特以上的充气泡新产品（当时充气泡2000瓦特为最大），并与民生公司签订专运电灯泡去重庆的合约（当时因货多船舱少，一般货物往往无船承装上运）。这样数月之后，在重庆，各种亚浦耳电灯泡存货充足，奇异厂及其走卒的气焰一落千丈，在川的一般爱用国货人士大为扬眉吐气。由此可见，对付帝国主义分子，只有拿出自己的力量与之针锋相对地斗争，才能杀灭它的威风。

三、从上到下的空前混乱

蒋介石消极抗日，积极反共。他被全国人民压力所迫，虽做出抗日的姿态，但为了要保全他的兵力，国民党军队节节后退，一直退到重庆。蒋介石到了重庆，躲在峨眉山上，坐等胜利。抗战胜利之后，国民党政府一面伪装和平，一面磨刀霍霍准备屠杀人民。当时，反动政府的庶政废弛，形同瘫痪，整个社会非常混乱。就政治方面而言，贪污风行，公开贿赂，政府上下宛如贸易机关，开口美钞，闭口金条，一切事情非钱不行。至于经济方面，币值不断下跌，日用品及粮食价格无休止地上涨，外汇黑市价与官价简直无法比拟。在全国各大城市，脑满肠肥的"劫收"大员与冒充地下工作者的汉奸到处投机倒把，如群蝇逐臭，闹得乌烟瘴气。重庆的交通运输搞得一团糟。蒋介石的侍从室及特务机关人员包办飞机票，控制船只车辆。如果有急务要事须动身他去，或想回乡的工厂人员，因买不到船票、车票而无法启程，要出高价的贿赂，才能得到方便。老百姓要想回乡更是寸步难行。而四大家族的狗、猫却可以享受空运。

美帝国主义的各种消耗品及奢侈品大量倾销到中国，独有美国进口来的工业原料奇货可居，不断加价，尤其是美国垄断的稀有原材料价格涨得更猛。亚浦耳厂所出的电灯泡，受到美国奇异厂及其他外国灯泡的跌价竞争，而制造电灯泡的原材料价格反而大涨。亚浦耳厂又面临严峻挑战。

我当时虽身在重庆，想到全国电灯泡业的这种困难，大家认为应该同舟共济，一致御外，遂与上海同业取得联系，由工业团体要求政府主管机关做出挽救办法。但是，这批贪婪无能的反动官吏，他们的神经已被金银外钞的毒素所渗透，弄得麻木不仁，这样有关国计民生的大事，他们认为我们是小题大做。我们与之再三说明，这批"大员"还弄不清楚其中道理，以为大家既说美国货太便宜，妨碍中国工业产品的销路，怎么又说美国的原料太贵呢？他们只知捞钱不知其他的简单脑子，对此感到莫名其妙。我们要使这批蠢材明白道理，只得用最通俗简单的所谓"板贵棺材贱"的说法来启发他们。

对板本身价格较贵，一做成棺材就变贱货的例子，他们虽有所领会，但仍没有做出任何措施，原因是怕触犯美帝激怒上司。他们只为自身打算，反正老百姓的事吃亏者是老百姓，他们做他们的官，正是"笑骂由他笑骂，好官我自为之"，这就是国民党贪官污吏的哲学。所以，这批高坐机关的老爷们，干脆"闭门推出窗前月"，对我们所要求的事不理不睬。

当时，国民党简直像患内战狂的疯子，除专心进行屠杀人民的内战之外，其他各事已到不可理喻的地步。鉴于中国共产党领导的人民力量日益壮大，他们心慌意乱，手足无措，好像一个垂死之人，神不守舍，朝令夕改，举棋不定。这种日暮途穷的景象，使老百姓无所适从，局面更加混乱。

在这样全国空前混乱的境地，我们亚浦耳厂受尽了国民党四大家族的残酷掠夺。抗日胜利后，亚浦耳厂的苦难还在继续，仍不免重遭美国奇异厂的侵害。国民党反动政府唯美国之命是听，奇异厂就以主子的态度挟持国民党政府来压制亚浦耳厂。但是，我们有广大群众的支持和海外爱国华侨的爱护，在这种大混乱时期，冲破许多难关，给美国奇异厂以狠狠的反击。

四、八年零七十七天后重返上海

抗战时期，我入川最早。抗战胜利后，因我担任中国全国工业协会总会代理事长之职，为了解决后方内迁工厂的战后困难问题，联合工业界中坚分子，奔走呼号，向反动政府交涉工业贷款等等，因此，回乡亦较迟。当时，内迁工厂的悲惨遭遇急需挽救，而反动政府却把这些工厂在八年抗战中艰苦卓绝的功绩抛到九霄云外去了，忍令这些工厂窒息停工。我们经数星期向国民党政府的往返斗争，好不容易才领到工贷，始得把全部内迁工厂安顿下来，使留川、回乡者各得其所。为了恭迎毛泽东主席到重庆，参谒毛主席，并面聆主席的教诲，我又特地留在重庆。此后，为了参加重庆各界人士反对美蒋勾结的反内战联合会，反对国民党反动政府假和谈真内战及美帝武装干涉中国内政，我就又再留重庆一个时期。

后因上海来电频频催我回去，于是我转而对自己所辖的四川八个工厂做出安排。这八个工厂是电灯泡厂、机器厂、热水瓶厂、炼油厂、松香厂、化工厂、制革厂和胶木厂。其中，电灯泡厂、机器厂、热水瓶厂和松香厂由我自己负责任总经理，其余四厂我虽亦担任总经理，但下面都设有经理各主其事。到了我东下之时，对这八个工厂作一通盘安排，并把人事重新调整了一下。这八个工厂原则上是全部留在四川，职工尽量以当地人来补充，但有不少的江浙人仍愿留在四川工作。电灯泡工厂改名"亚洲"厂，作为亚浦耳厂在四川的卫星厂，经济、管理各自独立负责，互不相牵。其余各厂亦都做了新的部署。

八年抗战，我在四川留下了八个工厂，这或是过去四川从未有过的，或是过去四川少有的。解放以后，这些厂在党的领导下发扬光大，在大西南起着很大的物资供应的作用，很多产品还远远供应到西藏、新疆等边疆地区。回溯我们一行总算在抗战后为四川人民留下来这些生产机构，对地方、对国家都做出了一点贡献。

1945年12月31日，我搭飞机回沪。至此，我在抗日战争期间到后方从事工业生产整整八年零七十七天。我所搭飞机于当天下午到达上海，承中华工业总联会代表及上海市电工器材同业公会全体理监事惠临龙华飞机场接待，并即在福州路大西洋西菜社为我接风洗尘。

我到沪的第二天，就是1946年元旦。由于抗战胜利后国民党政府官吏来上海"劫收"贪污，上海被搞得乌烟瘴气，民怨沸腾。虽然在中国共产党领导下，中国人民打倒了日本帝国主义，取得了抗战胜利，但国民党政府又引美国进入中国，这等于前门拒虎后门进狼，令人民大大失望。所以，1946年元旦的庆祝并不热烈，整个上海处在冷淡气氛中。新年的市况外表似乎繁荣，而实际是非常惨淡，公债狂跌，法币币值继续暴落。国民党政府假谈和平真打内战，引起全国人民极大的反对。中国的爱国人士、进步报刊尽情揭发美、蒋欺骗人民的大阴谋。上海人民激烈反对国民党政府的内战政策及美帝干涉中国内政的怒火也普遍燃烧起来。

当时，上海非常动荡，人心极度不安。过去的汉奸及投机商人仍非常嚣张活跃，国民党的新贵及劫收起家的大富翁在纸醉金迷中穷奢极侈。上海租界虽被收回，但仍是牛鬼蛇神黑暗的魔窟。上海酬酢很多，都是彼此利用，有着不可告人的意图。总之，人民八年流血，没有使国家面貌有丝毫改善，而国民党四大家族的掠夺，使上海已变成了经济总崩溃的前哨。没有毛主席、共产党解放全中国，中国就要亡于这个经济总崩溃。

第二节　复员整顿

一、惨不忍睹的烂摊子——上海亚浦耳厂

上海亚浦耳厂是抗战时期受到日寇蹂躏最惨烈的中国工厂之一。抗日战争初起时，上海亚浦耳厂虽留有较多的原材料存货，但都被不肖分子与日寇里应外合陆续盗卖殆尽。由于亚浦耳厂在战前抗击日本电灯泡来华倾销，并夺取日本电灯泡在南洋各地的市场，因此，在沦陷为日寇占领区后，受到了它们报复性的残害。设在当时租界小沙渡路（现西康路）的亚浦耳分厂，因日本人的挑衅和亲日奸商排挤，不但厂务没有进展，而且生产也大大萎缩，致使海外侨胞虽有爱用国货之心，却批买不到大数额的亚浦耳电灯泡。

我回到上海后，查点本厂财产，发现除不动产（房地产）外，动产部分所余无几。至于存在银行的现款更少得可怜。所有旧债，按照我迁厂西上的预定计划悉数还清。如要重新开工生产，势非再举新债不可。我到沪一星期后，购买第一批原材料及机器配件等的大量流动资金，还是向重庆厂调拨借用的。辽阳路总厂几套自动制造电灯泡的机器及一大批新式绕丝机等，都被日寇芝浦电气厂拆装到北四川路另一家电灯泡工厂去了。抗战胜利后，辽阳路总厂被国民党政府的劫收机关作为敌产而封锁，其实厂内早已空无一物。

当时卖身投靠日本人的汉奸花了金钞美元，都摇身一变成为国民党政府的地下工作者。这些民族渣滓依然逍遥自在，用通过出卖灵魂、出卖祖国所得来的造孽钱，而过着荒淫堕落的生活，还恬不知耻地自以为得计。

有人这样直截了当地对我说："西园兄，你如不去重庆，现在一定可以成为一个中国大富豪了。"对这批认贼作父的无耻之徒的风言风语，我本不屑理睬，但为要给他们一棒，以示民族正气，就作了一个很简单有力的答复："我所得到的东西，你们这一辈子是不能得到的，也无法可以得到，这就是爱国精神。"

我在内地参加抗战八年，尽管在金钱、物质上不但一无所获，而且反被国民党四大家族彻底搜刮，牺牲很大，但一想到为国家、为人民效了绵薄之力，我就受到极大的鼓舞，产生巨大的动力，更加增强了生产国货、发扬国货、为祖国增产的责任感。

当时，上海亚浦耳厂早是一个千疮百孔的烂摊子，但我还是很乐观地鼓足干劲，把这个厂逐步恢复起来了。我对这批发国难财之辈确无一丝一毫的羡慕之心，对汉奸败类更是切齿痛恨。我坚定地站在本岗位与贪官污吏做斗争，与当地流氓地痞恶势力做斗争，驱逐了强占我部分厂房的坏分子，收回了全部厂房，并排除了孔祥熙企业对我厂制造日光灯的干扰，建成了日光灯部。

由于全厂工人的共同努力，亚浦耳厂不但很快就恢复到战前原状，而且还有大幅度的进展。亚浦耳电灯泡以头等中国货的声誉，主动与美国奇异厂去竞争，不断攻破它们垄断的营业据点。亚浦耳灯泡质量更臻完善，品种与日俱增，国人爱用国货的爱国心日益提高，美国奇异已不能像过去那样为所欲为了。

二、孔祥熙一手遮天，进口原料求购无门

四大家族在抢夺人民胜利果实之后，心更狠了。首先，强化金融统制、施行货币统一发行的办法，无异于给四大家族在金融上发财准备了一种更方便的道路。法币1元兑换伪币200元，弄得人民好苦啊！辛辛苦苦的积蓄即刻化为乌有，有很多人因此破了产。亚浦耳厂在上海所存的现款，

亦扫数被四大家族劫走。千千万万人民曾为胜利狂欢过，而今如水益深，如火益热，不得聊生，痛苦万分。四大家族接收了日寇在中国掠夺的庞大财富，变本加厉地掠夺人民，通过暴力以最低价格劫夺人民手中的各项物资，并对民族工业进行绞杀，其凶暴程度不亚于日寇。

对于原有或新设的民营工业，国民党反动政府采取接管或加入股份的办法，由政府"统筹办理或共同经营之"。四大家族及其系统下"人物"的蛮横强制劫夺，更加毫无掩饰地表现出来。这不是明目张胆并吞强占民族工业又是什么呢？对于还没有被接管或没有投资的民族工业采取商业垄断办法，来控制从外国进口或国内统购统销的工业用原材料，以窒息民族工业，迫使其毁灭。

孔祥熙有许许多多的官僚企业，其中有一个强华公司，是经营运输与进出口贸易的，它与各国洋行及在华的外国厂商代理机构签订一些非法的"君子"协定，彼此勾结，进行垄断买卖。四大家族以牺牲人民的利益与这些外国洋行及外国公司机构作交换条件，如给这些洋行、公司收购丝、茶、桐油、猪鬃等土产及钨、锑、锡、汞等矿产出口物资的便利等等。反动政府在新的国际贸易条例细则中规定，凡各工矿企业在抗日时期没有直接从外国订购过的物资，胜利后不得直接向国外订购，必须经过国际贸易机构代为订购，就是必须要通过洋行或四大家族经营的进出口机构，这显然是反动政府为便于四大家族控制原材料而采取的措施。中国亚浦耳厂制造充气泡的氩气及制造日光灯的纯氩气，当时必须由国外进口。

抗战期间，由于运输关系，我们无法从国外运进氩气，就以重庆中国炼气公司的氮气代替，这种灯光的光效率相当低。抗战胜利后，亚浦耳厂向外国订购氩气、纯氩气及制造日光灯的成套机器设备，但国民党中央银行不给外汇并退回申请书，理由就是亚浦耳厂在抗日期间没有直接进口过这些物资及机件。亚浦耳厂又向法商东方氧气公司去订购，该公司回我们说："这笔交易，孔系强华公司已与东方氧气公司打过交道，要让强华公司去承办。"

我厂与孔系强华公司去联系订购氩气，不但佣金（俗称中佣，代介绍买卖从中取得之酬金）较大，还要外加帽子（商业习语：利润），比外国工厂实价增加50%。这样一来，亚浦耳厂所制成的充气泡成本高得不能与外国灯泡竞争了。至于购买成套制造日光灯的机器设备，孔系强华公司推说外国制造厂订货繁忙，短期不接受订单，其实他们是怕中国自己制造出日光灯后，会妨碍孔祥熙另一官僚企业扬子公司进口美国日光灯的垄断利益。我厂只得向其他洋行去订购，与进口气体有关的英商安利洋行、美商慎昌洋行及美国人代理的德商裕平洋行都回说这批生意强华公司已经与他们联系过，应由强华承办。这充分显示四大家族与帝国主义是一丘之貉。

四大家族的辣手狠心，真出乎人的想象。我气愤之下，径向中央银行总裁张嘉璈（公权）交涉，但张也慑于四大家族的淫威，借故推辞。我绝不甘坐以待毙，就与上海银行陈光甫去磋商。陈开始也怕惹事，不肯接办此事。经我再三与之协谈，陈意稍动。我又作多次的曲折活动，并得王正廷（王系亚浦耳厂董事长）从旁协助，陈遂答应由上海银行驻美国纽约的机构代为订购氩气、纯氩气及制造日光灯的成套机器设备，用上海银行的名义进口来华。我厂拿上海银行的提单提货。

事后，我探索陈光甫为什么经几度与之协商就对亚浦耳厂这样热忱，原来，陈光甫与孔祥熙在某项经济问题上曾闹过意见，对孔心中早有疙瘩。我在无意中，利用孔、陈矛盾达到了目的，是一桩侥幸的事。旧社会办工厂层层压迫，处处束缚，一路不通，寸步难行，中国有多少工业家被这种残酷的环境所困死！

三、流氓与军政部的联手敲诈

日寇占领上海时，辽阳路亚浦耳总厂被日本帝国主义芝浦电灯泡厂所占用。日寇临走时，把厂内机器设备全部拆走。抗战胜利后，亚浦耳厂要在上海正式复工，但厂房已封条重重：有警备司令部的封条，有警察局的封条，有敌伪产业清理处的封条，还有经济部特派员的封条。其主要理由是，这个厂被日本人占用过，里面有些日本的敌产。其实，好东西早已被日寇搬空，日寇不及搬去的不过是一点旧铜烂铁及破碎用具。

根据国民党"劫收"机关的规矩，要启封就得拿出金条来。抗战爆发后，亚浦耳厂拥护抗日随国民党政府迁到重庆，八年来已被折磨得形销骨立，血枯膏尽，哪里还拿得出金条来？留在上海的亚浦耳沪西分厂也是奄奄一息，自顾不暇。但是，这批"劫收"大员别的事倒可以马马虎虎，唯有讲到钱的份上却是铁面无私。没有办法，我就跑到南京，以迁川工厂的名义和他们几个头目交涉，总算不花大钱，辽阳路总厂得到启封。

辽阳路总厂的这许多封条费了大力总算被清除掉了，但总厂北部的大车间被一个姓张的流氓所设被服厂霸占着，因此一时还不能开工。张姓流氓指派几个小流氓驻守，多方留难，无意迁出。我开始认为此事不成大问题而不大在意。不料，日复一日，张姓流氓声称要我们给他找到房屋后方肯迁出。我派人去与他好言磋商，但他总无诚意，最后表示要我们拿出金条来解决，否则不必多谈。我发动厂里人要把他们驱逐出去，而这批流氓竟派来大批打手要和我们打架，我只得仍用以流氓制流氓的办法来制伏他们。20 余年前，也是在这个地方，我以流氓制服了流氓，想不到 20 年后又出现了同样的情况。

不料，中间又起波澜，半路杀出个程咬金，军政部被服厂出来阻挠。他们强调张姓流氓的被服厂与他们有长期定货合约，为免误交货日期，在没有找到房屋之前，这个被服厂不许从我厂迁出。他们其实又是想伸手要金条。我只得小题大做和他们上司去说理，结果还是我们晦气，贴他们一笔迁移费，才把这事了结。

在蒋政府反动时代办工厂，工业家处处受到折磨，办工业的人平时吃苦，战时吃苦，胜利时吃苦，复员回乡还要吃苦，真是苦上加苦。要不是中国解放了，我们会永远吃苦，这话是有事实依据的。

四、"特派员"财迷心窍，颠倒是非

1945年8月15日，日本投降以后，一般所谓"接收大员"和"重庆分子"（抗日战争时在重庆有背景的人，胜利后回到上海，处处以重庆分子自居，欺凌蔑视别人）纷纷飞到上海，趾高气扬，俨然以胜利者姿态出现。他们到上海唯一的目的是抢收工厂、劫夺物资。一转眼间，个个都腰缠累累，囊橐丰满。这批人财帛兴旺就讲究生活享受，于是就大闹其"五子登科"（条子、面子、房子、车子、女子）。

我回上海比他们迟了四个月有余，那时劫收闹剧已成尾声。其实，我并不想在上海多得一草一木，至于本厂应有的财产利益，我有责任不让它随便落入别人手中。上海辽阳路亚浦耳总厂被日寇占领后，先被作为日寇的沪东作战指挥部，后又让给日本芝浦电气厂。这个厂是美国奇异灯泡厂的子厂，是日本几大工厂之一。芝浦电气厂占用亚浦耳厂之后，利用原有设备，再添置从日本运来的新装配机件，并存积了大批原材料。抗战时由于蒋介石反动政府对日寇的节节退让，日本帝国主义以为可以长期占领中国的上海，所以他们都作长久之计。不料，在中国南北战场日寇被中国共产党所领导的八路军、新四军打得精疲力竭，元气大伤。那时，日本大部分精锐都集中在上海，美帝国主义为了要报日本偷袭珍珠港之仇，想要炸平整个上海重要地区，特别是沿黄浦江一带。亚浦耳总厂离黄浦江很近，于是东京芝浦电气厂慌忙把亚浦耳厂原有设备机件以及存货、原材料，除一只小写字台之外，一股脑儿劫走一空，估计约值美金45万元左右。

抗战胜利后，这笔被日寇劫去的财产天经地义应该物归原主。但此时此事，早被金条安排好了。我厂被东京芝浦电气厂盗去的财产早已被人通过贿赂上下其手私相分赃了。我们向经济部特派员申诉，并提供凭据，但这特派员受了大批贿赂，得人钱财与人消灾，处处为亚浦耳厂财产的非法占有人辩护，在大量人证物证面前一味偏袒对方，结果我厂一无所得。我只得在一个家徒四壁的空厂重置生产设备。

不久，我接到"特派员"一个通知，要我去接收北福建路一家热水瓶厂、闸北一家机器厂和虹口一家针织厂（这些都是敌伪产业清理处查封的敌产），以抵偿亚浦耳厂战时的损失。我对这个"特派员"的"好心"拱手称谢，但表示这三个厂我们一个也不要。我还是坚持求人不如求己的作风，鞭策自己，勖勉同仁，重整旗鼓，把亚浦耳电灯泡的光辉重新发挥起来。正如上段所述，最后，我厂迅速发展到可以主动去与美国奇异厂一争高低。

五、"你胡先生对大后方的工业经济是有功的"

1945年8月，日本投降以后，我在重庆与工业界同仁共同研究策划战后工厂的复员问题。当时，在渝各工业团体所属的工厂及不参加团体的零星小厂共计一千数百余家。因各工厂经济困难，我复与工业界代表向政府有关部门交涉，要求发给巨额工贷等等，兼之我自己负责的八个工厂的善后安排，我夜以继日未获休息。1945年岁末，我由渝飞回上海后，又因沪厂所托非人，上海亚浦耳厂被搞得经济枯竭，内容空虚，情况非常凄惨，如要正式开工必须从头做起，筹划安排又大费周章。因此，半年多来，我长期睡眠不足，造成心脏有不正常症状，自己常感困惫。

次年3月中旬，我从南京乘夜车一早到沪，未经休息即到"上海市电工器材同业公会"开全天会议，不料到了下午，昏倒在主席台上，被送往公济医院（现人民第一医院）救治。医师诊断为操劳过度，心脏极度虚弱，要我长期休养，在医院不可见客。我静养三天之后，闲得无聊闷得发慌，就在卧室里与亚浦耳厂几个主要代理人通电话，嘱他们每日告诉我厂里的消息。

休养期间，在宁静的气氛中，我躺在病榻上闭目冥想，溯往思来颇有所感。想到在过去八年中间，我对抗日战争总算尽了一个公民应尽的绵薄力量。在此期间，我见过几次毛泽东主席，有很多机会接近周恩来副主席，并见过中国共产党其他领导人王若飞同志、董必武同志、邓颖超同志。我也几次向蒋介石当面折冲过，为了解决工业界一些问题与国民党各机关头目进行多方面的斗争。我也联合工业界同仁，团结工业团体，对抗帝国主义和反动官僚。到了抗战胜利，我碰到四川当地工商界领袖如温少鹤、胡子昂、康心如、卢作孚和潘昌猷等，他们对亚浦耳电灯泡有很高的评价，认为亚浦耳灯泡对战时工作有不少帮助。就连张群（张系四川华阳县人）也不得不对我说一句良心话："你胡先生对大后方的工业经济是有功的。"当我与川中友好话别时，他们异口同声地对亚浦耳厂产品质量、供应不断等表示好感。

我独个儿想来想去，想到这里觉得悠然神往。又想到当时虽然眼看留沪同业大多数发了国难财，而我亚浦耳厂因内迁受到极大牺牲，估计损失在100万银圆以上，但我总觉得是值得的，且这八年工作对我来说，是不虚此生，足以自慰的。

有一天，亚浦耳厂里来电话告我，有邓华民、唐云鸿两人要见我，于是我就与医院医师联系，约期会见。邓华民是四川大军阀邓锡侯的长子，唐云鸿是四川银行界中人。我与邓、唐两人见面后，邓华民首先谈到他所接触的四川人中，对亚浦耳厂八年抗战期间在四川的生产工作、经营作风都有极好的印象，就是他的父亲对我厂也深表钦佩。我在留川期间和邓氏父子并不接近，邓华民今日专程而来，我想绝非普通访问。果然邓华民说出了来意。原来，邓锡侯要在上海银行界占一席之地，要开设一家通惠银行，希望我在该行担任董事。同时邓氏想在亚浦耳厂投资，使银行与工厂互相依扶，并想以亚浦耳厂来带动上海其他各大工厂与通惠银行发生关系。

我认为邓华民可能不熟识上海情况，事情绝不这样单纯。我首先谢绝担任通惠银行的董事，同时告诉邓华民拉拢大工厂要看银行本身的实力，我是愿意为通惠银行效力的。至于投资问题，当时亚浦耳厂的子厂大亚荧光灯厂是吸收外股的，我告诉邓华民欢迎他在大亚投资。数天后，我出医院到厂办公，邓华民又约时来访。他对我说，投资大亚厂很好，但据他父亲的意见如能投资在亚浦耳厂更为其所希望。我就诚恳地告诉邓华民，亚浦耳厂不招新股，又无人出卖股票，而大亚厂是战后新组织的，原来就是为吸收一部分对亚浦耳厂有兴趣的亲友投资的，事实也是如此。邓华民亦不强求，事情就这样解决。

亚浦耳厂与四川朋友打了八年的交道，离别后还能得到四川人的好感，全厂同仁引以为慰。

六、"二陈"对我的拉拢与报复

CC系对我一直有拉拢之意，要我出任上海市商会委员。王延松等对我说，上海市商会的委员别人千方百计要想当选而不可得，但我还是屡次拒绝。当上海市商会改选执监委员时，我远在武汉，在不知不觉之间当选了上海市商会委员。这是CC系对我的"推重"。我还被聘为上海市政府顾问及市府各项委员会的委员，如劳资仲裁委员等，这也是由于CC系的推荐。但我始终认为不能与CC系合作。在重庆组织中国工业协会时，不同意CC系指派理事长和秘书长的是我；当组织中国工业协会重庆市分会时，主张否决CC系所推荐的官僚资本代表张剑鸣当理事长，而策动群众民主推选民族工业家李烛尘为理事长的也是我。总之，CC系要操纵我们的团体，我是处处对CC系持反操纵的态度。

抗日胜利之后，中国工业协会总会全体理事会公推我为代理事长，我与刘鸿生、李烛尘、胡厥文等留在重庆，为解决数以千计的工厂复员问题主要是经济问题向政府交涉，并面见蒋介石，迫使其批准巨额工贷。等我们回沪时，1946年3月，中国工业协会上海市分会成立，但已被CC系攫夺；我虽仍为理事，但整个理事会全被CC系所操纵了，完全是跟着CC系所控制的上海市商会行事，根本失去一个民族工业团体的气质。

当时，美国货充斥全国，我提议中国工业协会上海市分会应有所表示，要求政府对美国剩余物资酌情增加关税，以资抑制，从而保护中国仅有的一些民族工业。CC系分子认为我这是给政府出难题，说什么美国是帮助中国的盟国，怎可以向美国货增加关税，说我的提议明明是要政府为难，他们不愿去碰这个大钉子。他们还大言不惭地说："中国工业将来要美国帮助的地方正多着呢！现在去得罪美国，是小不忍则乱大谋"，要我"眼光放远一点，中国工业得到美国的好处还在后面呢"！这些梦呓痴语实在是自欺欺人。

在工业会法未颁布之前（工业会法颁布于1947年10月），中国工业协会上海市分会内的CC系分子用种种方法来阻碍"工业会法"的颁布和实施，以图苟延残喘，把持工业协会。他们翻云覆雨，完全以他们小圈圈的利益为中心，所以，我抱定宗旨，绝不与他们合作。因此，CC系对我是切齿痛恨的，但他们对付我的方法不是直截了当而是迂回曲折，有时用"七擒七纵"的权诈方法，有时用"三顾茅庐"的虚伪礼貌。我识破他们的诡计，也用"水来土掩兵来将挡"针锋相对的策略与之周旋。

还是抗战时期在重庆，有一次，西南实业协会理事会有人被CC系利用，此人接受他们的授意，要陈立夫在工商界集会时到会演讲，我极力反对。国民党政府假抗日真反共，做贼心虚，要借人民的喉舌为之掩护，以混淆视听。CC系曾邀我代表工业界去国际广播电台，要我照他们的稿子向国内外广播说，国民党是"抗日到底，不达胜利决不罢休"等等，被我拒绝。

为了报复我对CC系的反对和不合作，陈立夫向蒋介石进谗，说我是"左"倾分子，接近共产党。抗日胜利之后，中国亚浦耳厂在内迁时期受中国四大家族的掠夺，遭日本帝国主义的破坏，牺牲极大，回沪后重建工厂急需贷款，CC系直属金融机构不但分文不肯帮助，而且还指使CC系喽啰到处破坏亚浦耳厂的信誉，使我厂向各银行贷款受到影响。

1946年8月间，中国工业协会上海市分会假上海南京路冠生园召开理、监事扩大会议，这实际上相当于会员大会。我不肯放过这个机会，利用大会的讲坛，提醒会员们不要盲目跟着CC系一路走，也不要听信他们。会上胡伯翔起立致辞，大意是CC系所预拟的所谓"戡乱胜利在望，和平统一指日可期，工业界目前一点小困难，各厂要暂时克服忍受，繁荣就要到来"等等谰言。

我就根据我的发言稿发言，中心大意摘记如下："（上略）目前政府向美国订购大批洋货，领头买外国货，抛弃了本身的建设，这样下去国家是成问题的。目前中国中小工厂正在闹着停工和减产，要是政府的经济政策也抱着以不变应万变的畸形态度，要是政府的政策仍然让官营企业（当时不懂叫官僚资本）垄断，独占局面继续发展下去，再加上买办经济势力（当时不懂叫买办资本）的活跃，中国可以不必有工业了。内在因素窒息了我国中小工业，再之最近长江港口的开放，美货长驱直入，真是频繁透顶，无可讳言，这是对中国工业的致命伤。我们要吃饭，我们要工作，我们不能仅靠洋货大量输入而生存，中国需要的是中国自己的工业，特别是民间中小工业，中国要走向工业化，应该从这里着手。那么，对官营企业、买办经济势力也应该适当地加以遏制。我认为，现在政府执行这样的经济政策是断送民族工业的自杀行为（下略）。"

我的发言使CC系分子相顾失色。当时中国共产党领导下的革命力量空前强大，进步舆论的监督，对政府具有很大的压力，因此他们不敢阻止我的发言，全场群众的阵阵掌声对我也是有力的支持，使CC系分子无可奈何。这种开会场合，有新闻记者列席，CC系竟嘱咐记者们将我的讲词删去不要发表，但进步报刊仍将我的发言摘要披露。

次日，该会秘书长庄智焕来访，劝我以后发言不要这样激烈，免出乱子。我在6月间到重庆时曾向《新蜀报》谈话说："现在不但口红、胭脂等化妆品都从美国进口，连炒米花和花生糖也从美国进口，再下去恐怕连大饼油条都要从美国进口来了。"庄并说，南京方面认为我反美反得太激烈了。后来，我到南京西路"公训俱乐部"碰到上海警备司令部司令宣铁吾，他假仁假义地对我说："我们都是朋友，当作朋友来谈谈，胡先生在群众集会场所宣传反政府、反盟邦（指美国）的议论，于公于私都不相宜，以后希望胡先生能与我们站在一起。"我对宣铁吾说："我说的都是真话。"宣对我说："发言能谨慎些总是好的。"由此可见，CC系已将我那天在会场发言情况到处做宣传了。

在"工业会法"颁布施行之时，陈立夫还亲自邀见我，怂恿我赴美考察。CC系控制下的金融机构如中国农民银行、中央信托局主管人向我表示，愿为亚浦耳厂效劳。我想金融机构对工厂放款是一业务行为，况我用款付利息，任何钱庄银行都无所谓。当时亚浦耳厂正在张罗本厂复工费用，我就接受他们兜揽的放款。于是，我与中央信托局谈妥一笔信贷放款，用于添置机器设备增购原材料，并在中国农民银行为亚浦耳厂开一信用透支往来。为了筹集重建钢骨水泥三层楼厂房的资金，我再试与中央信托局谈借款事宜，该局主管人沈熙瑞允予考虑。最后获得条件优惠的押款允诺，只要中央信托局内部手续完备后草约即可签字。我与建筑公司负责人张济光联系，并在张陪同下到厂实地察看，绘就建造房屋设计图样，准备与中央信托局正式押款契约签订后即付定银开始动工。待全国工业总会大选，我仍不与CC系妥协，捧陈蔼士担任全国工业总会理事长，并反对在CC系操纵下安排的全国工业总会理监事人选的名单，引起双方激烈的斗争。

在我们工业界与CC系斗争最紧张阶段，CC系对我是威迫利诱双管齐下，人情友谊同时并用。庄智焕是接近CC系头目徐恩曾的人，庄也曾担任过我的助理人（中国亚浦耳厂经理），所以虽已脱离亚浦耳厂还是常来我处。当此全国工业总会筹备的紧要时期，庄又到我处来了。在谈话之间，他半讨好半恫吓地说："西园兄，你要么与二陈（CC系头子）合作，过去的事对方不但不计较，他们还是非常推重你的，要么你不再反对他们，大家平安相处，否则你要吃大亏的。在政治上决斗，无论如何，你是斗不过他们的。大丈夫要识时务，你要千万注意。"当时我在庄智焕面前没有表明态度。

在全国工业总会成立大会召开前两三天，CC系所内定的理监事名单与理事长人选还是与我们大有分歧，庄智焕又匆匆到来。他似乎抱着"好意"，怕我遭CC系的报复，苦口婆心地劝我及早罢手，不要与他们对立到底，以致自己遭到不幸。此时我不得不直告庄智焕说："仲文兄，当我办电灯泡厂遇到无数困难时，有多少至亲好友以为办电灯泡厂不会发财，劝我改弦易辙，另办别业希望较大。所谓希望较大就是有发财希望。我认为，中国少一个人发财毫无关系，但中国不能没有自己制造出来的电灯泡，我就排除万难，坚定地苦干下去。我认为对的事就要干下去，一定干下去，利害得失，非所计也。别人无论如何不能动摇我的信心。你于此如能举一反三，对我就会有足够的了解。"庄知我绝不愿与CC系妥协和解，遂失望而去。

在全国工业总会组织成立的阶段，我是始终与CC系站在对立面的。不但他们控制全国工业总会和各级工业会的梦想成为泡影，同时在各方面的政治影响也一落千丈。CC系集中怨气于我一人身上，突然之间，将中央信托局与亚浦耳厂的一切贷款及即将签字的建筑借款全部取消，并向我厂逼还旧欠各款。CC系直辖的中国农民银行也以同样的手段对付我厂。这一下倒使我一时颇感棘手，但通过宋汉章、陈光甫的关系，除建筑借款之外，我厂其余的贷款得到了中国银行、上海银行的临时通融，我厂总算渡过了难关。

后据中央银行贴放委员会负责人林崇墉对我说，CC系分子还向他挑拨，叫林不要借款给亚浦耳厂。他们还扬言要使亚浦耳厂关门，要我活不成！于上述两语足可以充分表现他们对我的刻骨仇恨了。

后CC系又派一个姓邵的到亚浦耳厂工会做指导员，此人是上海出名的捣乱分子，对厂方无理取闹，对工人欺骗诈取，搞得亚浦耳厂厂方与工人都遭到不利。他是由CC系派遣来搞垮亚浦耳厂的。CC系另派一名姓叶的参加上海市电工器材同业公会的工作，因为我是该公会的理事长。姓叶的进同业公会有两个目的：一是想来操纵会务；二是对我进行掣肘，使我不能自由。这姓叶的还常到亚浦耳厂来问长问短，对我的行动一面调查一面监视（新中国成立后，叶、邵两人均被人民政府逮捕）。

《中央日报》当时是国民党中央的"党报"。亚浦耳厂接受各电力不足地区的请求，定制当地适用的轻磅灯泡，这是在旧中国电压凌乱情形下不得已的权宜办法。CC系借此夸大其词，在《中央日报》发表新闻，大放厥词，破坏亚浦耳灯泡的声誉。《中央日报》新闻标题是《亚浦耳灯泡不合标准》，小标题是《政府将加以取缔》，内容是"亚浦耳厂在各地发行的轻磅电灯泡，不合规定标准，主管部门将加以取缔。近来亚浦耳电灯泡，质量不如以前，制造工艺及所用材料都有问题，用户纷纷表示不满，希望该厂及早改善，否则亚浦耳灯泡将会遭人唾弃，前途未许乐观"。这显然是借题发挥，对亚浦耳厂作恶意的宣传。

第三节　苟延残喘

一、"亚浦耳"灯泡成了囤户狂购的目标

抗日胜利后，美国的商品及剩余物资大量涌到中国。根据1946年5月江海关上海进出口贸易统计，进口货物价值为法币813亿余元，出口货物价值为111亿余元，进出口之比为8∶1；另"联总"救济物资进口312亿余元，入超702亿余元。五个月来进口总额为228 021 806 000元，出口总额为28 076 942 000元，入超199 944 864 000元，约2000亿元，相当于当时官价外汇200亿美元。这当然摧残了中国薄弱得可怜的民族工业。

我们工业界在战时支持了抗战，在战后理应受到政府的保护和奖励，这是完全合乎逻辑的。但事实恰恰相反，我们民族工业被我们所协助过的政府判处了死刑。在战时，只在西南区，民族工厂就生产过布匹3亿匹，仅嘉陵江区的二厂、五厂就产了2 140 000吨煤，皮革10万张以上，纸张产量也在28 470吨以上，汽、柴油600吨，机油4万加仑，我亚浦耳厂也生产电灯泡2 000万只以上。战时设备简陋，我们居然创造了这样的成绩，满足了内地军需民用的要求，这是值得欣喜的事。

就我亚浦耳厂而言，在抗战后方并非毫无贡献。不料，战后国民党反动政府不但不敢制止美国奇异灯泡厂对我们的危害，反而支持它们来扼杀中国自己的电灯泡工业。洋货充斥中国市场，摧残了中国薄弱得可怜的民族工业。中国的中小型电灯泡厂销路滞呆，经济困难，中国亚浦耳厂也是满目疮痍。

我们就是在这样艰苦的环境中，与困难搏斗，把工厂建设起来。幸而

国内用户对亚浦耳电灯泡的爱护久而弥坚，亚浦耳厂电灯泡的销路逐渐打开，经济也逐渐好转，终于恢复了过去的繁荣。经过战火考验的亚浦耳厂更受到国人的器重。

抗日战争后，通货膨胀，造成了大家重物轻币的心理。一般日用品生产工厂受了这种影响，销路渐有转机，特别是名牌产品、市上所谓"热门货"，大受囤户欢迎。亚浦耳厂在国内外的经销处也在此时纷纷汇款订货，而本市亚浦耳灯泡也供不应求，多数顾客宁愿付足全部货款，提货日期也可延后。由于原材料价格高昂，我厂常感到虽有款但抵不了进原材料，形成买空卖空的危险，于是就订出了无货不收款的制度。但要求付款订货者仍络绎不绝，他们建议付款之后只要拿到亚浦耳厂的栈单，可以不来提货。在大户强烈要求下，我们有时偶一为之，居然只要一纸栈单巨款立至。开始时我们在栈单批明见单15天付货，后来，顾客竟自己提出在栈单上批明见单提货日期面议。我们以为这总不是办工厂的踏实做法，所以不敢轻率扩展。

由于群众对我厂的信任，亚浦耳的栈单就在市场上被作为筹码四处流转。亚浦耳电灯泡成为上海囤户的宠儿，遂引起不肖同业私制亚浦耳冒牌灯泡。我厂悬赏侦查，迭在虹口、闸北、静安寺等处破获，均由警察局通过司法程序予以法办。这种消息在报上披露后，我厂不但未受不良的影响，反而因此牌子更加响亮了。

所可痛心的是，我迷于这种情况，踌躇满志，将这种昙花一现、海市蜃楼的幻景，误看作是转向欣欣向荣的前兆。这是十分危险的。及今思之，还汗流浃背，感到抱憾无穷。

二、到台湾设厂计划的放弃

抗日胜利后，台湾重归祖国，从爱国观念出发，同胞们对去建设经营台湾而感到兴奋。中国亚浦耳厂首先对台湾市场作一具体调查，以便远销电灯泡。其时，也有人建议我厂到台湾去设分厂，以供应香港及南洋群岛市场。曾一度任亚浦耳厂经理的庄智焕，在辞去经济部企业司司长后，进了交通银行，在交通银行也颇不如意。因与台湾魏道明、郑毓秀有留法的渊源，庄又想去台湾活动。当时魏、郑在台湾政治当局任职，想利用职权以官行商，组织一个大企业"台湾投资公司"，在商业的幌子掩护下，以填补其另一方面的欲望。

要我厂去台湾设分厂的主张，就是庄智焕向我建议的。庄对我说，台湾这一企业组织，内部也规划设立一个电灯泡厂，且已有现成工厂，即可开工。之所以要拉亚浦耳厂加入，主要是借重"亚浦耳"三字在南洋等处易于推销。我听了庄的说法，当时是有动于衷的。但我有两种考虑，是自己独立开厂，还是加入这个台湾的官僚组织？我遂暗派人到台湾去实地调查，以便于我在两者之间进行抉择。

经过调查之后，我了解到台北有一日本人遗留下来的"小野电球株式会社"，略具规模，基本上可称得上是一个全能制的电灯泡工厂，但已被作为敌产没收。庄智焕谈的台湾投资公司的电灯泡厂就是这个工厂。我想现成的工厂既被没收，若在台湾独立开厂，非另起炉灶不可，为了简捷起见，只有加入台湾的官僚组织。台湾投资公司提出电灯泡厂名称为中国亚浦耳厂台湾分厂，经理人由上海亚浦耳总厂委任，但须得到他们同意，经济调度由该厂自行筹划。亚浦耳厂台湾分厂资本定为相当于25万美元的法币，台湾投资公司占全部股本的50%，但不缴现款，将来从该分厂红利中扣缴。

我经过细细研究之后认为：第一，原有敌产日本工厂作价太高。第二，与这批官僚交手，我们肯定是牺牲者。如为了海外贸易，那么亚浦耳厂设立在通商口岸的上海，到世界上任何地区都是无往而不达的，而台湾只有1000万左右人口，3万余平方公里的面积，是我国最小的一个行省，不值得去设一分厂。因此，亚浦耳厂台湾分厂之议遂作罢论。

1946年，沈鸿烈（成章）调任为浙江省政府主席。我与沈在他任青岛市长期间已相识，沈亦曾到亚浦耳厂参观过。抗战时我们在重庆接触尤多，胜利后我杭寓在西湖边（柳浪闻莺）附近（屏庐）。1947年秋，沈约我到省府便餐，由其秘书皮作琼到我家专邀。我想此宴绝非普通酬酢，必有具体问题需要解决。

碰面之后，果真如此。原来沈鸿烈为了要实现他的"施政方针"，要使杭州不但成为游览区而且是兼有生产的工业城。沈以我为中国工业界的活跃分子，要我劝导全国工业界主要是上海日用品工厂到杭州来建立分厂。照沈鸿烈的意见，中国亚浦耳电器厂应当带头先去建立分厂。我想沪、杭相距不远，且多一单位，则多需一整套的机器设备，还要安排一批人员、技工，这些在当时都成问题，万一因制造方面不周到而影响产品质量，会牵涉整个"亚浦耳"的牌子。所以我对沈鸿烈的要求很是踌躇。沈一再怂恿我，并保证浙江省银行可以作经济上的支持，还说其他工厂到杭州来设分厂，亦可在经济上得到适当的协助。除此之外，沈鸿烈还有一桩事与我磋商，他要举办一次像张静江主浙时期举办过的西湖博览会那样规模的全国工业展览会，并邀我为该展览会的筹备委员之一。

我回沪后开了几次会议，行政管理人员与专家联席讨论，研究亚浦耳厂在杭州开设分厂的问题。在当时的环境下，大家认为无此举的必要。至于举办全国工业展览会，各工业团体多数颇表赞同，但沈鸿烈常因他事无暇积极进行。蹉跎到次年春，再度讨论，沈的劲头没有开始时热烈了。不久，沈就去职，继之以陈仪主浙。当然人去政亡，过去事只好作为历史谈资了。

三、进言蒋介石颁布"工业会法"

再来谈谈我之所以为CC系"重视"，就是他们认为我当时确是中国工业界"中心人物"之一，在工业界有一定影响。说实在话，我20余岁离开学校，进入社会就搞工业，创办了中国第一家制造电灯泡的亚浦耳厂，也参加工业团体活动。开始的时候，虽谈不到旧社会所谓"资望"二字，但以我对国货工业的热忱和具备青年人的勇猛干劲，颇为国货工厂年长前辈所推重。1924年11月，我随工商业界前辈劳敬修、王晓籁、王介安、黄汉强，还有大买办虞洽卿等，见到了孙中山先生。我作为青年办工厂的代表，提倡国货，得到了中山先生简短的嘉勉，这真使我受到很大的鼓舞。从此，我对制造国货信心更足，为群众提供国货服务的热情格外强烈，与工业界中朋友们日益融洽。举凡工业界的活跃分子，大多与我成了莫逆之交。我年未30，已成为国货工业的主要人员。

1937年，抗日战争爆发后，我迁厂到武汉、湘西辰谿、重庆、川南、川西等地，并在国民党政府的陪都重庆工作八年有余。当时的重庆是全国工业家云集之地，因此，我结识了来自各地的工业界的头面人物，成了一个在中国工业界四面兜得转的活动分子，并被推举为当时陪都几个重要工业团体的主要负责人之一。我也确实为工业界群众尽了一些绵力，为大家解决了一些迫切需要解决的问题，从而得到工业界多数人的信任。

CC系在商业组织方面已布下了天罗地网。在工业方面，他们以为工业是商业的附庸，一向对工业不加注意，以为只要拉少数工业家入他们的伙，就可以解决问题。CC系的主要任务是搞组织，控制操纵全国各项组织是他们的政治任务，也是他们的生命线。

抗战胜利后，中华工业总联合会无形中解散了。在国民党政府还没有颁布工业会法之前，中国全国工业协会总会（以后简称工协总会）是当时中国唯一的全国性工业社团组织，CC系企图控制利用这个组织，因此蓄意插手。它首先派进庄智焕（庄系中统徐恩曾部下）任工协总会秘书长。

1946年4月，工协总会在南京召开全体理事会，各地理事云集南京，陈立夫除设宴招待赴会理事外，还邀请工协总会常务理事到"国民政府"大礼堂共同参加国民党纪念活动，蒋介石对全国有代表性的工业家集体接见。会后，蒋介石另邀吴蕴初、束云章和我三人面谈，对我们假意殷勤谈些"慰勉"的话，以及要全国工业界与政府合作，对国民党忠诚等陈词滥调。蒋介石一方面对工业界惺惺作态，似乎对中国工业相当重视；另一方面，对帝国主义特别是美帝国主义对中国工业包括亚浦耳厂的摧残却推波助澜，助长他们的凶焰。国民党政府从蒋介石起以至各级机构对待民族工业家使用两面手法。我认为，媚外尤其是媚美，是国民党政府的国策，拉拢工业家，则是他们欺骗迷惑人民的一种手段。蒋介石一手拿枪，一手拿香，软硬兼施，玩两面手法，来掩盖他们出卖祖国出卖民族的反动实质。

战后随着各项工作的复员，国民党政府也回到南京。谷正纲不能忘情于控制工业界，因而又想搞工业会法。但是，工业会法的实行，需要经过立法程序，而立法院对工业会法反应冷淡。国民党政府内部的派系，碰到任何一桩事情，都不愿别系有所成就而使自己的利益受到损害，所以，这工业会法在他们看来虽不是一件大事，但究系初次创举，不愿CC系有所得而暗中加以阻挠。谷正纲成了唱独角戏，音调越唱越低，终于沉静下来。

我们工业界看到这种情况，感到非常焦急。1946年春，我在南京碰到国民党政府"文官长"吴鼎昌谈及工业会法时，吴的态度没有1936年时那样积极了。吴对我说："凡一件创举的事，必须要俟条件成熟方能顺利实现。"他嘱我们耐心等待。

同年3月，蒋介石来上海，寓东平路（旧法租界贾尔业爱路）。蒋又展放虚伪重视工业家的故技，在东平路寓所约见上海少数工业家，我亦为被邀者之一。当时我对蒋介石实无事可谈，唯有促使早日实现工业会法为我日夜盼望之事。我就以此事为谈话主题，并将"工业会法"的需要及要求的过程事略，缮一节略，面递蒋介石。待蒋回南京后批复"工业会法事已转有关部门迅即核办"等语的官样文章。

同年4月2日，按照"社会部令"，要求各地制造业同业公会先一律改为工业同业公会。上海市电器制造业同业公会"依法"改组为第三区电工器材工业同业公会。我以为这是当面给蒋介石的催颁工业会法的节略起了作用，工业会法颁布有希望了。但半年之后，工业界望眼欲穿的"工业会法"始终未见实现，有很长一个时期工业同业公会反仰赖商会来领导。谷正纲已呈疲沓状态，大有听其自然之势。

1947年4月，我在上海长乐路（旧法租界蒲石路）张嘉璈沪寓遇见张群（岳军）。我与张群谈起工业会法之事，张亦无所表示，只说："如果实际需要，政府当然迟早会颁布的。"后据国民党立法委员陶百川谈起，立法委员中有好多人不赞成工、商分家，并谓独立的工业组织只有英国有一个"工业联合会"，但无基层组织，工商界如有问题，还是以商会为主体。日本有商工会，也是商会性质。中国工业并不发达，还不必有单独的工业会法的需要等语。我听了陶百川的话，大为反对。

　　同年8月，我出席国民党中央党部工业生产委员会召开的会议，碰到蒋介石的机要秘书毛庆祥，我托他探探立法院对工业会法研究进度如何。不久，毛庆祥来上海给我回音，谓立法委员对工业会法意见未能一致，一时恐难以顺利通过。毛庆祥还对我说："工业会法对工业界肯定有很多好处，可以促使中国工业发展。你们工业界何不筹一笔款子向立法委员中的反对派打点打点（行贿）。"毛言下之意，大有承揽这笔政治交易之愿望。我即诚恳地对毛庆祥说："工业会法对工业界未来是有好处的，但目前是公众的事，谁肯拿钱出来，况经营工业的人未见实利，先要花钱，大家都没有这样远大眼光，此事难以办到。"后毛庆祥组织一个中国生产促进会，我被他推为常务委员。在工业界方面，毛有很多事需要我协助，我们常有春风夏雨的交往。我就干脆再缮一份呈文，重新说明"工业会法"的前因后果，并再提及1946年3月我在上海面递蒋介石一文，事隔一年几个月，"工业会法"还在立法院打转，何时能够实现这个工业会法，音讯杳然，这真使全国工业界绝望等等，并在呈文上盖了三十几家重要的工业同业公会的图章。我托毛庆祥递交蒋介石，并嘱毛一定要使蒋介石看到这文件而发生效力。毛庆祥想到以后在工业界方面尤其是他主办的中国生产促进会还有不少地方需要我帮忙，只得允为照办。

　　1947年10月27日，国民党政府颁布了"工业会法"及"中华民国全国工业总会章程"等法案，这与以前所颁布的"商会法"是并行的。就是说，以前根据商会法组织各地各级商会和同业公会（在工业会法颁布后，商会所属的同业公会纯粹是商业同业公会了），现在实行"工业会法"，各地可以组织各级工业会，过去工业团体组织是社团性的，此后工业会组织是法定的了。从此，县有县工业会、县商会，省市有省市工业会、省市商会，中央有全国工业总会、全国商会联合会，工、商两个系统都有各个独立法定的组织，工业会与商会并驾齐驱，可以各自发展互不牵制了。

"工业会法"颁布后，谷正纲又起劲起来，将这完全由民众一再促动出来的"工业会法"据为自己的功绩，于次年4月，在蒋介石御制的第一届国民大会上，大言不惭地将"工业会法"列入社会部施政报告中。这是国民党反动官僚丑态百出的丑表功，令人可鄙。

四、第一支国产日光灯的诞生

1938年间，美国奇异厂向中国推销进口日光灯之后，先在香港大量推广，继而各地纷纷采用。抗日期间，亚浦耳厂因限于战时后方条件的不够，虽有心制造日光灯，而难于实现。

抗战胜利后，我厂派去美国考察的杨友三从纽约拍来一电，报告他在美遇见浙江大学电机系毕业、英国留学的毛振琮。当时毛已在英国毕业，实习制造荧光灯等类的工作也已完成，特地到美国去实地考察，在纽约与我厂杨友三碰面，表示回国后拟找工厂实现制造日光灯的工作，并极愿在亚浦耳厂服务。我就复杨友三一电，对毛振琮来亚浦耳厂工作表示欢迎。

不久，毛振琮回到上海，由其挚友方子卫陪同前来我处。我与毛谈得很为投机。我们经过几次商讨，彼此同意合作，决定亚浦耳厂日光灯制造部分请毛振琮为总工程师，由胡鼎炜、吴绍泽两工程师协助之，就在辽阳路总厂内划一部分厂房为制造日光灯专用。

日光灯的主要组成部分是涂以荧光粉的玻管，两端各有一个灯芯，灯芯上之叠簧钨丝上涂有电子发射剂，灯管内注入一定分量的纯水银，抽成高度真空后再注入若干纯氩气，利用水银蒸汽游离导电而产生紫外线，紫外线通过荧光粉的作用，改变波长后发出与太阳光相似的光波，故有日光灯之称。其具体工艺过程非常细致复杂，而全部原材料绝大多数在当时的环境下必须从国外进口。

我们制定了向美国订购原材料及全套机件的具体计划，不料这个计划又遭到了孔祥熙儿子孔令侃所主持的扬子公司的阻挠。因为扬子公司有几百万支美国的日光灯陆续进口，想要独霸中国市场，亚浦耳厂如出了国货日光灯，必定会打破他们的垄断计划。因此，扬子公司授意中央银行外汇部对亚浦耳厂多方留难。但亚浦耳厂并不因此屈服，想尽方法，克服了许多困难，扫除了不少障碍，在大力生产白炽灯泡的同时，日夜不懈地进行日光灯试制工作。

在新中国成立前夕，我们试制成功第一支国产日光灯。1950年，亚浦耳电灯泡厂终于生产出第一批国产日光灯。这对冲破当时美帝的封锁政策有着重大的意义。上海《解放日报》特派记者到厂摄影，并在报上发刊消息与照片，以示表扬与鼓励。后来，毛振琮调到中国科学院长春综合研究所工作，旋又调到北京中国科学院，亚浦耳厂的日光灯研究扩展工作由工程师胡鼎炜担任，日光灯的研制成果逐步扩大，甚为用户所欢迎。

五、金钞、金圆券的毁灭性浩劫

抗日胜利之后，美国货排山倒海而来，美货泛滥给我民族工业带来了巨大灾难。根据1946年5月份上海港进口统计，美国淡奶粉进口值16880.8万元，罐头及他种食品21850.1万元，从美国进口的橘子等水果数目更加惊人，为241001.6万元。以上这些不必要的物品就有这样惊人的数字，进口其他美国物资数字之庞大，是可想而知了。当时中国有多少民族工业被美货逆浪所冲没呀。有许多牛奶棚因受美国奶粉及炼乳倾销的影响，被迫宰奶牛来维持开支，真是惨痛万分。

我们电灯泡工厂也同样受到美货倾销的影响，部分灯泡厂生产又不能正常了。美国奇异厂准备再次打击中国电灯泡工业。有的人说，奇异灯泡将如何如何的放盘；有的人说，奇异灯泡如何如何的跌价。我们电灯泡同业听到了这种绘声绘色的消息，都感到惴惴不安。美帝以中国为它事实上的殖民地，蒋介石政府惟美帝之命是听。美帝在中国是可以为所欲为的，除控制蒋政府军事、政治之外，在经济上还实行毒辣的垄断手段，要把中国的民族工业消灭殆尽。就以电灯泡行业而言，1946年冬，西屋（Westing house）厂与奇异厂合作，计划在中国建立一个规模庞大的"中美电工器材厂"（据说孔祥熙、宋子文也在该厂投资），总厂设在上海，将在武汉、广州、华北、东北等地遍设分厂，妄想将中国所有的电业工厂一网打尽，当然包括电灯泡厂。这个垄断企业，如果一旦成立，不但中国的同业工厂将被吞噬而无噍类，就是整个远东的电业制造厂也会受到极大的影响。

当时美帝分子及一班买办阶级，兴高采烈，煞有介事，但后来因蒋政府军事上败象越来越显露，中国共产党领导中国人民的力量日益强大，美帝这个危害中国工业的恶毒计划只得无形中停顿下来了。

抗日胜利，几经辗转，亚浦耳厂总算将银行钱庄的贷款如数偿清，摆脱了长期的经济束缚，满拟可以独立自由来放手经营。但蒋介石政府为了进行内战，横征暴敛，滥发纸币，四大豪门互相抢购黄金美钞及其他外币，致使金钞上涨，法币暴跌。1946年3月4日，美元1元官价等于法币2020元，到了同年8月17日，外汇高到每1美元等于法币3350元，黄金从每两203万元涨至285万元。物价跟踪直上。电灯泡价格也不得不同时上涨，而制造电灯泡的原材料价格涨势更猛，必须有足够的流动资金抢先补进原材料，才可避免工厂被这金钞浪潮所冲垮。

于是，我厂财务部门每日在急迫紧张的气氛中调度金融——就是当时所谓的"轧头寸"。我也经常周旋于中央银行工业贴放委员会林崇墉及中央信托局沈熙瑞之间，安排临时贷款的来源。如遇到要结特殊性的外汇，或数额较大的工贷，还须去见中央银行总裁贝祖贻及后继的总裁张嘉璈。弄得我四处奔波，席不暇暖。本厂改进产品、增制新产品等预定计划无法实行，发展受到很大的牵掣。

随着法币恶性循环的通货膨胀，到9月中旬，美钞黑市价到了4450元，1947年1月，黄金价格突破每两400万元大关，同年2月15日，黄金突破900万元大关。物价疯狂上涨，电灯泡每只价格3万余元，但还抵不了原材料。我们办工厂的人真是苦透了，机器不能停，原料无法进，又不能像囤积商那样可以坐等货涨善价而沽。工厂倘只生产而不出卖，流动资金即成问题。因此，只有在不断售货的同时，不断进料。这样，我们是无时不受到威胁，我们的神经亦没有一刻不在紧张中。

1947年2月16日，黑市美汇从12 000元直涨到160 000元，法币也就从此崩溃。国民党政府给我们的灾难是永远无止境的。只要蒋政府存在一天，祸患就会更深一天。怎样叫人民在水深火热之中、在倒悬情况之下生活下去呢？我在反动的蒋政府末日期间，深深体验到过去在暴政的强烈压迫下的人民求生不得、求死不能的感受。真是无可比拟的怨苦啊！

国民党反动政府在总崩溃前一时期，更变本加厉地进行残酷掠夺。法币已告彻底崩溃，金圆券尚未发行之际，1948年七八月间，上海部分消息灵通者已在沸沸扬扬传说国民党政府又将要改革币制了。流言所及，引得人心浮动，物价飞涨更速。当时的官价外汇，已成为四大豪门及有势力的达官闻人或与这些有关的骈枝机关的专有权利，没有靠山的一般民族工业休想染指。到了8月上旬，连黑市外汇也不易得到。当时，制造电灯泡的原材料绝大部分是舶来品，很少有国货可以代替，因此，亚浦耳厂购买原材料多需外汇（如向市上现购原材料，其价格与直接向外国订购相比有数倍之差，灯泡的成本就会大大提高）。外汇成了问题就补不进原材料，会造成生产毫无把握的恐慌现象。

我正在彷徨焦急之际，8月19日晚上，南京公布从8月20日起改革币制发行金圆券。其办法规定，各种物价不得超过8月19日的价格，而公用交通事业的收费，则又规定可以调整。因为上海电力公司是美商创办的，上海自来水公司、煤气公司是英商创办的，其他如电车、公共汽车等交通运输企业与美、英、法都有关系。这又是国民党政府畏惧外国人的媚外政策的充分表现。运输费的涨价与我们工厂有一定的牵连，而电灯泡制造厂是一分钟也少不了电力、煤气、自来水的。亚浦耳厂对上述公用事业的水、电、煤气每月消费很大，其在电灯泡的成本内占一定的比重。金圆券发行还规定，限期收购黄金、白银、外国币券，如此，对我厂结汇更增加麻烦与困难，使电灯泡的成本不断上涨，而售价已被限定。

上海经济督导员名义上是俞鸿钧，事实上完全由蒋经国一手包办。8月下旬有一天，蒋经国在上海中央银行三楼邀集上海工商界头面人物（蒋经国到上海来常在中央银行楼上邀请我们工商业者谈话），座谈金圆券发行后的实施情况。蒋经国讲了要大家拥护政府的币制改革政策，以利"戡乱建国"，并安定大家的生活等语。我与刘鸿生坐在与蒋经国较近的座位，蒋遂对我与刘鸿生说，你们几位都是工业界的领袖，格外要以身作则，帮助政府贯彻发行金圆券的政策。我当时正因为金圆券政策，心中有说不出的怨苦，面对着蒋经国，真有啼笑皆非的况味，满腹牢骚，无从发泄，只有向蒋经国作无言的抗议。其他工商业者如徐寄庼、吴蕴初等说一些言不由衷的敷衍话，就此散会。

国民党反动政府在崩溃前夕，实施"雷厉风行"的金圆券政策，实际是用强迫蛮横的政治措施劫走了人民所有的黄金、白银及其他财富。这种敲骨吸髓、残酷掠夺人民膏血的罪行，真是惨不忍睹。我们亚浦耳厂的电灯泡被限价每只金圆券三角，而黑市价格却飞速上涨，从几倍到十几倍，后来竟高到几十倍。亚浦耳厂上海北京路总发行所外面，从深夜排队准备次晨抢购我厂电灯泡的，每日有四五百人之多，以致挤破橱窗，到非警察进来维持秩序不可。亚浦耳厂每日均有损失，如这样无止境地下去，非把整个厂拖垮不可，幸而金圆券政策很快崩溃。

在限价期间，经济部部长陈启天手下一个司长，要照限价向亚浦耳厂订购灯泡10万只至20万只，被我们拒绝了。他们就在南京报刊上以及上海新闻报经济新闻栏发表消息，声称亚浦耳灯泡不合标准，经济部将加以取缔，进行威胁和破坏。由此可见，这批无赖穷极无聊的讹诈，是不择手段的。

警备司令部稽查处处长陶一珊，当时也利用金圆券政策，凭借职权到处额外勒索，向亚浦耳厂要电灯泡二三十万只之多。亚浦耳厂在无法推却的情况下，给陶一珊10万只电灯泡的栈单。后因解放上海意外的迅速，陶为了急于逃命，来不及提取我厂电灯泡及同业一部分货物。这里列举的不过是当时千千万万贪官污吏强盗行径的几个小小的例子，但已足以证明国民党政府上上下下大小官僚都是一群饿虎贪狼。

在金圆券急风暴雨的灾难中，亚浦耳电灯泡成本日日涨，原材料天天少，而电灯泡的需要却越来越多。如满足来购买者要求，厂将被拖垮；如不照单配售，人家则可以指控我们破坏金圆券政策，还可扣上更大的帽子——阻挠"戡乱建国"。我处于这样的环境中，如坐针毡，不得安宁。等到9月上旬，抢购物品风潮普遍发生，物价急剧波动，黑市价格时有变动，无法控制，不久，金圆券崩溃。在这一次灾难性的金圆券风暴中，亚浦耳厂虽没有黄金、白银、外币被兑收，但损失之大非一年半载所能恢复。聊以自慰的是，亚浦耳厂经过这样的空前浩劫，幸得生存下来。

六、角逐"全国工业总会"理事长的大混战

1948年9月，筹备成立中国工业总会，我被委为筹备会实际负责人。1948年11月17日，中国工业总会正式成立。其间经历了一个十分曲折的过程。

1947年11月中旬，社会部部长谷正纲在南京召集全国有代表性的工业家开了一次关于工业会的座谈会。次年春初，又邀上海部分重要工业家去南京社会部磋商组织上海市工业会事，被邀者有刘鸿生、刘丕基、吴蕴初、金润庠、杜月笙、徐学禹和我等。我们是搭夜快车前去的，我与刘鸿生是在同一间卧车室，说说笑笑，颇不寂寞。

在旅途中间，刘与我谈起应该谁来担任上海市工业会理事长的问题。我实在是胸无成见，反问刘鸿生的意见。刘笑谓我说："你自己有此意吗？"我摇头说："我资格太浅，应该尊重老前辈，我就是够得上当理事长，我本岗位事业也不允许我脱身去搞更多的社会工作。"刘即拦住说，客气话不谈了，我们慢慢再来交换意见。

到了南京社会部，谷正纲意图要上海市尽早组织工业会，为其他各省市做示范。这次会议谈不上有怎样重要，不过是旧官僚借事做事，摆摆样子而已。

返沪时刘仍约我同车室回去。在车上，他直截了当提出杜月笙可否作

为上海市工业会理事长候选人，"揄扬"杜之为人"很够朋友"，并说杜对我一向是有好感的。我感觉刘是为杜月笙做说客的，要我在"上海市工业会"选举时控制选票，同时我也明白了此次京沪来去，刘鸿生都和我同车室，这是杜月笙有计划的安排。

当年4月，谷正纲来上海，在王家沙静安寺路（现南京西路）绿杨村约我吃午饭谈谈，在座有吴蕴初、潘士浩、徐寄庼及谷的秘书等。谷的意见，希望多多安排当时上海工业协会的理监事，进入未来的上海市工业会当新的理监事（上海工业协会是CC系控制的一个社团性的民众团体，而未来的上海市工业会是一个"法定"的工业团体），至于理事长一职位，暂时不提人选，让大家来酝酿酝酿。你看谷正纲表面多么"民主"，其实他肚子里早有打算，不过当时还不到把人选推出来的时候。听谷的语气，上海市工业会理事长人选并不属于杜月笙，但他又不显明反对杜月笙。谷正纲很郑重其事地嘱咐我，利用在工业界熟人多的有利条件，在将来工业会选举时多出份力量，以助他们不足之处。

上海市工业会筹备委员会成立后，我被推为筹备委员之一，并担任实际负责工作。一次，刘鸿生、杜月笙请我在麦特赫司脱路（现泰兴路）丽都花园吃饭。杜因事先走，刘鸿生就代杜月笙说话，要我帮助杜月笙竞选上海市工业会理事长。我与杜素无恩怨，且常有往来，又以我与刘鸿生的交情，他们既这等联络我，自己既然具备帮忙的条件，落得做一个顺水人情，于是，我允为尽我绵力。继此之后，杜月笙又在慕尔鸣路（现茂名路）18层楼寓所邀我便餐，当面再作一番联系。

1948年8月22日，上海市工业会成立。到会的有社会部部长谷正纲、上海市长吴国桢、上海市参议会长潘公展，还有上海市商会主席徐寄庼、上海黄色工会水祥云等。选出杜月笙、束云章、刘鸿生、徐学禹、刘丕基、金润庠、吴蕴初、颜耀秋、洪念祖、蔡昕涛、潘士浩、唐缵之和我等为理事，童季通、胡伯翔、严致中等为监事。8月30日，上海市工业会召开第一次理、监事会议，票选杜月笙为理事长，刘鸿生、束云章、金润庠、徐学禹、吴蕴初和我等为常务理事。杜月笙想担任上海市工业会理事长的梦想变成了事实，当然踌躇满志。这是"工业会法"颁布后第一阶段的经过。

要谈全国工业总会，必须从上述经过谈起，否则搞不清楚其上下牵连、前后呼应的关系。大家不明白"工业会"这个组织依据是什么，从哪里来的？还有我胡西园这个人怎样会成为上海市工业会及全国工业总会组织过程的重要一员？并且我胡西园为什么在全国工业界熟人这样多？这些问题都从上面所述历史渊源给予了说明。再说一向专搞组织工作的CC系，在这次争夺全国工业总会理事长时却不能得心应手，也有其前后客观原因。

1948年9月3日，陆京士（社会部司长）来上海到亚浦耳厂访我。他衔了谷正纲之命，约我在9月8日到南京社会部，协议全国工业总会选举事项。我于9月7日乘夜车去南京，第二天上午先到社会部。谷正纲在部长室单独见我。谈到全国工业总会理事长问题，他说："社会部方面以上海为中国工业重心，全国工业总会理事长一席应选上海的工业家为宜。"他问我意见如何，我颔首表示同意。谷继续谈到理事长人选问题，说了全国性工业团体的领导人要能庆得其人等一套后，认为我在全国工业界熟人较多，又一次希望我在选举中起一些作用。总结这次谈话，客气些说是谷正纲请我协助他们完成选举任务，不客气说是要我听他们的指挥，供其驱使，达到CC系的目的。谷正纲并传陈立夫口约，邀我于当天下午4时到陈处茶叙。

下午，在社会部会议室开座谈会，系陆京士主持。田和卿、胡伯翔早车从上海赶来，骆清华因气喘病早一日与潘士浩同来南京，金润庠、刘丕基因事未来，所以出席座谈的人数不多。座谈会主要拟订几条筹备会的大纲及第一次筹备会日期等等。其实这都是表面文章，实质是CC系在南京磋商策划夺取全国工业总会理事长一职的办法。

下午4时许，我从社会部坐谷正纲的汽车去陈立夫处，到了像风景区里一个别墅的地方，这地方既不像机关又不是住宅。陈立夫请我到楼上一个客室，态度很是"亲热"。大家落座后，陈先问我厂里情况，再问我生活起居。我心里盘算，陈立夫哪里来的闲工夫与我作无聊的寒暄？正在猜测间，陈立夫忽对我说："西园先生喜欢到美国去考察电机工程事业吗？这倒是对中国电器工业很有帮助的。"我听了心里一动，觉得有机会去美国走一走，倒是固所愿也。想到曾任我厂经理的庄智焕曾通过CC系的关系游美之后，不久刚刚回国，所以陈立夫对我提游美之事倒不是谎言。尽管这样，但我想陈诡计多端，还是贯彻一向对CC系的态度，不要落入他们的圈套。我就对陈立夫说："去美国考察电器工业的确可以借鉴美国的技术，但我最近因为厂务不能突然离开，且待回去研究后再说。"陈还是"和颜悦色"问我厂里有什么困难，我答暂时可以维持。谈到这里，我认为陈立夫仍是在拉拢我，再没有其他要事可谈，我即直截了当问陈，"立夫先生还有什么见教？"他说："没有什么，不过我们以后要多多取得联系，使中央与地方打成一片。"我就与他告辞，陈送我到楼下，握别时他还是维持他虚伪的"和蔼"态度，原车送我回招待所。

我细想，陈立夫因我对CC系常落落不合，不但对我不满，且怀恨在心，今日对我这个向不惬意的人忽然有这种"深情厚谊"，这倒使我一时感到莫测高深。但无论如何，这次与争夺工业总会理事长之职有千丝万缕的关系。9月10日，我参加社会部的全国工业总会发起人筹备会后即回上海。

全国工业总会理事长是全国性工业团体的总领袖，将来在国内或国际上都有他一定的重要性，会起着一定的影响。所以CC系对此志在必得，发动各方面的力量，千方百计要夺取这个理事长职位。但CC系在工业团体中的基本队伍非常薄弱，尤其是与全国工业界大多数活动分子有历史渊源的人在他们中间更是凤毛麟角，所以我就成了他们"三顾茅庐"的对象。

从表面上的安排来看，CC系推举的全国工业总会理事长是吴蕴初。吴蕴初一名葆元，与张崇新酱园老板张逸云合办天厨味精厂，其妹吴茂元嫁田和卿。抗日战争前，田在国民党政府社会局工作，但喜欢到外面露露脸，搞搞社会活动。他组织了一个"工业安全协会"，因此，认识了上海一部分大小工业家。吴蕴初为了田和卿在社会上活动方便，就安插田在天厨味精厂为挂名职员。田和卿做事冒失，得罪的人不少，致使工业界中人有因此而连带不满吴蕴初。在全国工业总会筹备竞选之前，田和卿自作主张拟出一份未来的中华民国全国工业总会全体理监事当选人的名单，拿了这份名单到处招摇，逢人许愿。后来CC系内部安排出来的全体理监事名单，与田和卿预告的名单，其中大有出入。那些田和卿曾经向他们许过愿的人而在正式名单中却名落孙山的，吃了空心汤团，大起怨意，都骂田和卿是卖梨膏糖的，说到哪里是哪里，不负责任。有的竟质问吴蕴初，那一张理监事名单究竟是真的还是假的。

"工业会法"未颁布之前，我们在重庆组织过一个中国工业协会，各省、市也由各该地工业界人士组织分会。例如，我们在重庆除组织工业协会总会之外，还组织重庆市工业协会分会，公推李烛尘为理事长。抗战胜利后，上海也组织了一个分会，田和卿为这个分会筹备负责人。我当时为着料理多数内迁工厂的复员事项，留在重庆有很长一段时间，回沪较迟，因此上海市工业协会的筹备工作我不及参加。待会成立，内部组织安排完全由田和卿一人操纵，吴蕴初为上海市工业协会理事长。田以筹建上海市工业协会为政治资本，以该会总干事的名义奔走沪宁间，经常在各报栏发新闻。这次在全国工业总会选举大会之前，田和卿又以上海市工业协会为据点，积极活动，引起一些工业界中人的不满。

全国工业总会成立大会会期一天一天近起来了，各方面的动态也一天一天显露出来了。约在9月20日左右，金润庠来访我。他是为刘鸿生竞选工业总会理事长的事情与我来联系，征求我的意见。我与刘虽称不上怎样知己，但是极熟的朋友。说老实话，我对刘鸿生印象不坏。我对金润庠说："鸿生先生担任这个理事长够得上资格。"金并转告我杜月笙当晚邀请我吃晚饭。金润庠是嘉兴民丰造纸厂的总经理，杜月笙是民丰造纸厂的董事长。我到杜宅，杜月笙也是为了推刘鸿生当全国工业总会理事长代刘说话，要求我在选举时及事前安排上为刘出一把力。杜又对我说："目前这次的选举，是历史交情关系，别人是难以圆满做到的，就是CC系在这样短促的时间中，在没有充分准备的情况下，也是无法插手的。"杜言下之意，大有"要挑这副重担非君莫属"之概。不管杜的诙言，我反对CC系是主要的，因此答应杜，计划一下再从详计议。

9月下旬，全国工业总会筹备会的工作准备粗粗就绪。10月1日上午10

时，在南京中山东路上乘庵"全国营造工业联合会"会议厅召开中华民国全国工业总会发起人会议。出席会议的有各省、市工业会19个单位（其中山东工业会报到而代表未能出席）以及全国各重要工业联合会计14个单位，共计代表77人，并推吴蕴初为临时主席。下午3时，各省市工业会14个单位及全国各重要工业联合会14个单位代表56人，仍在原处继续开会，推刘鸿生为主席。全天会议均由社会部司长曹沛滋为指导员。关于筹备委员会本身有两项决议：第一，根据发起人会议通过，当天出席单位的代表均为筹备委员；第二，由各出席单位各推一人为常务筹备委员。

10月3日，假座河南路爱多亚路所改的"中正东路"（现延安东路）中汇大楼二楼，召开全国工业总会第一次筹备委员会，社会部科长李仕衡为指导员，依据9月10日社会部决定的筹备大纲推定筹备委员名单，并提出田和卿为筹备委员会主任秘书。每一会员单位（如省、市）得推派代表一至七人，其人数依据每月所缴常年会费之多寡，照下列规定推派之：（一）金圆券30元以下推派代表一人；（二）超过金圆券30元而在60元以下者推派代表两人；（三）超过金圆券60元而在90元以下者推派代表三人；（四）超过金圆券90元而在120元以下者推派代表四人；（五）超过金圆券120元而在150元以下者推派代表五人；（六）超过金圆券150元而在180元以下者推派代表六人；（七）金圆券180元以上者推派代表七人；无全国联合会之地区同业公会限派代表一人。田和卿就以主任秘书名义提出吴蕴初、刘鸿生、李烛尘、陶桂林、潘仰山五人为筹备委员会召集人。

会后我与刘鸿生、杜月笙同到杜家晚膳，席间谈到下午会议情况。当时五个召集人的安排事前并未与我们商量，激起了我们的情绪，而田和卿的专横态度尤使人看不顺眼。古人说"请将不如激将"。我对刘鸿生说："我胡某必努力使你出来登上这理事长的'宝座'。"刘即拍拍我的胳膊，相与大笑。同时他在袋里摸出一封信，塞在我的西装袋里，嘱我回去后方可拆看。到家一看，信的内容并无只字，赫然一张中国企业银行金圆券两万元的支票（当时相当于200两黄金）。不言而喻，这显然与全国工业总会选举理事长一事有直接关系。我对刘鸿生此举大不以为然，次日，即以电话与杜月笙说明此事。杜恐事情搞僵，要我在华格臬路（现宁海西路）杜的老宅见面。我到时刘鸿生已先在，杜忙代刘解释，这两万金圆券是刘鸿生为此次选举事宜作交际费的。我在极度不乐意的心情下，将原支票交还刘鸿生。刘一再要我收下，我遂将支票放在桌上匆匆告别。当时杜到我处找我，坚请我当晚在丽都花园叙谈，刘鸿生亦在。刘允收回支票，请我不要误会，希望彼此继续合作，杜亦从中斡旋，我意始释。我们继续策划反对CC系，争取选举胜利的对策。

想当全国工业总会理事长的人不止刘鸿生与吴蕴初二人，天津代表李烛尘也有问鼎之意。李系我在重庆时的老友，是一个老成持重的人，看当时情况也就放弃了竞选。建筑业陶桂林也要竞选这个全国性工业团体的理事长，到处拜客请宴，闹得一天星斗。重庆市代表潘仰山，在重庆也把持着几个工业团体，如重庆厂商联合会、纱业公会等等，确也是一个山头大王，一度曾有跃跃欲试之意，但他晓得自己在全国性的工业界里的所谓"资望"还差得多了，到底还是知难而退。

这次田和卿得到全国工业总会筹备委员会主任秘书的"荣衔"，自然想出出风头呢。最有效的办法是他以主任秘书身份招待新闻记者，使几个与他们关系密切的筹备委员会召集人露露脸，以讨得他们的好感，同时显显自己的"才干"。他主要的目的是让吴蕴初当选理事长。

1948年10月7日，吴蕴初方面在《新闻报》发表一则新闻，大题目"全国工业总会定下月成立"，下面附题小字"筹备委员会展开工作"原文如下：（本报讯）"全国工业总会筹备委员会昨假本市工业协会俱乐部招待记者，报告该会筹备情形，由该会主任秘书田和卿主持，据称该会现已定十一月十一日筹备结束，举行成立大会选出吴蕴初、刘鸿生、李烛尘、陶桂林、潘仰山五人为召集人。"

田和卿还以筹备委员会主任秘书名义，在冠生园宴请外地的筹备委员及代表，陶桂林、潘仰山、胡伯翔等为之拉场。田和卿在宴会席上散布将以工业协会班底为基础来遴选全国工业总会的理事长的舆论。

10月8日下午3时，在上海四川路企业大楼五楼大中华火柴公司会议室召开全国工业总会第二次常务筹备委员会，到会委员（以签名先后为序）有潘仰山、王葆和、陈大受、李烛尘（陈汉清代）、刘鸿生、颜耀秋、李国伟（王亦清代）、陶桂林、刘念义、刘丕基、胡西园、杜月笙（杨管北代）、沈嗣芳、杜殿英、吴蕴初、许晓初、朱仙舫、恽震、李荐廷、林挺生（刘晋钰代）、陈云章、彭士弘、王鸿声、荣尔仁、章剑慧（何致中代）、龚伯炎（蔡昕涛代）、王翼臣（夏宪讲代）、金贵湜（葛和林代）、林君扬（刘栋业代）、洪念祖30人，缺席尹致中一人，开会时公推刘鸿生为主席。

大会有三个议程，第一由主席报告出席人情况，宣告大会召开；第二由主任秘书宣读常务会第一次会议记录，并报告秘书室一周来概况；第三由常务筹备委员许晓初、沈嗣芳、陈云章等临时提议：全国工业总会作为领导全国工业的组织，在筹备期间常务筹备委员会责任重大，为慎重起见，秘书室人员包括主任秘书在内，不得协助任何选举人非法组织选举，亦不得代表他人进行选举，全体秘书室人员完全是对筹备委员会内部工作负责，不对外有所行动，如要对外发表文字性的信息，事前应得两个主管常务之核准，主席提出某提案前先经大多数委员同意，主席要严格执行，并请全体筹备委员随时监督。从此，所谓主任秘书被我们束缚，不能在外公开招摇，难以动弹。这次会议为以后会议奠定了基础，有一定的重要意义。

这次会议通过了很多决议，其中有关会员选举问题的决议摘录如下几点：（一）定11月1日为大会截止期；（二）洪念祖、李荐廷、沈嗣芳、杜殿英、王葆和、彭士弘和我等七人组成会员入会审查小组，负责审查事宜，并推荐我为召集人；（三）入会申请书、会员登记表、团体会员名册、工厂会员名册、出席代表通知书依照秘书室所拟表格付印。

我们会员入会审查小组为求地点适中便于代表联系计，假宁波路上海机器染织工业公会为办事处。另外又设立一个不公开的联络小组，由徐学禹、刘丕基、潘士浩、章剑慧和我五人组成，我为召集人，其主要工作是为各地来沪代表安排住宿等生活问题，并与他们交换选举理事、监事人选的意见。说穿了讲，就是抓选票的活动组织。刘鸿生方面派杨立人，杜月笙方面派郭永熙参加联络小组。

田和卿要吴蕴初多与各地来沪代表联络，吴苦于人头不熟，不易彼此会面，即使碰了面也无法深谈，于是就用宴客等手段进行拉拢，但赴宴的代表却零零落落。听说有一次，吴蕴初与陶桂林在南京路新雅酒楼宴客，所邀代表大体相同，两个东道主事前各不相知，到宴客时双方互争来宾，使代表们无所适从，左右为难，有的索性双方都不去，落得一个彻底中立。

CC系的潘公展主办《晨报》《晨报画报》和《新夜报》，因广告关系，与我接触较多。正当全国工业总会筹备紧张时期，潘公展约我在国际饭店船厅晚餐，同席还有吴开先和王延松，一共四人。他们三人是一致对我进说词的。首先潘公展对我说："过去立夫先生对西园先生性情不很清楚，现在已了解得多了。"潘劝我要与他们合作，说什么我如真心与他们忠诚相见，他们将先给我弄一个"上海市参议会参议员"，然后进一步可以代我搞到一个全国性类似代表。他们误认为我对社会活动有兴趣，其实我的社会活动是为制造国货，是为联合大家提倡国货，是为救国，不是为社会活动而活动。我当时也不明白全国性类似代表是什么东西，反正姑妄听之，不求甚解，随他去说就是了。吴开先与王延松则用另一种口气对我说话。吴说："南京方面说西园倾向共产党，这将引起不良的误会，不但会牵制你个人的行动，也会影响你企业的前途。我们曾在多方面为西园先生解释。"王说："西园兄你是有工厂的人，犯不着跟别人乱来。"他们三人一方面对我利诱，一方面又进行威胁，我笑而不置可否，但心里明白他们的用意，我看破国民党政府的诡计阴谋不知多少次了。那天晚餐时，我对潘等三人始终取敷衍态度，在唯唯诺诺之间无肯定表示。散席时潘等只得说，有机会我们下次再约详谈。

10月15日，第三次常务筹备会议议定全国工业总会成立大会日程表草案如下：

11月9日下午2时，全体筹备委员第二次会议；

11月10日上午9时，预备会议，下午2时，继续开预备会议，下午4时，主席团会议；

11月11日上午7时半，全体代表谒陵（南京中山陵），上午9时半，成立大会开幕典礼，下午2时，全体会议，各单位代表报告工作及各行业概况，下午7时，欢宴各界庆祝工业节（以11月11日全国工业总会成立日定为工业节）并有游艺赠品助兴；

12日上午9时，举行各提案小组审查会，下午2时，继续提案小组审查会；

13日上午8时，全体大会讨论提案，下午2时，全体大会讨论提案及章程，选举理监事，举行闭幕典礼；

14日全日，分组游览名胜（星期日）；

15日上午，理监事就职典礼，举行第一届理监事联席会议。

经会员入会审查小组审查，合格的各省、市工业会及全国工业联合会的代表如下：福建省工业会 林君扬、刘栋业、黄谦若，台湾省工业会 林挺生、高禩谨、蔡常义、孙景华，山东省工业会 李资廉、李公藩、苗星垣，湖南省工业会 陈云章、鲁荡平、陈崇鉴，山西省工业会 彭士弘、曹斐然、赵建，沈阳市工业会 王鸿生，青岛市工业会 尹致中，河北省工业会 王××（电文不明）、刘泽民、姒南笙、吴蕴初、徐涫禹，江西省工业会 余行鲁、王德舆、朱仙舫，湖北省工业会 李荐廷、刘海生、周兹柏，重庆市工业会 潘仰山、黄亦清，汉口市工业会 李国伟、华煜卿，天津市工业会 李烛尘、朱继圣、陈调甫，北平市工业会 郗超民、陈大受、陆宗贤，南京市工业会 王宗龢、孙际如、钱贯之，四川省工业会 潘兆鼇、程云集、章剑慧，江苏省工业会 荣尔仁、华晋吉、陈蔼士，火柴工业同业公会全国联合会 刘念义、黄欣哉、徐致一，机器棉纺工业同业公会全国联合会 吴味经、刘丕基、章剑慧，面粉工业同业公会全国联合会 杜月笙、杨管北、荣毅仁（杜月笙改袁国梁、荣毅仁改席德柄），营造建筑工业同业公会全国联合会 陶桂林、黄秀山、康役，电工器材工业同业公会全国联合会 胡西园、恽震、姚永耀，机器工业同业公会全国联合会 支秉渊、王文皋、颜耀秋，电气工业同业公会全国联合会 钱新之、陈中熙、沈嗣芳、童季通，丝织工业同业公会全国联合会 朱惠清、蔡昕涛、龚伯炎，橡胶工业同业公会全国联合会 杜殿英、徐学禹（加推刘史赞、周茂柏），水泥工业同业公会全国联合会　颜惠庆、刘鸿生、陈汉清，制药工业同业公会全国联合会　许晓初、鲍国昌、陈丰镐，金属品冶制同业公会全国联合会　于瑞年、顾松龄，酒精工业同业公会全国联合会　金贵湜（张昌培代），造纸工业同业公会全国联合会　金润庠、赵煦雍。

10月22日，召开了第四次常务筹备会议。

10月29日，召开了第五次常务筹备会议。会议决议全国工业总会成立大会改在上海召开，并向南京社会部申请。社会部回电不同意，大意是：全国工业总会系法定的全国性的工业团体，成立大会理应在首都召开，以示隆重，所请一节未便同意。11月3日，占全体大会代表总数三分之二的留沪代表召开临时大会，同意第五次常务筹备会议关于在上海召开"全国工业总会"成立大会的决定，专推金润庠、刘丕基、徐学禹等携文面向社会部再次申请。CC系鉴于我方的群众力量，并妄想通过妥协在选举中换得一点便宜，不再坚持在南京召开成立大会。社会部不得已只好顺水推舟，表示同意在上海召开成立大会。11月5日，第六次常务筹备会召开，把成立大会议程草案所拟定的11月11日上午全体代表谒陵及14日分组游览名胜两项节目删去。会议日程由五天缩成三天，并改在开幕日选举理、监事。

11月上旬，各地代表纷纷到沪，他们分别来自上海市、天津市、汉口市、广州市、北平市、南京市、重庆市、沈阳市、江苏省、台湾省、湖南省、湖北省、福建省、河北省、云南省、山西省、江西省、广东省、四川省等。各省、市工业会及火柴业、交通器材业、丝织业、造纸业、纱织业、面粉业、水泥业、电气业、橡胶业、营造业、机器业、电工器材业、制药业、酒精业等各同业公会全国联合会30余单位（有的同业公会为了要参加这个全国工业总会，临时组织全国联合会）都派了代表。他们到筹备会报到后，都到南京路东亚旅馆安顿。当时，国民党政府在上海已施行戒严令，到半夜12点车辆不准通行，我事情较忙，有时也只得住东亚旅馆里。

不晓得陶桂林究竟被什么东西冲昏了头脑，一厢情愿也想过一过理事长之瘾，他就单枪匹马，横冲直撞，到处拉选举票，不分东西南北，青红皂白，"抓到篮里就是菜"。殊不知，他这种糊涂莽撞的做法是在与吴蕴初争夺选举票，是在拆吴蕴初的墙脚。后来，陶转而与吴蕴初合作。最后变成吴蕴初、陶桂林、潘仰山三位一体互相合作，再加颜耀秋的啦啦队，还有田和卿操纵的上海工业协会班底的摇旗呐喊，吴的声势倒也不小。在大选前一星期，竞选各方调兵遣将，用尽心机，都希望别人落选，自己成功，百般讨好抬轿人（旧时代习语，投选举票的人叫抬轿人，意思就是把人抬上山去），希望他们能把自己抬上"宝座"。

1948年11月4日，吴蕴初方面的上海协会由胡伯翔出面（当时胡系田和卿的追随者），假座南京路冠生园三楼，宴请该会中坚分子，到会的有傅良骏、徐志超、冼冠生（宋代）、董日森、吴人冀（董代）、田永寿、陈丰镐、谢天沙、康际武、徐肇和、叶莆康、张善璋、颜耀秋、梁嵩龄、蔡昕涛等。席间，胡伯翔讲了一番推举吴蕴初担任中华民国全国工业总会理事长的鼓动词，颜耀秋等立起发言响应。宴会场面非常热烈，为吴蕴初当选理事长增加了不少乐观气氛。

11月初，全国各地代表云集上海，全国工业总会秘书室的工作大忙特忙，田和卿这个主任秘书公开要忙筹备会的公事，暗中又要忙帮拉选票的私事，且又常要去南京，筹备委员会常务会通过临时决议，增派杨立人为筹委会秘书室副主任秘书。

1948年11月初的一天，我接到陈蔼士邀我在上海安福路284号晚餐的请柬，这倒不是常有的事。陈蔼士虽是熟人，但我与他交往较少。去时同席有洪兰友、陆京士，陈蔼士显得分外殷勤，称我为"西园兄"，对我很亲昵。洪兰友、陆京士谈些陈蔼士"热心提倡国货"和"重视工业"此类话，要我这个工业界中坚分子（洪、陆对我揄扬语）多多与陈蔼士取得了解互相联系等语。终一席之谈，他们吞吞吐吐，没有开门见山打开天窗说亮话。虽然如此，但我心里已猜到八九分。

陈蔼士就是陈其采，是陈其美（英士）的兄弟行，也是CC系头子陈果夫、陈立夫的叔叔，常以国民党"贵族"的身份到处招摇活动，为自己扩大影响。抗日期间，陈蔼士在重庆搞了一个宏丰实业公司，有三个不大不小的加工厂，陈蔼士任董事长，他就自以为变成一个很有势力的工业家了。为了能里外配合，他利用一些CC系的喽啰，并拉拢一部分接近CC系的工矿厂商，自封为理事长，并指派了一批理监事，还把一些有"资望"的工矿企业家函聘为该会名誉理事，以衬托抬高他自己的地位。记得在抗日战争后期，CC系中统特务头子徐恩曾（我认识徐是庄智焕介绍）通过庄智焕，邀请我到重庆曾家岩商谈关于若干工业团体问题。我到徐处，庄智焕也在，三个人就谈起来了。徐恩曾意思要把全国各个工业团体合起来，组织一个全国工业团体联合会。我识破他们是想控制整个工业团体，心里老大不赞成，但表面上唯唯诺诺，用虚与委蛇、搪塞的方式应付之，告诉徐让我仔细策划一下。后据庄智焕向我透露，如全国工业团体联合会能够组成的话，CC系已内定陈蔼士为总领导。好在这个全国工业团体联合会的工作我始终没有帮他们搞过，CC系的如意算盘也无从实现。根据上述回忆，我觉得安福路陈蔼士请我吃饭的热络态度，与这次争夺全国工业总会理事长一定大有关系。

在此期间，作为会外组织的"联络组"，在丽都花园三楼包一套房。刘鸿生经常到此，杜月笙也偶来动问情况。在陈蔼士请我吃饭几天后，刘鸿生、杜月笙与我同在丽都碰面。杜问我："你猜CC系真正要捧出谁当理事长？"我说是二陈的本家。杜月笙惊异说："你怎么知道？什么事都瞒不过你这个聪明人。"杜继续说，据骆清华在CC系内部得来可靠消息，CC系的真正意图是要推出陈蔼士为全国工业总会理事长。我想陈蔼士在工业界的声望还不够高，且CC系如果这样完全暴露自己的意图，反而使人预存戒心，打草惊蛇；迫使吴蕴初、田和卿和CC系对抗也是未尽妥善。所以，他们用阴险狠毒的手段，先导演一出民族资本家内部争夺理事长的活剧，用拉拢迷惑的方法，骗得整个理事会多数的席位，再在理事会选举理事长时，移花接木，捧出陈蔼士，造成既成事实。到那时，全国工业界虽瞠目结舌，但已经无可奈何了。刘鸿生说："如此说来倒要出冷门了。"我笑谓刘："你跑头马有危险了。"杜即指我说："有足智多谋的大都督（总司令）在此，大事无妨。"我正经告刘、杜说，这个内部消息，不但CC系要守秘密，我们也要为他们代守秘密，否则也会打乱我们的计划，现在让田和卿在黑暗里东碰西撞就是了。这个秘密大家真的守口如瓶，一点没有泄露出去。

在竞争全国工业总会理事长的过程中，杜月笙对刘鸿生很热忱，为刘出了很大的力，其原因除他们之间以利害相关的交情之外，更主要的是刘鸿生为杜月笙活动，使他当上了上海市工业会理事长。蒋介石篡夺政权之后，商会整理委员会决定将上海总商会改为上海市商会，杜月笙想得一个上海市商会的委员，而CC系分子王延松偏偏要挖杜月笙的痛疮疤，说杜是流氓，不配混入堂堂上海市商会。后来，杜月笙勉强挤入上海市商会，但杜对此事始终悒悒于心。今日他坐上了比上海市商会还胜一筹的上海市工业会的理事长交椅，感到称心如意，扬眉吐气，当然要对帮他忙的人表示感激，向刘鸿生献殷勤，对我也另有一套。旧时代人与人之间只有利害关系，难得有真正的是非和善恶之分。

开会前三天，我们"联络组"索性搬到东亚旅馆，与各地代表住在同一旅馆，彼此接触较为方便。大会开幕日期愈来愈近，流言蜚语层出不穷。有的说CC系以最大的决心要推吴蕴初担任全国工业总会理事长，谁敢与之作对，以后就给谁好看（就是有危险的意思）。有的说，在理事长人选问题上，如再有人"捣乱"，社会部会下令暂停其组织。如此等等谣诼，此起彼伏，不一而足。当时的情况使CC系感到棘手，这是由于CC系过去只抓紧商业组织，在全国工业界却无控制力量。事前毫无组织，仅靠临时一点布置是起不了作用的。而全国工业总会是根据新颁布的工业会法来组织的，为全国工业界人士万目睽睽之所在。在群众监视之下，CC系动作不敢太造次。天津代表李烛尘看到各处扰扰攘攘，以老友身份劝我适可而止，何必为别人火中取栗。当时我自信心很强，除感谢李的善意外，并未采纳他的意见，准备与CC系在这场选举中拼到底。

全国工业总会成立大会召开之日本定于11月11日。其所以选定11月11日，说来可笑，原来"十一"相合便成"土"字，"土"字者工字出了头，表示中国工业一向受人欺压，但愿在全国工业总会成立后，一向受人欺压的中国工业从此可以出头了。当时哪里会懂得有三座大山压在我们民族工业头上的道理呢？在自己不能掌握自己命运的时候，只有把希望寄托在口彩迷信上了。

11月8日下午，南京社会部来电话关照，因召开大会，部方手续尚未准备完竣，指令延期一星期召开。在沪CC系喽啰放出各式各样的谣言，并对我进行种种威吓，还离间各地代表不要上我的当。在此紧张混乱的气氛中，也有若干地区的代表奔走调停，企图息事宁人。11月9日晚，我们召集了一次临时全体筹备委员会，对社会部延期一周开幕的指示表示遵办，并奉令决议于11月17日召开大会，选举理、监事，在各报向全国工业界登一通告，招待新闻记者，发表声明，推潘士浩、郭永熙、颜耀秋于次日携带呈文向社会局备案。我们此举，彻底破灭了CC系想再通过延期来争取时间的阴谋诡计。

等到开幕期近之时，11月14日，束云章突然来找我商谈，说他受人之托想推陈蔼士为全国工业总会理事长。可见CC系被大势所迫，图穷匕首见，不得不拿下假面具摊出底牌来，暴露当初捧吴蕴初是一个骗局。对这个骗局，不但吴被蒙在鼓里，连田和卿也还在捉迷藏，看不到真相。束云章说："陈蔼士先生年高德劭，必孚众望，其余全体常务理事的选举都听凭你们支配。"我当即对束说："无论哪一个要担任理事长，我个人都没有成见，既然已正式提出候选人，待理事会成立后，理事长候选人名单出来，请各代表或理事民主推选就是了。"束云章虽也不好再要我作具体的答复，但表示对我完全失望了。CC系怕秘密被揭开，所以托年老沉默的束云章来联系此事，以避人耳目，免人注意。

由此来看，杜月笙的消息和我的分析果然符合事实。官僚资本是千方百计要渗入工业团体，侵害民族工业。在全国工业总会理、监事名单的安排上，CC系无论如何与我们不可能有取得一致的希望，对代表方面的选举票，他们又茫无把握，要占理事会多数席位的意图亦成了泡影；大会日期已经决定，又不可再拖时间，来争取对他们的有利条件。事到其间，CC系明知与我们无法协调，所以通过束云章来做非正式的试探。只有田和卿还像无头苍蝇似地乱碰乱撞。大会前夕，刘鸿生对吴蕴初说："我们两人好似蟋蟀,有人拿了草来挑拨,要我们两人斗起来。"

11月16日,是筹备期最后的一天,当晚办事人员都弄到深夜。我详细复核预定计划,对如何按照部署进行作了周详安排,并随时准备应变办法,几乎通宵未得好睡。次日11月17日上午9时,假迪化路(现乌鲁木齐路)纺织公会大礼堂,召开中华民国全国工业总会代表大会。在开会前一小时,陶桂林还向我警告说:"今天会场怕不得安静,你要当心闯祸。"我不动声色,不表示态度。陶见我非常镇定,无言而走。

9时零几分钟,振铃开会,大家所盼望的全国工业总会终于到开幕的一天了。国民党政府只派吴开先代表中央出席会议。当年上海市工业会成立时,谷正纲亲来上海参加,并有上海市参议会议长潘公展、上海市市长吴国桢、上海市商会徐寄庼、黄色工会主席水祥云等凑热闹,而今天全国性工业总会成立大会,谷正纲却不来,仅派一原在上海的吴开先来敷衍一下,CC系前后态度的截然不同,足以说明他们对这全国工业总会有气。吴开先是唯一的长官,影只形单,显得局促不安。

尽管CC系态度很冷淡,但大会开得还是非常热烈。出席代表154人,大会主席潘仰山致开会辞。在吴开先代社会部致辞后,开始选举理、监事。选举前会场内虽稍有骚动,但立即为大会群众所制止,捣乱分子无从使其伎。选举结果,选出的中华民国全国工业总会理事(以选举得票数为序)有刘鸿生、胡西园、杜月笙、徐学禹、潘士浩、钱贯之、李烛尘、李国伟、尹致中、任国常、鲍国宝、郭英珠、潘仰山、荣尔仁、王涛、张峻、史乃修、陈云章、翁来科、李荐廷、林挺生、沈镇南、恽震、彭士弘、林君扬、章剑慧、朱仙舫、孙满、束云章、刘丕基、程年彭、颜耀秋、钱永铭、陈中熙、金润庠、刘念义、徐致一、杨管北、陶桂林、洪念祖、蔡昕祖、许晓初、张善潼、周茂柏、缪云台等45人,选出的监事有吴蕴初、陈蔼士、杜永修、胡伯翔、杜殿英、王翼臣、于瑞年、楼兆馗、韩巨川、王启宇、邓秉承、谢天沙、厉无咎、刘晋钰、田和卿等15人。

11月22日,假丽都花园召开第一次全体理监事会议,票选刘鸿生、胡西园、杜月笙、徐学禹、李烛尘、李国伟、郭英珠、潘仰山、荣尔仁、陈

云章、钱永铭、金润庠、朱云章、杨管北、缪云台15人为常务理事。依据
章程，全体理事又在常务理事中选出刘鸿生为理事长，另外选出吴蕴初、
陈蔼士、王启宇为常务监事。理、监事会后大家在丽都花园聚餐，席散后
在休息室茶叙闲谈。我在里间忽闻有人高声噪闹，出来看到，那人大声狂
呼把玻璃茶杯摔在地上。原来有一理事因没有进入常务理事，大感不平，
假醉佯狂，使酒骂座，大家好做歹做才扶他回家。全国工业总会第一次理
监事会的会后叙餐会，也随着这热闹的"喜剧"而结束。

　　经群雄角逐，最后是刘鸿生登上了全国工业总会理事长的宝座。事情
本应该已经过去，各地代表和理、监事们都先后回到本籍，从骚乱而趋平
静。但是事实并不如此。CC系不甘心这次选举惨败，用政治压力争回面
子，但又不好抬出陈蔼士来，便硬要全国工业总会理事会给吴蕴初一个名
誉理事长的名义。因为会章无此规定，理事们都哄然反对。我当时认为会
章是人订的，也可以由人补充修改。众理事经争辩后，意见慢慢一致，就
因人设事，聘请吴蕴初为全国工业总会名誉理事长。

第四节　喜迎解放

一、拒收汤恩伯的飞机票，留待解放

1949年二三月间，解放军席卷全国，蒋军土崩瓦解，江南半壁已呈朝不保暮之势，蒋王朝大小头目都纷纷准备逃窜。国民党政府认为我是全国工业总会及上海市工业会负责理事，要求我发动迁厂赴台运动，并嘱我厂应先迁台湾，以示提倡。我当时思想确在动摇中，不信任国民党，在国民党统治下，我已尝尽人生疾苦，但又被国民党反动宣传、反动谣言所惑，对共产党认识不足，歧途彷徨，数夜失眠，难以抉择。而当我几经回忆起在重庆时我曾多次坐在毛泽东主席身边，聆听教导，他的亲切恳挚、平易近人的气度，机智幽默、挥洒自如的风采，像阳光春风的照拂，深深印入我的心中，让我不会忘掉；又想到在重庆其他党领导如周恩来同志等对我们的热忱帮助和谆谆教导，体会到中国共产党是英明伟大的，政策是宽大仁厚的，于是，我的思想就乐观起来，看到了自己的希望和前途所在。我遂决计等待上海的解放，迎接共产党的到来。

不久，中国人民解放军以摧枯拉朽之势挥兵南下，国民党政府军事上节节失利，经济上已完全失控，政府部门纷纷准备撤离上海，并要我参加动员工厂迁台工作，我与他们敷衍并未照办。同年4月，国军总司令汤恩伯着徐学禹（招商局总经理）持两张飞机票，要我带眷飞往台湾。我诡称拟先到福州女儿处再转往台湾，飞机票仍托徐学禹带回。我声称二日后赴闽，其实是蛰居海格路（现华山路）亲戚家。直到上海解放，我才出面。

不久上海解放，美蒋被赶出了中国大陆，但他们仍不甘心让上海这个工业重心继续完整地进行生产，蓄意捣乱、破坏，并且狂妄地散布一种不知自量的谣言，说什么美蒋飞机会经常出现在上海上空，蒋介石要于当年的中秋节回上海吃月饼。等到这个牛皮吹破了，又大言不惭地说什么到次年他们要回上海度元宵。还有许许多多不值一笑的谣传，一个一个都被事实击破了。但敌人是不会自动退出历史舞台的，敌机的骚扰亦是时有发生。最严重的一次是1950年的"二·六"轰炸，上海杨树浦发电厂部分发电机被损，工业供电受到了严重影响。亚浦耳厂在党的关怀下，在工人群众的支持下，千方百计设法开工生产，并自置直流发电机，以补充电力不足，克服了美蒋所造成的巨大困难。美蒋还派遣反革命特务，潜伏我厂进行破坏工作，但由于党领导下的各级政府机关的警惕及工人群众的协助，被全部肃清。美蒋政府这样垂死挣扎，活像油尽灯灭时的回光返照，徒见心劳日拙而已。

在此期间，美蒋侦察机不断在上海杨树浦沿黄浦江一带侦察，在亚浦耳厂周围上空盘旋。当时上海防空安全设备相当落后，尤其是多数工厂的工人，在敌机凌空下工作，安全问题实在使人担心。当时我们常常产生疑问，为什么美蒋飞机常在提篮桥与兰州路一带上空飞行侦察？究竟有哪些大目标使它注意？1951年，我在文化广场参观了反特展览会，才恍然大悟。原来，提篮桥至兰州路一带的亚浦耳厂、英联船厂、怡和纱厂等几个工厂正是美蒋轰炸的目标，美蒋早有蓄谋，在上空摄取地面上这几个工厂的坐标。幸赖我党领导下的上海空防日益增强，终于取得绝对的制空权。在我们强大的空防威力下，美蒋不敢再来侵犯。

二、企业新生

中国共产党领导全国人民解放了全中国，扭转乾坤，河山重振。在这样伟大的变革时代中，亚浦耳厂于1956年进行公私合营改造。蒙党和人民的信任，我仍荣任这个社会主义企业的总经理，感到无比的欣慰和光荣。经过内部改革，亚浦耳厂各方面的力量得到充分发挥，企业面貌大大改变，生产突飞猛进，新产品也层出不穷，过去数十年私营时期所不敢梦想的事，合营后都一一实现了。亚浦耳厂不但自己努力生产，钻研革新，而且为祖国各地新兴的兄弟厂热忱培训技工艺徒。这些工厂遍布全国，共计达60余地区之多。此外，越南民主共和国越南灯泡厂派了厂长、科长、技术员、艺徒50余人来亚浦耳厂实习，厂里的技师及老师傅专心教会他们各部门的所有技术。待实习结束后，他们都满意地回国参加生产。

1959年10月，我们将"亚浦耳"三字改为"亚明"，亚浦耳电灯泡厂就改为亚明灯泡厂。在党的领导下，亚明灯泡厂继续向前发展，努力生产，制造各种更多更好的电灯泡为人民大众服务，并致力于增加出口任务，扩展海外贸易，以供应兄弟国家及各友邦的需要。1963年10月，朝鲜民主主义人民共和国平壤灯泡厂派负责同志及技术人员到我厂，作几个月的长期观摩，我们无保留地向他们提供了作为参考的各种技术资料、工艺措施以及制造各种灯泡的经验记录。由此可见，在党的政策方针指引下，亚明厂对支援反殖民主义、进行民族解放斗争的新兴国家更是不遗余力的。

20世纪50年代，广州《羊城晚报》曾刊载"访我国第一家灯泡厂"的专访，介绍了我厂情况，现特摘录两节如下：

"到过上海的人，都喜欢浏览夜上海街头的晚景，夜上海巍峨大厦上的霓虹灯在欢乐跳跃，马路两旁的灯投射出柔和的光线，家家户户的电灯，从楼窗里向外争辉。当人们看到这茫茫无际一大片的国货之光时，哪里会想到从中国人自己制造出来第一只电灯泡之后，直到中国解放前夕，其间不知走了多少困苦艰难的道路啊！"

"上海的灯多种多样，单是灯泡一项，就有几百种之多，不久以前，我在上海亚明灯泡厂参观时，就见到六十多种。这个厂前身是亚浦耳灯泡厂，是我国第一家生产灯泡的工厂，也就是在1921年4月4日，中国人自己制造出来第一只电灯泡的工厂。它除了生产饮誉国内外市场的'亚'字牌普通真空和充气灯泡外，还生产着许多特殊用途的灯泡。这里有一种红外线灯泡，壳内涂着晶亮水银，据说用它烘干油漆作用很大，它能烘干一般火不能近、太阳不能晒的油漆。这里还有一种摄影灯泡，它是用来拍摄彩色电影的，它的制作很不简单，特别是玻璃不许有一点厚薄不匀，否则拍出来的红色衣服会变成紫色。还有其他如车床的指示灯、耐震的车厢灯、轻磅大光的车头灯、远程照射的反光灯……形形色色，不胜枚举。这个厂被人称为'灯泡之家'确是受之无愧。我从车间回到经理室，总经理胡西园刚从北京开会回来，他又给我看了有关亚明灯泡厂的厂史，从那里我们还看到我国灯泡工业所走过的一段艰苦曲折的道路。1921年，当第一只国产'亚浦耳'牌（'亚'字牌）灯泡在上海亚浦耳厂（即现在亚明灯泡厂）诞生，它在市场上就一直受到外国灯泡的打击和排挤，特别是霸占我国市场的美国奇异灯泡厂，对亚浦耳厂明打暗击，无所不用其极。新中国成立后，上海灯泡工业欣欣向荣，所有200多种灯泡材料，都能自己制造了。胡西园总经理非常高兴地对我说：'亚明厂虽然有40余年的历史，过去曾号称我国第一家生产国产电灯泡的老牌厂，其实真正的国产灯泡，还是应该从现在算起，嘿嘿。'从他的笑语里，我完全理解他的心情。"

《羊城晚报》不但为广州大多数市民所欢迎，在港、澳两地拥有大量的读者，此次该报特派记者来沪访问上海几家具有代表性的工厂，本厂为其中之一。

三、一篇总结性的"征文"

我厂经营40余年，产品为国外用户所熟知。过去亚浦耳电灯泡在港、澳、暹罗（现泰国）、印度及南洋群岛一带有相当数量的出口贸易，这些地区的大部分侨胞至今对我厂留有印象。1953年九十月间，有海外报刊向我征文，指定要我写亚浦耳厂的过去与今朝。我怀着无比兴奋的心情，不揣谫陋，率尔操觚，写了一篇题为"光明的前途"的文章，描述我厂目前的蓬勃发展，反映在党的正确领导下，祖国日益强盛，人民快乐幸福，以告慰我亲爱的海外侨胞，使他们从我厂的现状了解祖国的近况。让他们看到我们六亿五千万同胞的光明前途而更加得到鼓舞。后悉这篇文字还在中国人民解放军福建前线广播电台向台湾广播。兹把原稿记录于此，作为本文结束时的简短小结。原稿如下：

伟大的中华人民共和国，从成立到现在已经十四年了，想起十四年祖国建设的辉煌成就，处处使人兴奋。我们中国亚浦耳灯泡厂，在这一时期，也像其他工业一样有惊人的进展，不断出现过去所梦想不到的成绩。四十二年从事制造电灯泡工作的我，亲眼看到中国工业包括电灯泡制造厂在这十四年中，一日千里的繁荣兴盛，确是衷心欢欣鼓舞。回忆1921年4月，中国亚浦耳厂试验成功中国人自己制造的第一只电灯泡。由于国民党反动政府的腐败和美国奇异灯泡厂对我厂的阴谋中伤，打击排挤，欲将其扼杀在摇篮里而后快。亚浦耳厂诞生以后就在凄风苦雨中，艰难图存，长期以来与他们进行殊死拼搏。如：号称中国首都的南京其路灯不准用中国亚浦耳电灯泡；又如国民党政府管理时的沪宁、沪杭铁路局，因慑于美国奇异厂的恫吓，竟无故修改我厂与该路局已经签订的合约；以美国奇异厂为首联合德国亚司令、荷兰飞利浦、旧匈牙利太司令四个外国灯泡厂，在华组成"中和灯泡公司"，以国际经济侵略阵线的集体力量，来摧残中国电灯泡，其矛头是指向亚浦耳厂的。国民党反动政府资源委员会也办一电灯泡厂，它与奇异厂沆瀣一气，来欺压我厂之事，亦不一而足。总之，从1921年到1949年29年间，作为历史悠久中国首创的电灯泡大厂因经常忙于抗衡敌方的侵犯，技术和业务的发展受到很大的限制。而现在我厂不但能制造较大支光的一般电灯泡，而且能制造2000瓦特、5000瓦特、10000瓦特、20000瓦特的摄影泡，以供应电影制片厂拍摄五彩影片之用。我厂除制造各种荧光灯之外，还制造高压水银灯、车头泡、照相灯泡、放大灯泡、反射型灯泡、红外线灯泡、紫外线灯泡、生丝纤维检验灯泡和磁色、透明、内涂色等各种五彩灯泡，以及医疗用的无影灯泡，捕鱼用的水下照明灯泡等共六十余种最新型的电灯泡。我厂四十二年前从制造第一只长形有尖底的旧式长丝泡开始，今天居然能与有八十四年历史（世界上于1879年才有电灯泡）的美国奇异厂一样，制造精密复杂的高级照明品种。

中外来宾到我厂参观时，在特殊灯泡的制造工场看到各种各样的灯泡，有滚圆的，有狭长的，有长到像二磅热水瓶的，也有圆到像篮球的，还有活像一只小喇叭形式的，又有像绍兴老酒酒坛状态的，大大小小，千姿百态，他们感到妙趣横生，誉称我厂为"灯泡之家"。近来我厂制造一种荧光水银灯，光色柔和而明显，有"小太阳"之称，是一种新型精贵的高级电子照明产品，它已被市政建设部门采购作为全国各大都市路灯之用，首先从上海开始使用。上海在今年七八月间动手拆除市中心南京路电车轨道的同时，对整条马路进行了全面的美化，就以路灯来说，前几年安装的日光灯路灯，本来就不是新中国成立前的路灯所能同日而语的，可是为了好上加好，这次又全部换了我厂出的荧光水银灯为路灯，其光亮如同白昼。人们如果漫步夜上海的街头，就可以看到高楼大厦和万家灯火从楼窗里向外闪烁，与街上路灯、霓虹灯相映争辉。站在夜上海街头仿佛置身在灯火的海洋里，这样绚烂的光彩衬托了上海美丽的市容，真是一幅绝美的夜景画面。我每次看到这景色总是流连忘返，心想汇成这片灯火海洋有我们亚浦耳灯泡厂一份功劳，喜悦之情也便尽溢言表。

现在不但工业发展，城市日趋繁荣，而且随着农业的逐步现代化，农村的发电设备日有增加，农民逐步在实行"耕田不用牛，点灯不用油"的愿望，因此对电灯泡的需要，就与日俱增，国内市场潜力非常广阔。这给我们电灯泡厂大展宏图创造了条件。我厂为适应各方面对电灯泡的需求，不断扩建厂房，扩充生产能力，提高质量，增加产量。但尽管这样，电灯泡还是供不应求，跟不上全国发电量的发展，跟不上我国营业生产的飞速发展。有一桩可喜之事，是值得特别提出的。过去我们制造电灯泡所需的两百余种原材料，其中一部分采用外国货，现在基本上完全自给，无待外求了。我国产钨量占全世界85%以上，过去国民党反动政府只管把钨砂大量出国，而不想自己炼钨，致使号称发光发热电灯泡的心脏的钨丝非仰赖外国进口不可。当时我国钨砂出口，主要是卖给美国，每吨价值银圆两千元，而细过于发的钨丝，向美国转买进口，每公尺以美元计价，如以重量结算，相当于每吨银圆两千万元，这样进口大于出口一万倍的差额，国民党反动政府是无动于衷的。那时以同业公会名义写了许多封信，要求中国办炼钨工厂，以获得电灯泡工业的独立性，并挽回偌大利权。不料，国民党政府竟置若罔闻。现在不同了，全国每年制造数以亿万计电灯泡的钨丝，早已完全由我国自己炼制出来了，其质量完全可以与舶来品媲美。而今灯泡原材料全国产化，圆了我的国货梦。

中国亚浦耳厂（现改为亚明灯泡厂）正在日新月异地蓬勃发展并且仍在不断壮大，作为一个老年工业家，我觉得无比的自豪和幸福。

附　录

追忆商海往事前尘·**胡西园**回忆录

ZHUIYISHANGHAIWANGSHIQIANCHEN HUXIYUAN HUIYILU

篇后语

十余年来，我受着党的长期教育，深深认识到只有社会主义才能救中国。毛主席及中国共产党领导全国人民推翻了旧政权，建立了中华人民共和国。生活在这样美好的祖国大家庭里，感到无比幸福快乐。数十年前，我创办中国第一家制造电灯泡的工厂，受尽了反动统治的摧残和折磨，以及帝国主义尤其是美国奇异厂的排挤倾轧。本书以我数十年办工厂的苦难历程，用具体事实来揭发"三座大山"对中国民族工业的残暴压迫，歌颂党对民族资产阶级改造政策的英明伟大。

外国制造电灯泡比我国早了40余年，人们以为中国人是不可能研制出电灯泡的。电灯泡是本重利轻的工业产品，不易获大利而发财。当时办工厂的大部分人虽有爱国的动机，但在私有制的社会里到底还是为图利。电灯泡是卖价低、设备复杂、牵涉的科学技术面较广的工业品，所以在40年前无人肯下功夫去研究制造。当时我从未曾实地见过怎样制造电灯泡，而是将从书本里、从学术研讨中所得到的知识，通过反复试验，居然摸索制造出来中国人自己的电灯泡。这在半个世纪前科学落后的旧中国，的确是一件不简单的事。但因我早有中国人应自己制造国货电灯泡的志愿，再受着五四爱国运动的孵化，所以，不计盈利，坚持研制，终于使这一愿望成为现实。过去"崇洋轻华"的不良心理，在旧中国是很普遍的。受这种心理的影响，一些人对我厂试制成功中国人自制电灯泡的事迹不愿向外声张，怕人们认为中国人是制造不出好东西的。这完全是国民党政府媚外政策所致。

从制成第一只中国人自己制造的电灯泡以来，我作为总经理兼总工程师，始终与本厂历届工程师及有关专家、顾问等一起，为了提高电灯泡的产量、质量做长期不懈地努力。我还以自己是"中国电机工程学会"会员的便利，经常到该会向有关电子照明的科学家请教、质疑问难，一起研究。因此，我厂电灯泡的技术工艺不断取得更多的进展。精美优良的国货亚浦耳电灯泡受到广大爱国人士及海外华侨的热烈欢迎和支持，在国内外市场能与欧美同业相抗衡，在激烈的商战中立于不败之地。这充分显示出中国人的智慧和能力。

在旧社会反动统治时代，有些从外国回来的有技术的工业家，认为只要专心于工厂内技术，何必去问外事？结果工厂因被反动势力所欺凌而遭到很大的损失或被反动势力迫害而竟至关厂。真是"闭门家中坐，祸从天上来"，闭门办厂是行不通的。因此，我在30多岁时虽然在厂里兼管工程，但还是经常参加外面的会议和进步的社会活动，为了本工厂的事或整个工业界的事以集体力量与反动政府官僚折冲交涉。当时也有人不理解我这样做，认为我办工厂要常去接触反动官僚和一批国民党政府的党棍干什么，人家哪里会知道这是我与国民党政府周旋的另一种方式。我生平没离开过亚浦耳电灯泡厂，没有脱离过工业界，在旧时代始终站在工业界的立场与反动统治做斗争。那时，稍有发展的工厂，都无一不与外界有联系。我记得有一次，从南京回来参加"中华工业总联合会"会议，在会上向大家报告与反动政府财政部交涉工业税情况时，全场屏息静听。当讲到在往返多次、几经折冲后，总算迫使财政部做出让步时，大家才松了一口气。在会后漫谈时，申新纱厂荣宗敬就指着我说："我们工业界是要有这样一个年富力强而有头脑的人来干事，这样工业界才可以少受不必要的牺牲。"这虽然是荣宗敬对我的一种揄扬语，但也不能说他不是有感而发的。

蒋介石反动政府的媚外政策，与对内残害人民的毒辣手段，使我厂受到一次又一次的双重迫害。美国奇异厂对我厂刻骨仇恨，恨不得一口将我厂吞噬下去。蒋政府惟美帝之命是听，帮助他们来压迫我国货工厂。官僚资本资源委员会也用政治势力压迫我厂，以金钱名位诱惑我厂制造电灯泡的人员，包括工程师、技术员、技工及设计记录员等，挖我厂墙脚，妄图使我厂无法开工而倒闭。虽然他们没有达到目的，但对我厂的排挤倾轧无以复加。因此，民族工业长期以来是在夹缝中喘息求生。

在我数十年办电灯泡工业的生涯中，有一条铁律，那就是产品要赢得消费者，品质优良是最根本的保证。为此，我们孜孜不倦研究并试制成功电灯泡后从不自满，千方百计谋求产品质量的改进。我们在自制电灯泡经验的基础上，收集德、日、法、英、美制造电灯泡的技术资料，以本厂固有的技术基础，结合各国制造电灯泡的优点，再作技术创新，因而大大提高了我厂产品的质量。亚浦耳电灯泡在国内外市场上成了外国灯泡的劲敌，赢得中外用户的欢迎。这足以告慰国内外爱国同胞，也是我厂所窃以自慰的。

蒋介石为首的蒋、宋、孔、陈四大家族，假"国家"、"政府"的名义，无情地掠夺人民，成为中国有史以来并为历代帝王所望尘莫及的以吸取民脂民膏为生的最大富翁。22年来（1927～1949年），四大家族用"官"、"商"的形式来掠夺民间的工业及其他方面的财产。资产达200万银圆的中国亚浦耳厂，其中我本人资本为120万银圆，其余都是外股。在四大家族独占财产的数字中，不过是沧海之一粟。四大家族对人民的榨取是锱铢不遗的，使无数的中国人民倾家荡产，颠沛流离，饥寒交迫，甚至死无葬身之地。1927年，蒋介石背叛革命，篡夺了政权之后，中国民族工业发展比过去更加艰难。中国亚浦耳厂无论在抗日战争之前、抗日战争时期，还是在抗日战争胜利之后，都受蒋介石政府直接或间接的蹂躏。幸而我建厂的思想根源于五四爱国运动，爱国思想深深铭刻于我心坎之中，因此，我能奋发抵抗外来的侵害，并与恶势力周旋应付而不至懦怯。因拥护抗日，中国亚浦耳厂内迁损失了100余万银圆，我回上海时对同道中之发国难财者，不但没有丝毫羡慕之意，相反感到极度鄙视。这除了我受到五四爱国运动的影响外，最主要的还是我在重庆亲聆毛主席的训导和周恩来的明教，使我有极大的感受与领悟。总之，由于受到进步思想的影响，我能千方百计抗御外侮，反对四大家族，始终坚持制造国货，提倡国货，使中国亚浦耳厂能维持到全中国解放，踏上前途灿烂的光明大道。

　　自中国亚浦耳厂之后，陆续建立了许多同业工厂，全国电灯泡同业工厂先后大约有80余家，到了新中国成立前夕，剩下不过20余家。毛主席和中国共产党解放了全中国，不但无产阶级翻了身，而且我们民族工业家也幸运地进入了社会主义幸福之门。我作为一个年近70岁的老工业家，亲眼看到新中国成立以来14年取得的辉煌成就，看到我自己在40余年前筚路蓝缕所创办的企业——中国亚浦耳厂现在的亚明灯泡厂（最后定名为上海亚明灯泡厂）回到人民的怀抱，感到无比欣慰和自豪。

胡　西　园

星五聚餐会之始末

第一次世界大战后，世界资本主义国家曾经出现了暂时的相对稳定时期。而自1929年下半年起，资本主义世界发生了一个空前严重的经济危机。帝国主义间挑起重新分割殖民地，妄图以掠夺弱势国家来逃脱经济危机。1931年9月18日，日本在东北挑起九一八事变。当时国民党政府抱着不抵抗主义，把祖国大好江山拱手让出，引起全国沸腾，民情激昂。

1931年10月，中国银行总经理张公权从华北返沪。我与中华珐琅厂方剑阁、五和织造厂任士刚三人想约张公权一聚，以了解东北沦陷后华北方面的局势，由任士刚与张接洽，张说外面吃饭不方便，于是改约，张公权定于次日中午，酒席由外面送入至中国银行三楼便宴，并再约集亚光电木厂张惠康、中国化学工业社方液仙、美亚织绸厂蔡声白、大中华火柴厂王性尧、华福帽厂陈吉卿以及中国银行副经理史大熬同宴，午餐时，大家表示对华北局势引为深忧，随即张公权将所见所闻告知，遂引起你一句，我一言纷纷讨论起来，各持自己的意见和看法，谈了很长时间还意犹未尽，于是，我们提出每星期聚会一次，以交流时事、了解大局动态，此提议得到全体同意，因该日为星期五，故定名为"星五聚餐会"，后定于每星期五中午聚餐一次，记得第一次活动日期是1931年10月30日。后来又有些人要求加入，有鸿新染织厂胥价南、华生电扇厂叶有才、中国煤气公司李允成、新亚制药厂许冠群、康元制罐厂项康元、华通马达厂姚德甫、申报馆孙道胜、南洋烟草公司陈翊庭、益丰搪瓷厂董伯英等。

　　1931年11月的一次"星五聚餐会"，约到了辽宁省主席米春霖来聚餐，米在席间详谈东北张学良撤兵情况，1931年9月18日夜间，日军突然以重炮轰击沈阳北大营的中国驻军，蒋介石为免事态扩大，命令东北军不许抵抗，同时再派特使王柏龄与张学良碰面，传达蒋的命令，绝对不许抵抗。日本在中国军队一枪不打的情况下占领了沈阳城，张学良含泪率领东北军退入关内。东北全部被日军占领，大家听米春霖陈述后都非常愤慨。

　　1931年12月，请到了邵力子先生参加聚餐，邵在席间谈到当时华北形势说日军已占领全部东北，接着很快向关内推进，热河等地危在旦夕，但大家不要悲观，只要团结对敌，会转败为胜的，大家听后热烈讨论起来，异常悲愤激动。

　　后因参加者人数不断增加，中国银行三楼已容纳不下，于是就迁至南京路慈淑大楼，这时新参加"星五聚餐会"的有上海国货公司的邬志豪、中法药房许晓初、三星棉织厂张子廉、泰康饼干厂乐辅成、三友实业社沈九成、华丰搪瓷厂支炳元、五洲固本厂项绳武、冠生园食品厂冼冠生、振华油漆厂宋沛道、瑞泰手帕厂相玉成、中国征信社潘仰尧、中国国货公司李康年等，以后参加者不再列举，因"聚餐会"办得很有成效，在社会上极有影响，参加的人越来越多，以促进各方面的认识和了解，每次聚餐均邀请各方面的知名人士来演讲。搬至慈淑大楼后，第一次就请到商务印书馆总经理王云五演讲；第二次请上海总商会秘书长严谔声；第三次请闸北商会主席王秉彦。后来"聚餐会"中著名实业家也被推选出来演讲。

　　1932年1月27日，日本向国民党政府发出最后通牒，要求禁止反日言论，解散上海的抗日救国团体，将十九路军调出上海等，限二十四小时答复，否则日军就采取自由行动。尽管国民党政府答应照办，然而日本海军陆战队，于1月28日夜间突然袭击驻在闸北的十九路军，出于日方意外，十九路军严阵抵抗，战争爆发，"星五聚餐会"为了支援抗战，立即召集全体人员，宣布抗战期间停止聚会，并邀请上海地方协会黄炎培、杨卫玉来报告当时支援抗战的后勤工作，黄炎培谈到为了抗战，地方协会已分设总务组、供应组、宣传组、征募组等，希望大家为国效力。当时"聚餐会"人员踊跃报名参加，我被委任为供应组主任，曾多次赴前方慰劳战士。日本侵略者原定四天内占领上海，出于他们意料之外，战争竟持续了一个多月。国民党政府不惜丧权辱国，同日本签订了停战协定，"星五聚餐会"又恢复了活动。

"星五聚餐会"邀请爱国人士杜重远作为来宾参加聚餐，杜重远是《新生》杂志主编，因在该杂志上刊登一篇题为"闲话皇帝"的讽刺文章，国民党政府说杜煽动人心，蓄意捣乱，将其逮捕，上海各界（包括"星五聚餐会"人员）纷纷为杜重远声援，后杜被释放。杜在席间感谢"星五聚餐会"人员对他的支持和慰问。

1932年11月，著名爱国将领马占山来上海，"星五聚餐会"招待马占山聚餐，他谈到东北游击队，行动捉摸不定，使敌人心惊胆战，打得他们叫苦连天，大家听后感到十分振奋和欣慰。

有一次，冼冠生向大家说华侨陈嘉庚先生听说"星五聚餐会"人员极大部分是工商界的重要人物，极愿到"聚餐会"和大家碰碰面，这当然是我们所欢迎的，1932年11月，邀陈嘉庚来聚餐，陈边聚餐边与我们随便谈谈，陈说：海外华侨，切望祖国昌盛强大，很欢迎国内同胞到那边去走走，彼此可以加深了解，增强团结，共同努力使祖国强大起来。散席前，我们希望他来上海时，再来"聚餐会"叙叙，宾主尽欢握手告别。

"星五聚餐会"有一次最具深远意义的演讲会，也是我个人感到最荣幸的是1945年10月19日在重庆邀请周恩来总理（当时是中共副主席）出席"星五聚餐会"演讲《当前经济大势》，主要内容：战后工业建设首先就要有安定的政治环境，而安定的政治环境又不外乎民主与和平，中国不但要政治上民主，经济上也要民主。工业界应推派代表积极参加讨论和平建国方案，决定施政纲领和修改宪草。有人知道我将担任此次演讲会的执行主席，就来劝阻，我心已决，毫不动摇。（见《新华日报》1945年10月20日）

"星五聚餐会"主要是听时事报告，关心国家大事，其次工商业者每周碰次头，在业务上有需要，也可藉此接洽事宜。"星五聚餐会"邀请来演讲和座谈的有共产党的领导人，有爱国将领、爱国华侨以及各界进步人士，使大家有机会接触到爱国进步人士，接受新思想，大大激发人们的爱国热情，过去参加过"星五聚餐会"的成员，绝大部分留在大陆迎接解放。这个团体成员，自"民主建国会"成立以后，一部分人加入"民建"，无暇去"星五聚餐会"。后来"星五聚餐会"易名为"正谊社"，成为以娱乐为主的俱乐部。

胡西园1978年12月5日

关于要求开放南北通航、通商、
通汇等问题赴南京请愿

  1949年新中国成立前夕，国民党政府凭借长江天堑，悍然封锁南北水陆交通，禁止南北航运、通商、贸易、汇兑和人们正常往来，上海各界爱国进步人士提出开放南北通航、通商、通汇的强烈要求。

  上海市工业会不顾国民党方面的阻挠，接受各同业工会的要求研究南北通商问题，数次召开理、监事会商讨后，拟订南北通商易货"办法"，并组织请愿团赴南京向国民党中央陈述意见。推定刘鸿生、金润庠、洪念祖、蔡昕凌、田和卿、潘士浩、胡西园等七代表。上海工业会接着又召开常务理事会将整个"办法"重新谨审决定后，代表们即当晚乘车出发前往南京请愿。为了争取时间，代表们连夜在一起研究进行的步骤、方式、重点申述的内容等等。次日上午，我们首先到国民党行政院，由行政院秘书长黄少谷接待，黄说：何院长要在下午可以约见各位，我们听了立即离开行政院去交通部，见到了端木部长，陈述了通航的重要性及"办法"内容，接着到经济部、财政部，当我们见到了两部部长后，陈述实施南北易货的重要性，并特别申述了以下三点：一是上海各厂商之制品很大一部分销往北方，而原料则大部分来自北方，为维持生产，安定上海经济，必须开放南北通商、通航、通汇，于国于民皆有利；二是上海如不直接与北方通商易货，南北方均需绕香港进口所需物资，徒耗物力，则利权外溢，于政府不利；三是上海有数十万工人，如原料中断，或产品滞销积压，工厂不能正常开工，使从业员工之生活难以保障，会对社会带来严重后果。我们根据以上实情，故拟订南北通商易货办法，请政府予以指示。经济部孙部长、财政部刘部长均表示当重视此问题。

当天下午，由黄少谷陪同见到了行政院院长何应钦，我们申述来意后，递上呈文，何听代表们申述后看了呈文内容，表示将交主管各部研究办理，认为易货原则上可以采取，但对实施步骤、业务技术问题再邀请各位来南京参加会议讨论商定。当我们告辞时，何讲：希望工业界支持政府，使经济得以维持。

任务完毕，代表虽因不停地奔波，甚感疲乏，但觉得肩负全上海工商界人士的托付，并寄予莫大的期望，深感责任重大，决定立即返沪报告请愿详情，以便采取进一步措施。返沪后，上海市工业会立即举行理、监事联席会，由潘士浩报告赴南京请愿经过，由胡西园等代表加以补充，即决议推动方式三项：一是电中共毛泽东主席，请对南北通商易货予以支持。电天津工业会理事长李烛尘，共同促成其事；二是工业品运销交换等业务问题由运销研究小组研究；三是征询各同业公会，对北销工业品之种类及商标名称等问题由技术委员会审定。

不久，行政院提出讨论关于开放南北通商、通航、通汇问题，分别通知下列机关团体参加会议：全国工业总会、上海市工业会、全国航联、全国商联、上海市商会、中央信托局、中央银行。请愿团代表均应邀参加，并出席座谈会参加讨论。

这次请愿尚属成功，对促进南北物资交流，沟通二地同胞的联络，尽到了我们的力量，工商界朋友认为请愿团代表的勇气及果断精神值得钦佩。

胡西园1979年5月14日

垂暮之年的愿望

　　粉碎"四人帮"后，党的各项正确政策得到了恢复和发展。我深感应该在党的领导下，更加努力地工作，将有生之年的光和热奉献给伟大的社会主义祖国。作为一个将一生献给民族工业的前辈企业家，我觉得，为了适应当前形势的发展，将所有改名的名牌老企业恢复原名，将使我国在国际商品竞争中处于更加有利的地位。现在已经有些著名老企业重又恢复了原名。中国亚浦耳电器厂是我国第一家研制出国产电灯泡的工厂，命名为"亚浦耳"的寓意颇深，表示我们的电灯泡一定要赶超世界先进水平的雄心壮志。"亚"、"浦"二字表示决心超过当时占据中国市场的德国的亚司令和荷兰的菲利浦之雄心；"耳"则为我们欲执电灯泡牛耳的壮志；为使大家知道这是中国自己的工厂，故在厂名前冠以中国二字，全称为"中国亚浦耳电器厂"。

　　自从创制出中国第一只电灯泡后，我一直注意提高产品质量，使产品精益求精。故中国亚浦耳电灯泡能在国内外市场上与欧美同业相抗衡，在剧烈的商战中立于不败之地，且频占优势。将来我们的产品一定要打入国际市场，是在我试制电灯泡期间就明确了的目标。因此，在商标方面，我们费尽心机，最后决定以亚浦耳的"亚"字作为商标。商标与厂名有联系可加深用户的印象，"亚"字似"十"字，便于人们认识和记忆。当产品远销到海外各国，果然不出所料，当地人喜购这精美、价平、易认的"十"字商标（称"亚"字为十字架）的"中国亚浦耳"电灯泡。各国外洋轮到沪备购物资时，也总要购置大批亚浦耳灯泡。由此可见，亚浦耳灯泡在海外各地都受欢迎。

中国亚浦耳电灯泡饮誉国内外市场，引起全国学术界、教育界的重视。以当时工业水平来衡量，电灯泡这新兴工业相当于现在的高、精、尖工业。亚浦耳厂的设备、技术措施和生产管理，在当时称得上相当现代化的。除上海大学来参观外，还有浙江、山东、湖北、广东各省的知名大学组织人员前来参观。甚至连中央研究机构也派人来参观。各报记者来厂采访更是频繁。

亚浦耳厂的声誉同时也吸引了上海市府国民党官员的"光临"，上海有这样的工厂他们颇引以为自豪。因此，亚浦耳被列入市府招待"贵宾"参观观摩的单位。国民党元老要人以及西藏喇嘛、云南傣族女土司等少数民族首领，也都先后来厂参观。爱国将领张学良将军、马占山将军等也曾亲临参观。来参观的还有各界名人，其中有许多爱国进步人士（许多历史性的照片经过十年浩劫已荡然无存）。

纵观全国灯泡厂，实际上都或多或少与亚浦耳有一定的渊源。有些厂是亚浦耳厂人员离开母厂自行开设的，有些是这些人与他人一起合办，有些厂的技术人员不少来自亚浦耳厂。这样年复一年，随着灯泡厂增多而形成了电灯泡行业。而亚浦耳厂的全体工人为维护创始厂的声誉，产、质量一直保持领先，不但在同行业中各方面起带动作用，而且在整个工业界也极有影响。

从创办开始，亚浦耳厂不知走过多少困苦艰难的道路，始终能顶住内外反动势力的压迫。抗日战争爆发时，不投靠日本军国主义，作为全国有影响的工厂，汇集众多企业，冒着沿途种种风险内迁入川。抗战期间，一切以国计民生需要为重，不搞变相投机发国难财。新中国成立前夕，我拒绝了国民党政府提出的要我动员组织当时全国有影响的工厂迁往台湾的要求，亚浦耳厂在拼搏苦斗中发展壮大，坚贞不屈，一直坚守在祖国大陆，迎接解放。

新中国成立后，亚浦耳厂不但自己努力生产，并为全国各地新兴兄弟厂培训技工、传授技术，还为邻邦国家培训技术骨干，派遣专家出国辅导。当要为这样一家老厂更改厂名征求我意见时，我表示坚决拥护，积极响应，于是老牌中国亚浦耳灯泡厂改名为"上海亚明灯泡厂"。许多朋友得知后认为，将有如此悠久历史、负有盛名的电灯泡创始厂改名，太可惜了。如今已时临20多年，仍有许多人提及，说明亚浦耳厂在人们心目中留有极大的好感。

现在亚明厂的外销产品按外贸部门提的要求，需注上亚浦耳厂名。因老牌中国亚浦耳电灯泡为外商及海外用户所熟悉和信任。至今报刊报道上海亚明灯泡厂事迹时，有些记者总要附注"原亚浦耳厂"等语。如今已是80年代了，亚浦耳厂史还为我国研究经济的学术界所重视。最近，经常有研究经济的学者、专家来访，向我了解亚浦耳厂的历史。其中有位在报纸和学术刊物上常发表文章的经济学家说："胡老你撰写的亚浦耳厂史，是旧中国民族工业受国内外反动势力压迫摧残下、艰苦拼搏情况的缩影。在亚浦耳厂不平凡的经历中，有许多宝贵的经验，现在仍值得借鉴。"

亚浦耳厂的曲折经历，是中国第一家电灯泡厂的诞生史，也是整个电灯泡工业的发展史。每每想起，当时的情景，重又一一呈现在我眼前，使我激动不已。作为亚浦耳厂的创始人的我，足以感到自慰。

因而我觉得，如果将"上海亚明灯泡厂"重新恢复原名"中国亚浦耳灯泡厂"有其积极意义：

一、有利于统战工作。在海外侨胞心目中，"亚浦耳"是国货的一颗"明珠"。恢复原名必为侨胞所欣喜，从各种大大小小的具体实例中，更进一步使侨胞了解我党现在的英明政策。

二、有利于外销多创外汇。亚浦耳电灯泡在国外有较高的声誉，为国外用户所欢迎。

三、有利于为四化做出更多贡献。恢复原名，便于对员工进行爱国主义教育，使职工以作为驰名中外的电灯泡创始厂——中国亚浦耳灯泡厂的一员而产生荣誉感。由此更进一步增强责任心，确保在产质量等各方面精益求精，保持领先地位；更能自觉地遵守劳动纪律，注意安全生产，从而促进管理的现代化。在此基础上，更便于开展思想教育工作，使各个方面能成为同行业的楷模，有利于为社会主义作出更多的贡献，进而有利于更好地投入四个现代化的建设。

　　由此可见，使改名的名牌企业恢复原名，无论面向国内，还是国际市场，均将会使中国产品处于有利地位。

　　这是我在垂暮之年，出于爱国、爱党赤诚之心所产生的想法和愿望。

胡 西 园

（1980年）

怀念父亲

父亲故世已经二十几年了，可他的音容笑貌一直活在我们心中。

父亲的人生是丰富多彩的，父亲的性格是魅力四射的。我们以有这样的父亲为荣。

父亲相貌堂堂，风度翩翩，衣着搭配得体大方。每到一处，常令人有眼前一亮之感。由于仪表出众，在业内素有"国货梅兰芳"之称。父亲口才极佳，幽默风趣，经常妙语连珠，引来阵阵笑声和喝彩。

父亲兴趣广泛，年轻时酷爱足球，凡有当时球王李惠堂的比赛，他总要抽时间到场观看。在重庆时，他和作家茅盾、导演应云卫、影后胡蝶、摄影家郎静山等交情甚深。每当有金山、张瑞芳这些名演员的演出，如《家》《屈原》等，他也必到。由于交通不便，来回徒步往往要走二三十里路。有时看完戏回到家里已是半夜。对京剧，他更是痴迷，无论是梅、程、荀、尚四大名旦，还是谭、余、马、麒四大须生，或是盖叫天、俞振飞等名家的演出，他都不肯遗漏。他习练武术，善吹笛子，特别是他年逾60后，还专门请老师教他唱京剧中的老生，学场面中的大锣。不久，他还在家中搞了一个票房，远近票友都来聚会，电影演员舒适、程之也常来吊嗓。父亲还粉墨登场，演过《四郎探母》中的杨延辉、《空城计》中的诸葛亮。他那宽亮富有韵味的余派唱腔，颇得行家好评。

在我们眼中，父亲既是慈父，又是严父。他对九个子女一视同仁，无厚薄之分。他作风民主，从不打骂子女。在学习上，他不硬性要求考第几名，考多少分，只要尽力就行。他还鼓励我们多看杂书、影剧，多交朋友，多接触社会。因此，我们的知识面一般来说还是比较广的。在从业上，他也不要求我们一定要干什么。他说："我不规定你们，你们喜欢干什么就干什么。但一旦决定了，就要干成第一流的。"有一度，三儿子因待业在家，想组建话剧团，经常邀请一些朋友在家排戏，把家具乱摆乱放当道具。他们一会儿大呼小叫，一会儿又哭又笑。换成别人定不堪其烦，他却说："你们要坚持下去，这对你们来说，也是在搞事业嘛。"对第三代，他更是疼爱有加。特别在"文化大革命"期间，他不顾自己身心受到的伤害，每天傍晚总要牵着四五岁的小孙子外出走走。他必定是先给孙子买一根五分钱的棒棒糖（造反派给他的生活费是35元），然后问："今天去三角花园还是去襄阳公园（免费开放）？"孙子说去哪儿就去哪儿。在公园里孙子跑来跑去，跳跃玩耍，他在一边乐呵呵地看着，直到孙子兴尽方归。

　　尽管父亲对子女非常慈爱，但绝不放纵，相反，在许多方面还是十分严格的。首先，他要求子女热爱祖国，他说一个不爱自己国家的人，是一个没有灵魂的人。他自己就是个杰出的爱国主义者。我们还清楚记得，在重庆沙坪坝的夜晚，他一遍遍教我们高唱当时流行的《义勇军进行曲》的情景；我们亲眼看到他终生提倡国货的高昂激情，看到他在当时洋人洋货压制打击下的铮铮傲骨和奋力抗争的胆略智慧；看到新中国成立后，还常给在台湾的故旧张群、张学良等写信，劝说他们为祖国统一做出贡献。父亲有句名言："中国人用中国货，从我做起。"在他的生活中，除了美国轿车和瑞士手表外（因当时中国还不能制造），其他吃的、用的、穿的皆以国货为本。他的言传身教给了我们很大的影响。其次，他要求子女先要学会做人，然后再学会做事。而做人首先要做一个诚实正直的人。他常说要待人以诚，以心换心，要一诺千金，不可失信，只有这样才能成为一个大家信任倚重的人。他曾给我们讲过这样一个故事：抗战时期，驻华美军军需官某上校亲驾吉普至重庆白象街116号中国亚浦耳电器厂办事处，慕名订购"亚浦耳"灯泡，父亲以礼相待，并说明重庆分厂因受条件限制，灯泡质量不如上海总厂。为了保全"亚浦耳"名牌的声誉，重庆制造的都用"电光"牌商标，所以只能提供美军"电光"牌灯泡。这位美军军官非但没有拒绝，还翘起大拇指对父亲的诚信表示钦佩。这项业务一直持续到抗战胜利美军撤退。再次，他要求我们生活节俭。他最反对铺张浪费，子女的衣着不许豪华，零用钱也给得不多，家里虽有三辆轿车，但从不让子女乘轿车上学。他说："在生活上你们一定要大众化，不能特殊化。"最后，他要求我们要坚强奋斗，鼓励我们克服困难。他说："只有自己打江山的儿女，才是好儿女。"

父亲是个信念极强的人。他一生拒绝做官（有过多次机会），专心致志搞实业。他也不置房产，几乎把所有的钱都用于扩大生产和科研开发。当时，生产灯泡赚钱不多，而从事纺织、面粉等行业则获利颇丰。有不少人劝他转业，他总是一笑置之。他说："我之所以搞电光源，是为了填补中国这方面的空白。再有，人的目光要远大。虽然在农村和许多小城市还没有用上电灯，但中国是一个四亿人口的大国，随着国家的发展、老百姓生活的提高，对电光源的需求肯定会越来越大。"因此，他一生很少涉及其他行业。出于对共产党的信仰，新中国成立前夕，国民党政府要求他像当年组织迁川工厂联合会那样组织迁台（台湾）工厂联合会，他婉言拒绝了；后来又给他送来去台湾的飞机票两张，他就到亲戚家躲了起来。新中国成立后，在极"左"路线下，父亲受到了种种不公正的待遇，而他总是默默地承受着，毫无怨言，对共产党的态度一直没变。

1966年，"文化大革命"一开始，我家首当其冲，造反派乱打乱砸，家中被洗劫一空。当时，大家都很绝望，父亲却一再说："关于民族资产阶级的政策，是共产党和国务院制定的，抄去的东西以后都会还的。"在当时环境下，我们认为资本家能保住命已经很不错了，甚至认为他是不是受到的刺激太深，神志不清了？但以后的事实证明，他是对的。记得在受迫害期间，有个亲戚偷偷来看他，悄悄对他说："总结你的一生，作为企业家，我认为你有两大失误：一是抗战时你不该去重庆，留在上海的人都发大财。而你的机器设备在搬迁的路上被炸得差不多了，损失惨重。二是解放时你应该去台湾，去的人都发大财，现在更加风光，而你却留在这里吃苦。也就是说：不该走的时候你走了，该走的时候你不走。"父亲听了很不以为然，他说："人怎么能光为发财！我去重庆，是因为不愿当亡国奴，是为了参加抗日；不去台湾，是因为我对国民党已经绝望，相信只有共产党才能使中国富强。对这两次决定我绝不后悔！"

父亲是个很讲究原则的人。他为人的信条之一就是：一不欠情，二不欠钱，滴水之恩当以涌泉相报。"文革"时，他身体不好，生活困难。每每有人前来探望，或经济上给予帮助，他都要在小本子上记录下来，一笔不漏。落实政策以后，凡关心过他的人，他都会买好礼品登门拜谢，对经济上帮助过他的人，则加倍奉还，连子女给的生活费也不例外。

父亲的意志和毅力也是为人所称道的。他一生从不抽烟，从不喝酒，从不打牌，对嫖娼吸毒更是深恶痛绝。父亲具有超群的社会活动能力。在旧社会的十里洋场，他经常打交道的既有高官巨富，又有三教九流。他能做到出淤泥而不染，确实是难能可贵的。他律己甚严，不管工作或应酬到多晚，天明照样早起。第一件事情就是洗冷水浴，一年四季从不间断，哪怕寒冬腊月零下摄氏几度照样坚持。接下来在花园里练几遍"八段锦"（后来又打太极拳），还要来回走几千步。这些习惯，他从二十几岁一直坚持到八十几岁。父亲的家庭责任感很强，在任何情况下，他总要把我们这个大家庭的生活安排得妥妥帖帖，并尽可能抽时间和妻子儿女聚聚。不管在外面遇到多少挫折，受了多大气，他也总能控制自己的情绪，回到家里从不显露出来，对家里人仍然谈笑自若。

20世纪60年代，父亲已经步入晚年。他就把主要精力放在中国民族工业史的研究上。除了应有关杂志之约，写了不少文章外，他还在工作之余，历时数年写了几十万字的回忆录。为了符合历史事实，对有些模糊之处，他必定要和当事人探究或到图书馆考证。回忆录写完后，他还准备写一部大著作《中国近代工业发展史》。提纲已经拟好，可惜"文革"使这一计划没能实现。1981年，胡厥文副委员长来沪视察，让吴羹梅先生接父亲到副委员长下榻的静安宾馆见面。老友相逢，言谈甚欢。特别是谈到重庆的许多往事，胡厥文先生感慨颇多。他说："关于迁川工厂这段历史，我一直记挂在心。直到今天还没看到这方面完整的著述。我太忙，恐怕没有时间写了。胡西老（业内对父亲的称呼）是主要当事人之一，而且记忆力还这么好。我看，此事非你莫属。"父亲愉快地答应了。

回家后，从第二天开始，每天从早上7点到晚上9点，除了吃饭外，他人不离案，奋笔疾书，天天如此。父亲一贯的专注、投入、坚毅的风格依然如旧。可他毕竟已经是85岁的老人，且健康状况每况愈下：心脏病频发，还有过一次小中风。家里人一再劝他放慢节奏，劳逸结合，可每次都遭到他的拒绝。他说："我是受人之托，忠人之事。有很多事只有我知道，所以我要尽快把它写出来。"那时父亲恐怕已经知道自己时间不多了，他要在有限的时间内多做些有意义的事情。写完这篇文章后，有关领导曾来看他，他已经卧病在床。这位领导对我们说："根据对外开放的形势，上面有意思请胡西老出山，看来我们来晚了。"果然，没过多久，父亲在一次深夜突发心肌梗死，结束了他漫长传奇、爱国敬业、顽强拼搏的一生。

二十几年来，我们时时怀念着父亲。我们相信，父亲在天之灵一定会看到他所热爱的祖国翻天覆地的变化，他所投身的事业日新月异的发展。人们牢牢地记住了他：凡涉及近代民族工业发展的书籍或文章，基本上都写到了他，他应有的历史地位正在逐步恢复。父亲可以含笑九泉了！

胡鼎英、胡鼎华、胡鼎煐、胡鼎茂、胡鼎汉、胡鼎森（美）

2005年7月22日

忆父亲

1921年，在父亲百折不挠的努力下，第一只中国人自制的电灯泡诞生了；后来父亲又创办了中国第一家华商电灯泡制造厂——中国亚浦耳电器厂。从此，为了发展民族电灯泡制造工业，父亲在风风雨雨中奋斗了大半辈子，贡献了自己的一生。

父亲青年时代阅历甚广，沪上的新兴行业几乎都做了试探，最后认定实业救国为己任，全心全意扑在振兴工业上。当时最热门的行业是纺织，他认为自古以来，老百姓都离不开"衣、食、住、行"，"衣"是第一位的。为了"衣"的现代化，纺织厂如日中天，这是社会发展的必然。但20世纪是"电气时代"，与老百姓日常生活关系最密切的就是"电灯"，因为现代的生活离不开现代化的照明。从古老的煤油灯到进口的洋油灯、煤气灯、汽油灯等虽已跨进一大步，但技术含量不高，只不过是一次"改良"。只有电灯当时算是突出一个"电"字的技术革命，也是与国计民生休戚与共的新生事物。于是立志为开发电灯奋斗终生。

环绕电灯泡研制，按技术要求和工艺条件的不同，开办铜头厂，灯泡玻管玻壳厂，钼丝、钨丝、杜美丝加工厂和综合实验室等，构成外围生产链和研发中心。各个独立的经济实体按各自的要求和特点发展提高，彼此开展适度的竞争以相互促进。总厂则无后顾之忧，一心一意放在后来电照明的品种发展和提高质量的主业上。上设公司总管理处，专门从事经营管理。这类似于现在的集团公司。在重庆，也是按此模式，按当地的市场需求，资源情况和环境条件，从电灯泡的相邻行业为起点，开办保温瓶厂、日用五金厂、机用传动皮带厂和松香松节油厂等轻化工业。

父亲早期就具有"珍惜人才、发现人才、善用人才"这个现代企业家必须具备的素质，也是美国企业界流行的金科玉律"3M"即资金（Money）、人才（Man）、设备（Machine），父亲在创业初期是单骑行千里。中国有句古话"一个好汉三个帮"，至发展期他就找到了三个帮：第一帮就是灯泡方面的於崇仁，他是我大舅，他的确是个人才，青年时代在上海英办华童公学高中第一名毕业，被保送到香港大学电机系，又以第一名毕业，又被保送留英深造。不幸外祖父过世，家庭负担压在他身上，只得放弃，进待遇优厚的汉口发电厂工作。1932年，湖北大水灾，大舅从二楼窗户被救出来沪避难，父亲即专访以汉口电厂同等待遇留他在亚浦耳任职，后来成为厂长兼总工程师。在亚浦耳广告语"中国首创，省电耐用"上做了很多工作，业绩显著。第二帮是日光灯部的毛振琮，毛是浙江大学电机系毕业，留英学者。抗战胜利后，亚浦耳厂派杨友三去美国考察，恰遇在英国完成学业后特地到美国实地考察的毛振琮，毛表示拟回国找工厂实现制造日光灯的工作，并极愿在亚浦耳厂服务。我父亲对毛的到来十分欢迎，二人很为投机，彼此同意合作，决定亚浦耳厂日光灯制造部分请毛振琮任总工程师，并在辽阳路总厂内设立日光灯部。后来，毛振琮被调到北京中国科学院工作。第三帮是於崇仁＋李书桓，大舅於崇仁是核心技术的掌控者，当我代病休的吴亚甫工程师去日光灯部工作时，我和李做的一切都是在大舅指导下进行，他指导，我们实施，两者互补才显出它的作用。这样共同创业，更好发挥团队集体的结合力，使1+3＞4。

抗战时期，在重庆，叔父胡洵园学成进保温瓶厂协助父亲工作。因物资短缺，生产条件恶劣，所制造的保温瓶，虽保温性能良好，因玻璃材质问题，在寒冬凌晨，因瓶胆内外温差过大导致定期自动爆裂，沸水四溅，用户遭殃，虽为数不多，但坏事传千里，为对用户负责，主动停产整顿。父亲拟向当时玻璃学术界的权威赖其芳博士求援，其职务身价相当于现在的科学院院士，很少能经常到现场亲临指导，必须有相应人才从中联络才能实现。叔父临危受命，父亲要他拜赖博士为师，真正把本领学到手。这些学者桃李满天下，一个普通学生不会得到他的重视，于是父亲用传统的点烛铺红地毯叩首，古为今用，以建立老法紧密的师徒关系。此法果然见效，给赖博士一个极大的惊喜，对这个唯一的门徒的确另眼相看，加上叔父人缘好，诚信尊师，得到师父的特殊关照，很快学到本领，还建立起情如亲人的忘年交。经叔父在盛夏高温的炉窑前反复试验，终于得出适应原料变化的配方，使厂起死回生，重庆保温瓶厂现在已成为名牌企业，叔父对此功不可没。

抗战胜利后，重庆的电力严重不足，商场及公共场所为聚集人气，需要电压稍低高亮度的灯泡，要能满足使用要求而寿命就打了折扣，必须充以高纯度的氩气才能延长寿命，在重庆的专用设备已老化，难以达到要求，叔父当时身为分厂的厂长兼总工程师，安排好生产后，单枪匹马到上海去取经学习。经刻苦努力，掌握了制造工艺。但工欲善其事，必先利其器，在总厂技师的帮助下，修复了老损的专用设备，连同技术资料一并运渝，很快生产出满足市场需要的产品，还为企业增添了不少财富。

上海总厂在抗战时遭到日寇的严重破坏，要恢复原有生产，除投入大量资金，还需要大批管理人才。亚浦耳是个老厂，各部门的主管大部过退休年龄、体弱多病，人手更显紧张。叔叔一直担任技术工作，也当了多年厂长，有一定管理经验，父亲调他到上海总管理处协助工作。他简直就成了一名"消防队员"，哪里着"火"就到哪里去救"火"，总管理处的所有职能部门几乎都轮到过，最忙的时候身兼四职，为扭转这种被动局面，他一方面向前辈请教，以从速适应这种环境，同时他在青年员工中物色副手，到各科室实习，经考验后择优选拔。由此既加强了管理又培养了人才，一举两得，也把自己锻炼成既有技术又善管理的多面手。

1949年以后，原料供应成了生产中的软肋，甚至影响生产，于是供应科成了众矢之的，父亲感到压力很大。为了摆脱困境，叔父辞掉所有兼职，迎难而上，集中精力啃这根硬骨头，他身先士卒，一马当先，率领全科室智取信息、细觅货源、耐心工作，要求事必得手，打通正常供货渠道。但总有一些为数不多而又不可缺少的稀有原材料,它们的产地多数在云贵等边远地区,生活十分艰苦,他一去就是半年一载。争取货源,排队等货,特别是在三年困难时期,更是雪上加霜,即使取到货,运输也很紧张,须夜以继日排队等候机会,千方百计保障上海企业的正常生产,还满足了企业增产节约和科学发展的需要。叔父是父亲事业上的得力助手,他把毕生都贡献给了亚明厂。

乐善好施,父亲发动重庆宁波帮救助"交通大学"甬籍贫困流亡学生。抗战时期,重庆"交通大学"不少甬籍学生,家在上海或老家,由于日寇封锁而经济来源断绝,为维持生活不得不中断学业,父亲得知后带头捐助,为了发挥集体力量,他倡议向重庆的宁波帮募捐。同乡们纷纷慷慨解囊,募集到为数不菲的救济金,不仅甬籍同学的经济问题得以解决,对在校生活清寒艰苦、体弱多病的同学也给予适当的补贴。从1946年至1949年,四届受惠的同学没有一个因贫失学,也没有一个因病辍学。他们感谢在渝同乡的热情关怀,宁波同乡会在校的名声从此大振。

抗战胜利,大批在渝的上海人士,纷纷从海陆空涌向商机无限的大上海,以父亲当时的社会地位和人际关系,以及上海总厂急待恢复生产,完全有理由在胜利后立刻回上海重振事业。但当时国民党政府正忙于迁都南京,对迁川工厂弃之不顾,使大批工厂陷入进退两难的绝境。父亲受众人之托,代表迁川工厂向当时的行政院长宋子文请愿,要求和"国营"厂一样发放复员费。父亲义无反顾抛弃个人既得利益,牺牲自身的发展和机遇,为迁川工厂联合会作最后的贡献,为此,他推迟一年半的时间才回到上海。

父亲把一些在川企业留在了当地。留川工厂既出成果又出人才。父亲离渝时,鉴于在川八个工厂都是填补当地行业空白的企业,若迁沪对当地工业有一定影响,遂决定这些工厂留川,他不仅在硬件上作了善后安排,在软件上也作了重要部署。其中人才的去留是关键,因这些厂的技术精英和业务骨干均来自上海,抗战胜利后都急于返沪,父亲做了不少思想工作,留下灯泡厂经理吴沛霖、热水瓶厂於坤裕经理和费回春厂长,以及松香厂胡醒民经理等，使留川工厂能持续运行。新中国成立后，这些工厂都是行业的核心，留川人员也大都在企业担任要职，於坤裕还担任过重庆市沙坪坝区副区长和重庆市工商联副主任。

在我们的记忆中，父亲是一个富有进取精神、乐于接受新生事物的人。20世纪二三十年代初，在上海只有少数洋人和高等华人拥有汽车这一珍稀的交通工具，父亲就是其中之一。从福特modelA篷车、雪佛来带有帽檐的方形轿车、别克略具流线型轿车，直到"二战"后新型克莱斯勒轿车，他都曾经拥有过，可算是这一时期汽车发展史的见证者。他认为私车除了物质享受外，对提高工作效率、满足社交活动和改进企业形象都起到极大的作用。

父亲还是我国民航事业发展的见证者。当我孩提时，父亲出差，我常随大人到龙华机场迎送。当时，龙华还是个简陋的机场，虹桥是军用机场。这时民航所用是单发动机，气缸露在机身外的双翼小型飞机。续航距离短，以航邮为主，兼作客机，只能搭乘少量乘客，安全性较差，只在南京、上海较近的大城市间飞行。如上海到武汉沿途要停靠南京、安庆、九江等城市，除上下客外主要是为了维护和加油，父亲已是那时的民航常客。欧亚航空公司成立，中国民航跨进了一大步。有次父亲去广州，我第一次看到三个发动机的正规大型客机——机身为波形金属蒙皮的德制容克民航机，这当时是最新的客机。"二战"爆发后，美商中国航空公司垄断中国民航，父亲出差乘坐最多的麦道DC-3，有时是波音的DC-4型。"二战"胜利后，才有了四发动机麦道的"空中霸王"大客机。正因父亲对飞机的爱好，凡是能勉强通航的地点，他均以飞机为交通工具。如抗战时期，中国民航只有"中航"维持重庆至香港的航线，国内航线几乎全都停航。他出差到武汉，搭乘航邮单发动机双翼老式水上飞机，这种飞机风险较大，且没有专用的码头，靠小木船摆渡上下飞机。

父亲还结交一些著名飞行员为挚友，号称中国第一飞行员的孙桐刚是其中之一。年幼时我曾两次陪同父亲见过他，一次是到龙华机场观看他的飞行表演：这是我第一次见到飞行表演，当时国内也很少见到。另一次是父亲出差我送行，当时孙是欧亚航空公司容克客机的机长，父亲登机时他特地到舱门口与父亲打招呼。

父亲还是一个较早欣赏并接受西洋文化的人。在西方交谊舞传入上海后，即成为交际的新时尚。父亲也是早期的"弄潮儿"。德国海京伯马戏团来沪演出，洋人在现霍山公园创办"明园"（相当于早期的迪斯尼乐园）。尽管票价昂贵，我有幸随父母观摩世界最大马戏团首次来华演出和游览"明园"，并乘坐中国第一个"摩天轮"。通过寓教于乐的方式，我开了眼界，见了世面，长了见识。

在教育子女方面，父亲也有他独到的新思路。

20世纪30年代初，幼儿园尚在萌芽时期，寄宿的幼儿园（相当于现在的全托）更少，入学者多为当时工商界和文艺界有新潮思想的名流子女，他们想从小培养孩子的集体观念和独立生活的能力，使之不致过于依赖家庭，能够健康成长，适应市场经济的激烈竞争。当时我只有五岁，大妹只有三四岁。开始我们很不习惯，大妹整天哭丧着脸暗自流泪，我心中也很难受，真想大哭一场，只是受"男儿有泪不轻弹"的制约不好意思罢了。我苦于无言来安慰大妹，只是天天盼星期六早日到来。每到星期六午膳后，我就带大妹到校园草坪边上的凉亭里。我爬到凉亭的上横梁，眺望公路上的过往车辆。一见到深蓝色福特车出现，我就喜出望外，从梁上一跃而下，拖着大妹，穿过草坪，到校门口去迎接父亲。周六下午至第二天晚上，是我们兄妹俩最高兴的时光。但到晚饭后，我们就忧心忡忡，因为一觉醒来又要被送到幼儿园去了。现在回想起来，经初始阶段的磨砺，我们不久就习惯了独立生活和集体活动，还交上了好多小朋友，也熟悉了他（她）们的家长，这算是我们早期的社交生活。

记得1937年抗日战争爆发后，全家从沪迁渝，到达时已届岁末，重庆南开中学招收初一和高一新生，这时我刚好小学毕业，于是报名参加入学考试。很幸运，我被这所重庆最好的中学录取，父亲也很高兴，学校虽在郊区，父亲还是亲自送我报到和办理住宿。当领取课本时，我发现全是下册或第二册。按理我应该是初一上学期，课本却没有上册或第一册。我问父亲是否搞错了。经父亲询问，原来我是跳了半级考入初一下了。我当即激动起来，考入名校不易，考名校跳半级更是喜上加喜，的确有点得意忘形。父亲就严肃地向我指出，你发现跳了半年，不愿将错就错占便宜而提出质疑，这是诚信的表现，难能可贵，确认跳了半年内心喜悦也是可以理解的，但以此作为骄傲的资本，这与诚信是格格不入的。诚信与谦逊是相辅相成的。

在当时"男尊女卑"旧观念盛行的社会里，父亲却非常尊重女性。西方盛行在社交场合带夫人陪伴。母亲受过一定的教育，在新思潮的熏陶下完全可以胜任，但因子女多，忙于家政难以应付，于是父亲就带女儿参加集会或其他交际活动。一次国货厂商联合会上，父亲带二妹参加，被媒体誉为"国货之花"。我结婚时母亲因心脏病在重庆疗养，父亲为了尊重母亲，不远千里坚持从上海赶到重庆举办婚礼。按当时的习俗，婚事基本上由男方做主。考虑到亲家长期卧病在床，儿媳又是个独生女，为了尊重女方，虽则当时不时兴"订婚"，父亲还是特意在沪举办了盛大的订婚典礼。到第三代，我虽已有两个男孩，父亲还是宠爱排行第二的孙女。我们到老家拜访父母时，父亲已退休，他经常抱孙女到淮海路逛街观光，同嗜冷饮西点，孙女10岁时，他们还到照相馆合影留念。

父亲早年进入沪工商界上层社会，在全国也有一定的知名度，难免与"灯红酒绿"的花花世界沾边。他洁身自好，出淤泥而不染，虽应酬繁忙，但不吸烟、不饮酒、不赌不嫖，对当时上层社会风行的吸"大烟"更是深恶痛绝。中午、晚上几乎都有几处宴请，他从不暴饮暴食，坚持节食，注意营养。为了健康，天天早晚做操、步行、游泳、洗冷水浴，从不间断。他注意劳逸结合，早起早睡，修身养性，不做劳心伤神之事。年轻时爱好训犬、狩猎、旅游等户外活动。退休后考虑到"老有所乐"，兴趣转到种花养鸟、轻唱、休闲等有益于身心健康的活动。"文革"期间，累遭折磨，由于过去的基本功，古稀之年尚可承受冲击。粉碎"四人帮"后颐养天年，达85岁高寿。

父亲把每分时光、每分精力、每分金钱都投在事业上。他不置豪宅，

不请豪宴，不购豪华轿车，虽讲究仪表，早期进入"西装革履"的时髦行列，但他不着奢华进口名牌。西装，领带，衬衫，皮鞋，大衣等可以说是"完全国货"。在当时仍然风度翩翩，有工商界"梅兰芳"的美称。

父亲十分珍视家庭，为多病母亲的健康，为众多子女的培养不遗余力。抗日战争胜利时，母亲有病滞留重庆，病情稍有好转即在杭州置别墅供母亲疗养。每逢周末，他都谢绝应酬赶往杭州探望。母亲很快痊愈，他就将母亲接回上海团聚。对子女，他也是尽心培养。我们兄弟姐妹，无论是男是女都受过高等教育，个个健康成长事业有成。

总之，父亲不从商、不从政、不投机、不参加帮派，一生为他国内首创的"亚浦耳"电灯泡而奋斗，是一个地地道道的实业家。

胡鼎炜　胡鼎芬　胡鼎斐
2012年10月28日修改

青藤为证教子心

　　胡西园与夫人於森龄共育有九个子女，他对孩子十分疼爱，家教颇讲民主，但也非常严格。

　　战时的重庆，常遭日机轰炸，胡西园将家眷疏散到重庆附近的一座县城，租房安下家来。房主院中有一个硕大的葡萄架，此时已挂满了淡绿色的葡萄串。浓浓的绿荫下，砌着精巧的石桌、石凳。孩子们在架下学习、嬉戏，总忍不住要时时仰起头来——登上石桌，或攀上侧旁的假山石，伸手就可以摘到那诱人的果实。但是，爸爸、妈妈非常严肃地告诫过他们："这是别人的东西，一粒也不能动，谁动就惩罚谁！"

　　微风徐来，孩子们望着那向他们点头招手的葡萄串，使劲咽一口涎水，学着寓言故事中的狐狸那样想："这葡萄是酸的，还是让馋嘴的麻雀去吃吧！"

　　葡萄由青变紫，到了收获的季节，胡家通知房主来收葡萄。当初，房主看到这家排起来一个挨一个的小孩子，心想：都在淘气馋嘴的年纪，今年的葡萄怕是保不住了。现在，他感慨万千，连声夸奖胡家的家教，执意留下一半的葡萄请他们分享。

　　胡西园主张不必给孩子过多的物质享受。他的大儿子大学毕业后进亚浦耳厂工作。他穿着十分朴素，工作却非常勤奋，常常星期天还到厂里做实验。又是一个星期天，大儿子穿着旧衣服来到厂里，看门人望望周围没人，拉着他提出了久存心底的疑问："大少爷，侬阿爸哪能不送侬读大

273

学？"满脸带着怜惜的表情。大儿子回家后谈起此事，做个鬼脸说："谁说我没读大学？第二个大学都快毕业了！"

在子女的学业教育上，胡西园却舍得花钱。他认为，使孩子有知识、有本领，才是安身立命的根本。他除送子女上正规的学校外，家中常年请有家庭教师。在浓厚的知识氛围下，子女九人都用功读书，全部上了大学。

20世纪60年代，胡西园的小女儿在同济大学毕业后被分配到北京工作，她从小到大没离开过家，想到要到生活不习惯的北方工作，心里实在"犯怵"。她打听到，当时华东建筑设计院与同济大学正准备合作，搞浦江地下过江隧道项目，与她所学的土建专业正对口。她央求父亲去走走门路，使自己能留在上海。但是胡西园谁也没去找。

报到的日期一天天临近，饭桌上往日的欢乐气氛没有了，哥哥姐姐们也舍不得瘦弱的小妹妹只身远行。这一天吃饭时，胡西园对小女儿讲开了笑话："你在学校里当广播员，普通话学得好，到北京肯定有利。不像我，普通话'不来事'，到北京总闹笑话。热天，我拿钱说：'买奶油冰棍。'卖冰棍的说：'我这儿就有冰棍。'我想正好呀，再说一遍：'买奶油冰棍。'他还是说：'我这儿有冰棍。'反复几次，他就是不肯打开木匣给我拿冰棍。毛病出在什么地方？找人翻译，原来他把'奶油'听成了'哪有'，我急出一头汗才吃上冰棍。"

"还有一次，我到文具店去买白信封，售货员很认真地数出了八个信封，我虽然只要发一封信，也只好把八个信封都买下，谁让上海话'白'和'八'分不清呢！"

胡西园一边说，一边惟妙惟肖地模仿着，一家人笑得前仰后合。这顿饭高高兴兴地吃完了。在胡西园的说服下，女儿也愉快地登上了北去的列车。

"中国人用中国货"——这既是亚浦耳厂的常用广告语，也是胡西园的人生座右铭，他造国货、用国货，意志坚决。不论是在旧中国还是新中国，凡是有国货的，必不让买舶来品。夫人也绝对秉承他的旨意办事，紧紧相随。

20世纪40年代，在一次大女儿的生日聚会上，与胡家时有过从的一位影星送了一套美国化妆品。胡夫人悄悄对女儿说："你爸爸一向反对用外国货，他知道了这件事，肯定会发脾气的。"过后，胡夫人很委婉地将礼物退还了。女儿为此闷闷不乐，胡西园开导她："如果连中国人都不用自己的国货，那我们的国货工厂还怎么办下去？你妈妈用的都是国产化妆品，不也压倒群芳吗？"一席话使得女儿破涕为笑。

20世纪70年代，有关部门发还"文革"中查抄的存款，正逢胡夫人过生日，胡西园特意去百货公司转了一圈，最后选中一块国产上海牌手表。子女们颇不以为然，笑他小气、传统，怪他为什么不买一块贵重的进口表。只有胡夫人理解丈夫的用心，对这件礼物十分珍爱，一直戴到她离开这个世界。

寿乐英

〔附言〕

本稿在成书过程中曾蒙上海社会科学院经济研究所徐鼎新，上海历史博物馆潘君祥、徐雅芳，上海市档案局（馆）编辑部邢建榕及上海亚明灯泡厂有限公司张栋珏、刘耕砚等同志多方帮助和支持，特此致谢！

胡西园的子女们
2005年9月8日